Historia Universal

EDICIONES RUEDA

EDICIONES RUEDA

Es una publicación del Editor:

Los Mesejo 11, 28007 Madrid.

Con la colaboración de: DIORKI, SERVICIOS INTEGRALES DE EDICIÓN.

ISBN del volumen: 84-8447-250-7
Depósito legal: M-8981-2005

Impresión: ATANES LAINEZ, S.A.
Encuadernación: ATANES LAINEZ, S.A.
Impreso en España / Printed in Spain

Historia Universal

Tomo 10

De la caída del muro de Berlín a los albores del siglo XXI

Índice

De la caída del muro de Berlín a los albores del siglo XXI

La caída del comunismo

Los nuevos retos de occidente

EL RESURGIR DEL INTEGRISMO ISLÁMICO

LA GUERRA GLOBAL CONTRA EL TERRORISMO: DEL 11 DE SEPTIEMBRE DE 2001 AL 11 DE MARZO DE 2004

LA EMERGENCIA DEL CONTINENTE ASIÁTICO

EL ÁFRICA SUBSAHARIANA

AMÉRICA LATINA

EPÍLOGO: LA ERA DE LA GLOBALIZACIÓN

CRONOLOGÍA

DE LA CAÍDA DEL MURO DE BERLÍN A LOS ALBORES DEL SIGLO XXI

En 1989 caía el muro de Berlín, verdadero símbolo de la guerra fría que, durante cuarenta años, había separado al mundo en dos. La desaparición de la Unión Soviética y las transformaciones geopolíticas en Europa traerían consigo numerosos retos. ¿Qué debía hacer Estados Unidos tras la desaparición de su gran antagonista?¿Cómo se relacionaría Europa occidental con sus nuevos vecinos? En un primer momento, la principal característica de este «nuevo orden mundial» parecía ser la cohesión y democratización: los líderes de las dos superpotencias hablaban del fin de la guerra fría, Estados Unidos estrechaba sus relaciones con la nueva China, la Unión Europea emprendía una reforma institucional que daría cabida a los países del este y hasta permitía soñar con una constitución europea, Latinoamérica daba pasos firmes hacia la consolidación de la democracia, etc. Sin embargo, el 11 de septiembre de 2001 todo quedó en suspenso: la caída del muro de Berlín quedaba eclipsada por la caída de las torres gemelas de Nueva York. El atentado terrorista llevado a cabo por integristas islámicos dejaba en el aire una nueva pregunta, todavía sin respuesta.

LA CAÍDA DEL COMUNISMO

La caída del muro de Berlín: el fin del comunismo en Europa

Celebración en 1990 junto al muro de Berlín de la reunificación de Alemania.

El tremendo esfuerzo económico requerido para mantener la guerra fría resultó una carga excesiva para la URSS. Los intentos de llegar a una entente con Estados Unidos, ejemplificado con el conocido «deshielo» de Nikita Khruschev, habían fracasado ante la facción dura del *politburó*, partidaria de continuar la carrera armamentística. Aunque en un principio parecía que la Unión Soviética podría mantener el ritmo estadounidense e incluso superarlo –al menos Khruschev se jactaba de ello– pronto se mostró como una equivocación. Tras la crisis de los años 70, la economía soviética ya no se recuperó: ni el ya anciano Brezhnev, ni sus sucesores Andropov y Chernienko, pudieron insuflar al país el dinamismo necesario para superar la debacle que asolaba las finanzas de la URSS. El Partido comunista soviético (PCUS) comprendió en 1985, tras la muerte de Chernienko, que había llegado el momento del cambio. El candidato de los «ortodoxos», Gromyko, no fue aceptado. El nuevo líder soviético sería el miembro más joven del *politburó* Mijail Gorbachov, quien contaba por entonces con 54 años.

Yuri Andropov, máximo dirigente soviético entre 1982 y 1984.

Konstantin Chernenko, secretario general del Partido Comunista de la Unión Soviética (PCUS) entre 1984 y 1985.

Mijail Gorbachov y la apertura de la Unión Soviética

En 1985, el ascenso de Mijail Gorbachov a la presidencia de la Unión Soviética supuso el intento más decidido de emprender las necesarias reformas en la atrofiada sociedad de la URSS. Como antiguo secretario para la agricultura, Gorbachov comprendía bien cuáles eran los males económicos del país. Los antiguos planes quinquenales ideados por Stalin, todavía vigentes, habían quedado obsoletos. En

Mijail Gorbachov, promotor desde 1985 de las reformas políticas y económicas que marcaron la última etapa de existencia de la Unión Soviética.

el mundo de entreguerras, marcado por la gran crisis económica del 29, la planificación económica se había manifestado como una bendición divina; tras los primeros años de la posguerra, la regulación centralizada de la economía soviética no parecía tan necesaria, e incluso resultaba perjudicial. La fijación de los antecesores de Gorbachov por destinar los fondos soviéticos a la carrera armamentística había descapitalizado los sectores primarios y secundarios, los cuales, sin dinero ni consignas políticas que les permitiesen modernizarse, habían quedado claramente obsoletos.

Como solución, Gorbachov propuso una amplia batería de reformas, conocidas en su conjunto como *perestroika*. Ésta pretendía acabar con la centralización y burocratización de la economía soviética, fomentando la iniciativa particular en los sectores agrario e industrial como forma de incrementar la productividad y cohesionar el mercado interno. Dada la oposición de los *apparatchki* a cualquier «traición» a los antiguos ideales estalinistas, Gorbachov sólo pudo implantar una serie de reformas que en apenas dos años resultaron absolutamente inefectivas.

En 1987 y 1988, Gorbachov planteó la necesidad de llevar a cabo una profunda reestructuración del modelo productivo soviético. Aunque seguía elogiando la economía de mercado de tipo socialista (regulada), casi todos sus pasos apuntaban hacia el capitalismo. Muchas de las agencias regulatorias de la URSS fueron suprimidas o reducidas de tal forma, como es el caso del Gosplan, que se convirtieron en prácticamente inoperantes. Referencias a la «propiedad colectiva de los medios de producción» fueron eliminadas, al tiempo que se empezaba a exigir a las todavía empresas estatales que demostrasen su capacidad para obtener beneficios. Se potenció la iniciativa individual, relajando las normas que impedían a las empresas contratar personal sin el visto bueno estatal o colocar sus productos en los mercados más rentables. Los mercados soviéticos, por otra parte, comenzaron

El peligro nuclear: Chernobil

Vista aérea de la central nuclear de Chernobil, en Ucrania.

El 26 de abril de 1986 explotaba uno de los cuatro reactores de la central nuclear de Chernobil (Ucrania), liberando una nube radiactiva que rápidamente fue detectada por diversos organismos de los países escandinavos. Esa misma tarde, y acorde a la *glasnost* promovida por Gorbachov desde su ascenso a la presidencia, la agencia de noticias soviética informaba de que la central de Chernobil se hallaba en llamas y se había procedido a la evacuación de la población. Durante las siguientes semanas, se fueron ofreciendo diversas noticias que hacían presumir las causas del accidente. La central había sido mal diseñada y las penurias económicas de la URSS habían hecho imposible cualquier reparación o control de la actividad de la planta. Los técnicos a su cargo, mal pagados y carentes de cualquier tipo de experiencia, habían incurrido en una secuencia de errores que hizo imposible atajar el problema a tiempo. Las consecuencias del accidente se dejarían notar con el transcurso de los años: unas 6.500 personas han muerto como consecuencia de la radiación y otras 40.000 padecen cáncer; la región, sus campos y sus ríos están contaminados, lo que ha convertido a Chernobil en una ciudad fantasma. Aunque el efecto de la radiación ha conseguido ser controlado en los países vecinos, el accidente de Chernobil ha recordado a Europa los peligros de la energía nuclear. En la actualidad, existe un intenso debate acerca de la conveniencia de este tipo de energía, aunque su aparente seguridad y limpieza ecológica ha llevado a la mayoría de gobiernos europeos a apostar por ella.

a recibir inversiones extranjeras que buscaban hacerse con las industrias estatales que poco a poco se iban privatizando.

La *glasnost* soviética. La gradual transformación de la economía soviética hacia el modelo «occidental» no transcurrió sin problemas. Gorbachov comprendió desde el primer momento que una reforma tan importante contaría con una furibunda oposición por parte de los *apparatchki*, los funcionarios y miembros del PCUS más apegados a las antiguas doctrinas. Para llevar a cabo el saneamiento económico del país, Gorbachov necesitaba contar con el apoyo de la población.

Así pues, la primera medida que tomó Gorbachov para llevar a cabo sus reformas fue la de proclamar que había llegado el momento de la *glasnost* (apertura) o, en otras palabras, introducir ciertos cambios que relajasen el control del partido sobre la opinión pública. Así, se concedió una mayor libertad de prensa, al tiempo que se permitía la publicación o representación teatral de obras anteriormente prohibidas en el país (como por ejemplo *Doctor Zhivago* de Pasternak). Se permitió también el regreso de conocidos opositores como Sajarov y el propio Gorbachov no sólo condenó las purgas estalinistas sino que propuso levantar un monumento a las víctimas del régimen. Cierta libertad de culto fue restablecida, produciéndose un acercamiento a las altas jerarquías de las iglesias ortodoxa y católica y otorgando visados a los judíos que quisieran emigrar. Finalmente, en 1988, el secretario general consiguió llevar a cabo una reforma constitucional que reducía en gran medida el control del partido sobre las elecciones, sustituyéndose así el sistema de «nominados» por el de la libre presentación de candidaturas dentro del PCUS.

Retirada de las tropas soviéticas de Afganistán en 1989.

Gorbachov rápidamente perdió cualquier tipo de control sobre la *glasnost*. Sus intenciones de conceder ciertas libertades públicas a fin de ganarse el apoyo popular necesario para introducir las reformas económicas fueron superadas por la realidad. La población no se conformaba con media libertad, la quería toda. La gerontocracia del PCUS, el sector más crítico con las reformas de Gorbachov, fue repudiada en las elecciones de 1990, ganadas por los candidatos más jóvenes o aperturistas del partido oficial. En la sombra, mientras tanto, se comenzaban a formar numerosos partidos clandestinos que, en las pequeñas repúblicas que conformaban la Unión Soviética, incluían en sus programas políticos directrices a favor de la independencia. De hecho en 1990, Lituania proclamaba su secesión de la URSS; en poco tiempo, la imitarían los otros dos estados bálticos (Letonia y Estonia). Para cuando Gorbachov aceptó la propuesta de estalinistas ortodoxos de enviar los tanques, ya era demasiado tarde.

Vytautas Landsbergis, presidente de Lituania cuando en 1991 proclamó su independencia de la Unión Soviética.

La *glasnost* tuvo también importantes consecuencias en el concierto internacional. Los principales líderes de occidente, con el presidente estadounidense Ronald Reagan a la cabeza, recibieron con entusiasmo los propósitos de Gorbachov de recortar el gasto militar y acabar con la intervención soviética en Afganistán. En cierta medida, la política militar de Gorbachov venía dictada por las necesidades económicas de la URSS, incapaz de afrontar los inmensos dispendios en los que sus predecesores habían incurrido. Sin embargo, este gesto, unido al espíritu de la *glasnost*, hizo concebir impor-

Vista de la ciudad de Bakú, capital de Azerbaiyán.

tantes esperanzas de acabar con la guerra fría. En 1987, cuando EE.UU. y la URSS aceptaron retirar sus misiles de alcance medio de Europa, se dio el primer paso; tres años después, en 1990, el presidente estadounidense George Bush (a quien no se debe confundir con su hijo) y Mijail Gorbachov declaraban conjuntamente el fin de las hostilidades diplomáticas entre ambos países.

El fin de la Unión Soviética. Para entonces, el prestigio que Gorbachov había conseguido obtener en el resto del mundo contrastaba con las cada vez más numerosas voces críticas que surgían en su país. Gorbachov había conseguido dominar a la gerontocracia del PCUS pero su *glasnost* se le había escapado de las manos. Todas y cada una de las repúblicas que conformaban la unión se declararon independientes o comenzaron a exigir una reforma total del estado; hubo diversos brotes de violencia étnica (Georgia, conflicto fronterizo entre Azerbaiyán y Armenia); la gente se echó a la calle para protestar ante la mala situación económica, las vacilaciones de Gorbachov, etc.

Esta situación sería considerada por los antiguos comunistas como la última ocasión para evitar las reformas. En agosto de 1991, se produjo un intento de golpe de estado dirigido por algunos miembros del aparato comunista y apoyado por veteranos de la guerra de Afganistán. La reacción popular fue inmediata y el golpe fracasó, pero Gorbachov demostró su incapacidad para seguir liderando el complejo proceso de transformación del gigante soviético. Sin más remedio que acatar las exigencias de los reformistas más radicales, Gorbachov tuvo que aceptar el desmantelamiento del sistema soviético, lo que incluía dar el visto bueno a la recién proclamada independencia de las repúblicas bálticas y reconocer la soberanía del resto. En noviembre, el nuevo hombre fuerte de la URSS, Boris Yeltsin, presidente de la federación rusa, disolvía el PCUS.

Un mes más tarde, en la ciudad francesa de Brest, Yeltsin y sus homólogos ucraniano y bielorruso declaraban extinta la Unión de Repúblicas Socialistas Soviéticas, proclamando la independencia de sus respectivas naciones y abriendo las puertas a un nuevo organismo, la Comunidad de Estados Independientes (CEI), que aglutinaría a los estados soberanos surgidos de la desintegración de la URSS. Mijail Gorbachov ya no jugaría papel alguno en la política del que había sido su país.

La caída del muro de Berlín: fin del comunismo en Europa oriental

Europa del este estuvo durante cuarenta años (1949-1989) bajo el dominio de la URSS, la cual impuso el sistema político y económico del comunismo en una larga franja territorial que se exten-

El general polaco Wojciech Jaruzelski en una imagen de 1989.

Manifestaciones en Bulgaria tras la caída del régimen comunista dirigido por Todor Zhivkov.

día desde la República Democrática de Alemania (RDA) hasta Hungría, Checoslovaquia y Bulgaria. Que una parte importante de la población de estos países estaba en contra del autoritarismo soviético y sus consecuencias cívicas y económicas, era un hecho que no se les escapaba a los dirigentes comunistas. Se adoptaron medidas drásticas como la construcción del muro de Berlín en 1961, que separaba ambas zonas de la ciudad alemana con el objeto de evitar la fuga de ciudadanos de la RDA hacia Alemania occidental; los diferentes movimientos anticomunistas (tumultos en Berlín oriental, 1953; revueltas en Polonia y Hungría, 1956; primavera de Praga en 1968) fueron sofocados, a veces gracias a la presencia de los tanques soviéticos en las calles capitalinas. La represión se convertía así en la única garantía real de supervivencia para el comunismo.

Durante los años 70, sin embargo, se comenzaron a observar ciertos cambios. El proceso de degradación económica provocado, entre otros factores, por la escasa rentabilidad de la agricultura colectivizada, el uso indiscriminado de los recursos naturales y la excesiva dedicación industrial hacia los bienes de equipo comenzaba a amenazar la propia viabilidad del comunismo. Las voces que pedían una mayor relajación de los principios marxistas en materia económica, como forma de incentivar los mercados nacionales, comenzaron a ser escuchadas. Los países del bloque oriental empezaron a pedir créditos exteriores con el objeto de financiar las reformas y, en el marco de los acuerdos de Helsinki de 1975, se realizaron ciertas concesiones a los que pedían mayores libertades cívicas.

Tras este tímido aperturismo llegaron las grandes reformas de los 80. La crisis económica, lejos de haberse solucionado mediante los créditos solicitados a occidente, se agravó, fomentando así la agitación social. Para muchos, la *perestroika* de Gorbachov parecía la única opción viable para garantizar la supervivencia de los regímenes comunistas. Sin embargo, de la mano de la reforma económica vendría inevitablemente la apertura ideológica *(glasnost)* y el acercamiento definitivo a occidente. Cuando el líder soviético dejase entrever en 1989 al presidente polaco, el general Jaruzelski, que en ningún caso la URSS enviaría sus tropas para sofocar los disturbios, se firmó el acta de defunción del comunismo en Europa oriental. A diferencia de China, en donde el ejército reprimió duramente a los opositores concentrados en la plaza de Tiananmen, las revoluciones europeas del año 89 transcurrieron de forma más o menos pacífica y sólo en Rumania se producía, en principio, una verdadera revuelta armada. Mientras Europa se congratulaba por los acontecimientos, en Yugoslavia comenzaba a gestarse una guerra.

Polonia y el movimiento Solidaridad. Polonia era uno de los países que desde 1956 había mostrado su desacuerdo con el régimen comunista impuesto por la URSS. Las amenazas soviéticas de enviar sus tanques en dicho año llevaron al partido comunista polaco a nombrar a Wladyslaw Gomulka, par-

Wladyslaw Gomulka, líder de la Polonia comunista entre 1956 y 1970.

tidario de la línea dura, como presidente de la nación. Durante sus catorce años al frente del país, los disturbios se multiplicaron: las huelgas obreras se acallaron con el ejército, los líderes religiosos fueron duramente perseguidos e incluso se promovió desde el gobierno, en 1968, un pogromo antijudío. Sus desmesuradas actuaciones le valieron el cese en 1970 y su sustitución por el reformista Edmund Gierek. Gierek mantuvo un talante dialogante durante una década de gobierno, promoviendo el acercamiento del régimen tanto a las fuerzas productivas (a las que se les permitió oficiosamente organizarse en sindicatos no controlados por el partido), como hacia estamentos muy alejados de la órbita comunistas, como el Vaticano, con el que inició relaciones diplomáticas en 1974. Su gestión económica incluyó concesiones de tierra a los campesinos y la búsqueda de préstamos occidentales, que en un primer momento elevaron la economía, aunque a medio plazo la lastraron con una insoportable deuda externa.

Sus reformas tuvieron efectos contrarios a los esperados. En 1980, una crisis alimentaria devolvió la conflictividad a las calles y especialmente a los principales astilleros del país en Gdansk. Uno de sus trabajadores, Lech Walesa, se convertiría rápidamente en el líder del movimiento de protesta mientras los sindicatos oficiosos se organizaban junto a los intelectuales en una federación nacional a la que bautizaron como Solidaridad. Desde esta plataforma, exigirían ser reconocidos oficialmente por el partido, la convocatoria de elecciones libres, etc. Sus demandas hallaron un poderoso aliado en la Iglesia católica: aunque esta última evitó siempre el ataque directo al comunismo, poseía una fuerza ética que se vio incrementada cuando el arzobispo de Cracovia Karol Wojtyla, resultó elegido papa con el nombre de Juan Pablo II (1978). La influencia papal en un país fervientemente católico como Polonia y su alianza con los manifestantes hicieron temer lo peor al partido comunista polaco y a Moscú. Este último forzaría la dimisión de Gierek ese mismo año y el nombramiento en su sustitución del general Jaruzelski.

Jaruzelski intentó acabar por la vía rápida con el problema. Tras imponer la ley marcial en el país en 1981, prohibió tajantemente cualquier actividad de Solidaridad y encarceló a muchos de sus miembros, entre ellos su líder Lech Walesa. Su política de mano dura no surtió sin embargo ningún efecto: Estados Unidos impuso fuertes sanciones económicas al país, las visitas y mensajes del papa seguían causando fuertes disturbios y la opinión internacional mostró claramente su posicionamiento cuando concedió a Lech Walesa el Premio Nobel de la paz en 1983. Incapaz de controlar la situación, Jaruzelski aceptó la vía reformista: en 1984 suspendió las imposiciones más duras de la ley marcial, liberó a varios presos políticos (entre ellos Walesa) y comenzó a imitar las medidas húngaras que

Lech Walesa (arriba), principal opositor al régimen comunista polaco al frente del sindicato católico Solidaridad, fue elegido en 1990 presidente de su país.
En la imagen inferior, una de las protestas organizadas por el sindicato Solidaridad antes de la llegada de la democracia.

intentaban implantar cierto liberalismo económico dentro de un régimen comunista.

En un clima de agitación social continuada, el aperturismo iniciado por Gorbachov en la URSS marcó la rendición del régimen comunista polaco. En 1988, Jaruzelski aceptó la formación de una mesa nacional integrada por representantes gubernamentales, miembros de Solidaridad e importantes cargos eclesiásticos. El resultado de esta ronda de deliberaciones no fue tan sólo el liberar a los presos políticos sino también la convocatoria, para el año siguiente, de las primeras elecciones libres, con objeto de elegir la formación de un nuevo gobierno bajo la presidencia de Jaruzelski.

Tadeusz Mazowiecki, jefe del primer gobierno polaco no comunista después de la segunda guerra mundial.

Las elecciones encumbraron definitivamente a Solidaridad. Los resultados electorales fueron inequívocos, otorgando a Solidaridad un clamoroso triunfo que en el caso del Senado alcanzó al 99% de los escaños posibles. El general Jaruzelski se veía obligado a encargar la formación de gobierno a Tadeusz Mazowiecki, uno de los hombres fuertes de Solidaridad, que el 12 de septiembre de 1989 presentaba a la Cámara un gobierno en el que todavía destacaban algunos miembros del partido comunista impuestos por el general. Moscú aceptó la situación con sólo dos condiciones: Polonia no debía cuestionar el Pacto de Varsovia ni romper la alianza con la Unión Soviética.

Lech Walesa pasa revista a una formación militar acompañado de su homólogo estadounidense Bill Clinton, tras la llegada de éste en 1994 a Varsovia en visita oficial.

Los polacos tuvieron que sufrir a partir de 1989, un drástico «plan de choque», llamado también «plan de Balcerwicz», que contaba con el *placet* del FMI. A cambio de impulsar medidas tan impopulares como la reducción real de los salarios, la devaluación del zloty y un fuerte recorte presupuestario, diversos estados y organizaciones comenzarían a conceder importantes fondos para la reconstrucción del país. De esta forma, las ayudas de la Comisión Europea mediante el programa PHARE, y la condonación de 12.900 millones de dólares por parte de los EE.UU., contribuyeron a evitar el desplome técnico. Pese a su dureza, las medidas se mostraron efectivas, aunque el «gradualismo» de Mazowiecki provocó graves críticas por parte de Walesa, partidario de radicalizar la ruptura con el antiguo régimen y acelerar los cambios político-económicos. Dada su enorme popularidad, las críticas del antiguo líder sindical surtieron efecto, obligando al gobierno a suspender la cámara y convocar nuevas elecciones, tanto gubernativas como presidenciales, para otoño de 1990.

Lech Walesa se confirmó como el gran vencedor de estas elecciones, siendo elegido presidente de la república con el 74% de los votos. Sin embargo, los cinco años de mandato del líder obrero enturbiaron la imagen del otrora jovial Walesa. Aparecía ahora como un dirigente ma-

Tras su triunfo en las urnas, el ex comunista Aleksander Kwasniewski sucedió en 1995 a Lech Walesa como presidente de Polonia.

nipulador, intrigante y excesivamente personalista, cuyas diferencias personales con algunos miembros del gobierno, principalmente los ex comunistas, impulsaron enmiendas constitucionales para ampliar sus atribuciones manteniendo una continua pugna con los socios de la coalición gobernante. En 1993, diferencias internas le llevaron a romper con Solidaridad, a la que tuvo que recurrir un año más tarde para solicitar ayuda en las presidenciales de 1995. Convencido de su victoria, aceptó con dificultades el resultado de las urnas, en las que fue superado por el ex comunista Aleksander Kwasniewski, líder de la Socialdemocracia de la República de Polonia (SdRp).

En un gesto más populista que real, Lech Walesa se reincorporó al astillero de Gdansk, en el puesto de electricista que ocupaba antes de dedicarse a la actividad política en exclusiva. Ya en 1996, dedicó sus esfuerzos a la creación de un partido político propio, la Democracia cristiana de la III República (CDRP), al frente del cual acudió a las elecciones presidenciales de 2000, recibiendo un 1,1% de los votos, mientras Kwasniewski sumaba el 53,9%. A los veinte años de la fundación de Solidaridad, el que fuera su principal protagonista se vio obligado a retirarse del primer plano político de la república de Polonia.

Hungría. En Hungría, la llegada de los tanques soviéticos en 1956 había acabado con los principales protagonistas de la reforma como Imre Nagy pero no con su espíritu. Aunque había accedido al gobierno el «duro» Janos Kadar, el partido comunista húngaro había aceptado introducir ciertas medidas liberalizadoras (algunas de ellas servirían incluso de ejemplo a seguir para Mijail Gorbachov). Durante un tiempo creció la economía gracias a la entrada de capital extranjero y a cierta permisividad hacia la iniciativa privada. Sin embargo, ya en los 80, el pequeño progreso económico llegó a su fin: la crisis energética de la década anterior y los propios problemas de la economía soviética, la cual se había convertido en muchas ocasiones en sostén de los regíme-

Demócratas húngaros rinden homenaje en 1989 al dirigente reformista Imre Nagy, depuesto por los tanques soviéticos en 1956 y posteriormente ejecutado.

nes comunistas europeos, demostraron tener importantes consecuencias internas para Hungría.

Entre los miembros del partido comunista húngaro cundió la alarma. Incluso temas aparentemente banales, como la construcción de una presa, servían a la oposición democrática para mostrar su rechazo al régimen. Fue entonces cuando la dirección del partido decidió adaptarse a los nuevos tiempos. En 1988, Janos Kadar fue depuesto, al tiempo que se anunciaban importantes reformas. A principios de 1989, el gobierno húngaro regulaba el pluripartidismo y las libertades básicas de reunión, asociación y opinión. Se reconocían asimismo los errores de 1956 y se rendía tributo al cadáver de Imre Nagy, convertido repentinamente en héroe nacional. El gobierno también abrió la frontera austrohúngara. Curiosamente, no fueron los húngaros sino los alemanes orientales los que aprovecharon este hecho para emigrar: en septiembre de 1989, miles de ciudadanos de la RDA que se hallaban de vacaciones en Hungría obtenían el visado para cruzar la frontera y, una vez en Alemania occidental, iniciar los trámites para obtener la ciudadanía. Finalmente, los comunistas húngaros aceptaban disolver su partido y conformar uno nuevo, acorde a los nuevos tiempos democráticos, para participar en igualdad de condiciones en las elecciones que deberían tener lugar al año siguiente.

Un guardia fronterizo húngaro desmantela en 1989 la alambrada que separaba a Hungría de la vecina Austria.

Para entonces, la realidad política había conseguido transformarse hasta alcanzar los niveles propios de una nación democrática. Superado el partido único, en apenas dos años se había formado medio centenar de grupos políticos de los que sólo seis obtuvieron representación parlamentaria en la Asamblea nacional unicameral. La mayoría de los electores ratificó su deseo de una transición paulatina, otorgando su confianza al MDF (Foro Democrático Húngaro), que se vio forzado a establecer una alianza de gobierno con dos partidos más, todos ellos pertenecientes al centro-derecha. Jozsef Antall era elegido primer ministro de la nueva Hungría.

Jozsef Antall, primer ministro húngaro entre 1990 y 1993.

El nuevo gobierno continuó las medidas económicas iniciadas por los comunistas reformistas que habían posibilitado la transición democrática. Hungría optó por evitar la terapia de choque, como habían adoptado algunos países de su entorno, y se introdujo con mayor prudencia en la economía liberal. Su coherente plan de austeridad, las tímidas reformas introducidas a partir de la década de los 50 y su proximidad a economías saneadas como la austriaca, han ayudado a Hungría a evitar la catástrofe económica que viven otros países ex comunistas como la propia Rusia.

La segunda unificación alemana. La República Democrática de Alemania fue uno de los símbolos de la guerra fría. En su territorio tuvo lugar una de las primeras crisis, el bloqueo de Berlín. Entre las dos superpotencias de la época, y en su propia capital, se había materializado el llamado telón de acero cuando

El líder comunista germanooriental Erich Honecker (a la izquierda) junto al dirigente soviético Mijail Gorbachov en una reunión mantenida en Berlín semanas antes de la caída del muro.

en 1961 se construyó el muro de Berlín. Siendo como era una cuestión de honor, los soviéticos habían invertido numeroso capital con el objetivo de hacer de la RDA un símbolo del potencial comunista. Gracias a esto y a otros factores, la economía de Alemania Oriental era una de las más importantes de la Europa comunista o, mejor dicho, no estaba en una situación tan desesperada como la del resto de países socialistas.

Pese a ello, sus ciudadanos no estaban dispuestos a quedarse atrás en los acontecimientos que estaban sacudiendo a Europa en 1989. Pocos aceptaban ya vivir en un país gobernado por el «eterno» Erich Honecker y controlado con mano dura por la popularmente conocida como Stasi, la policía secreta. Apenas seis meses después de que Hungría hubiese abierto su frontera con Austria, casi un millón de alemanes orientales había huido del país rumbo a la RFA. Muchos de los que no habían optado por el exilio se manifestaban ahora, en 1990, en las calles y plazas de las principales ciudades del país.

Al igual que en Hungría, el partido comunista alemán tuvo que aceptar lo inevitable. Cuando Gorbachov dejó claro que en ningún caso movilizaría a las tropas soviéticas ya estacionadas para defender a Honecker, los reformistas se hicieron con el control. El veterano presidente y sus principales colaboradores fueron arrestados al tiempo que se hacían públicos numerosos datos sobre la corrupción del partido y la represión. Los comunistas reformistas aceptaron reunirse con los principales líderes de la oposición para planificar conjuntamente la transición democrática.

Las conversaciones fueron cortas. Ningún alemán, tanto occidental como oriental, había olvidado que su país había quedado dividido como consecuencia de la guerra fría. Una vez que ésta había concluido, lo natural era la reunificación. Reunificación que por otra parte constituía uno de los principales objetivos

Jóvenes alemanes festejan junto al muro de Berlín la eliminación en noviembre de 1989 de las restricciones al tránsito de un lado a otro de la ciudad dividida.

del canciller cristianodemócrata de la RFA, Helmut Kohl. A pesar de algunas voces que intentaron recordar los horrores causados por la Gran Alemania de 1939, a nadie se le escapó el papel jugado por personajes como Konrad Adenauer o Willy Brandt en la reconstrucción europea o la consolidación del Mercado Común. Con el beneplácito de los otrora llamados aliados (EE.UU., URSS, Francia e Inglaterra), el 3 de octubre de 1990, y tras una breve fase de armonización económica y legal, las dos Alemanias se constituían en un único estado cuya capital sería Berlín.

El canciller germanooccidental Helmut Kohl saluda a sus partidarios tras la victoria democristiana en las elecciones de diciembre de 1990, primeras tras la reunificación alemana.

Aunque el termino «reunificación» ha sido el generalmente utilizado desde entonces, lo cierto es que más bien debería hablarse de «anexión». Efectivamente, en 1990 la RDA dejó de existir, pasando todos sus territorios a estar regidos por la constitución y demás estructuras legales y socio-económicas de la República Federal Alemana. El que esto fue aceptado como natural por los alemanes orientales lo demuestra el hecho de que en las primeras elecciones tras la unificación, Helmut Kohl, un político occidental, arrollase en gran parte de las regiones de la antigua RDA. Por otro lado, esta «anexión» fue probablemente la mejor opción para los ciudadanos de la Alemania oriental. Apoyados por la fortaleza económica del marco y por su integración dentro de los mecanismos de la Unión Europea, su transición económica ha sido especialmente suave. Aunque sus índices de nivel de vida todavía se hallan alejados de los de otras regiones de Europa occidental, la prosperidad futura de la antigua RDA parece más que garantizada.

Retratos en 1990 de Hans Modrow y Gregor Gysi, líderes del Partido Socialista Democrático (PSD), frente a la sede en Berlín de esta formación política integrada por ex comunistas germanorientales.

La revolución de terciopelo en Checoslovaquia. La transición democrática de Checoslovaquia se desarrolló de forma parecida a otros países como Hungría. En un primer momento, los líderes comunistas rechazaron firmemente la *perestroika* de Gorbachov y todo lo que ésta significaba. Aunque los principales líderes de la oposición habían sido arrestados inmediatamente, la población parecía no necesitar apenas liderazgo. Numerosas manifestaciones de protesta, como la acaecida en 1989 con motivo de la conmemoración del 71 aniversario del país, ponían bajo enorme presión al gobierno comunista, el cual acabó quedándose sólo en su resistencia a los cambios. La Unión Soviética y el resto de países integrantes del Pacto de Varsovia, en un comunicado oficial, renegaron de los acontecimientos del 68, cuando los tanques soviéticos y polacos habían puesto fin a una revuelta similar. En noviembre de 1989, los miembros del ejecutivo y los dirigentes del partido dimitían de todos sus cargos. La plataforma opositora, el Foro Cívico, y sus dos líderes principales, Vaclav Havel y Alexander Dubcek, comenzaban a tomar posiciones para preparar la transición.

Mientras la URSS comenzaba a retirar todas sus tropas de suelo checoslovaco, el nuevo gabinete reformista, formado por comunistas y miembros de la oposición y presidido por Havel, desmantelaba todas las estructuras del antiguo régimen. Con el objeto de convocar elecciones libres, el gobierno provisional concedió diversas libertades –de asociación, de prensa, de cátedra, etc.– y disolvió la policía secreta. Para muchos, especialmente entre las organizaciones y partidos de derechas, estas medidas no eran suficientes: el sistema no sólo debía ser desmantelado sino también «juzgado». Havel y sus colaboradores, sin embargo, optaron por una transición moderada y consensuada.

Una pareja de jóvenes checos durante la llamada «revolución de terciopelo» de 1989, serie de multitudinarias protestas ciudadanas que pusieron fin de manera pacífica al sistema comunista en la antigua Checoslovaquia.

El presidente checo Vaclav Havel.

En 1992, el problema nacionalista ocupó el primer plano político. El parlamento federal de Eslovaquia comenzó a exigir la transferencia de poderes de los organismos centrales (dominados por las provincias checas de Bohemia y Moravia) a los locales, lo que venía a equivaler a una petición de independencia. Los ofrecimientos de Havel de realizar un referéndum sobre la cuestión no fueron aceptados por el parlamento eslovaco, temeroso de que saliera un resultado negativo, lo que hizo que el debate se enquistase. Las elecciones celebradas en junio, aunque ganadas por los partidos checos, demostraron el peso adquirido por el Movimiento para una Eslovaquia Democrática de Vladimir Meciar. Las conversaciones para tratar el tema de la independencia eslovaca se aceleraron, por lo que Havel, partidario de la fórmula del referéndum, acabó dimitiendo. El 31 de diciembre de 1992, Checoslovaquia dejaba de existir dando lugar a dos nuevos estados: la República Checa (o Chequia) y Eslovaquia.

Los años de andadura en solitario de ambos países están marcados por cuestiones similares. El problema de la transición económica ha sido solventado gracias a las importantes inversiones extranjeras (especialmente alemanas) y la escasa deuda externa acumulada en el periodo comunista. El problema institucional ha afectado a ambos países de distinta forma: mientras que en la República Checa la transición ha sido relativamente fácil, en Eslovaquia se ha caracterizado por el continuo enfrentamiento entre los dos antiguos líderes del Movimiento para una Eslovaquia Democrática, Meciar y Michael Kovac. Entre acusaciones de autoritarismo y corrupción, el país se ha visto sumido en una crisis política, en parte solventada por el acercamiento de Eslovaquia a la Unión Europea y cierta tranquilidad económica. Por otra parte, ambos países han tenido que enfrentarse a la cuestión de las minorías (especialmente la húngara y/o la gitana), frecuentemente discriminadas en la fase comunista de Checoslovaquia. Los compromisos diplomáticos adquiridos por ambos con los países de su entorno, y en concreto con Hungría, han permitido que el problema, todavía presente en la práctica, esté en vías de solución.

Las banderas de Chequia y de Eslovaquia ondean juntas en la sede de Naciones Unidas en Nueva York tras la ruptura pactada de Checoslovaquia en 1993.

La caída de la dictadura rumana. Rumania había dejado, hacía tiempo, de ser un país típicamente comunista. En 1965, Nicolae Ceaucescu había ascendido al poder aprovechándose de las estructuras impuestas por la Unión Soviética en el país para, inmediatamente, desmarcarse del dictado político de Moscú. Ceaucescu rápidamente mostró su rechazo a las invasiones soviéticas de Checoslovaquia y Afganistán y apoyó a Israel en sus conflictos con el mundo árabe. A pesar de esto, en teoría, Rumania era todavía un país dominado por la «dictadura del proletariado» que ejercía el partido comunista, único partido político legal. En la práctica, era una simple dictadura personal en la que Ceaucescu hacía y deshacía a su antojo, colocaba a sus familiares en los más importantes puestos políticos y económicos y dominaba al resto de la población gracias a la temida *Securitate*, la policía secreta. La labor de esta última fue tan eficaz que, a la caída del muro de Berlín, no parecía existir en toda Rumania un grupo opositor capaz de aunar fuerzas a su alrededor y liderar la transformación política.

En Rumania, la revolución no fue por tanto «política», sino social. Durante la larga dictadura de Ceaucescu, el país se había convertido en uno de los más pobres de Europa, disputándose ese dudoso honor con Albania. Las reservas petrolíferas del país o los numerosos créditos concedidos por occidente al dictador no solventaron esta situación. La corrupción e ineficacia del régimen hacía que gran parte de estas inyecciones económicas se perdieran por el camino mientras que, a su vez, se tenía que ejercer una fuerte presión fiscal sobre la población para devolver el empréstito internacional.

En septiembre de 1989, una pequeña revuelta estalló en Timisoara, donde numerosos universitarios comenzaron a protestar ante los intentos de la policía de capturar al pastor calvinista Laszlo Tökes, crítico con el régimen. La agitación se contagió a otras provincias, lo que llevó al dictador a ordenar al ejército intervenir. Para su sorpresa, los militares se negaron a actuar en «asuntos civiles», lo que demostraba que el régimen comenzaba a perder peligrosamente apoyos en el interior. Fue la *Securitate* la que tuvo que encargarse de acallar las protestas, algo que hizo con la contundencia habitual.

Imagen del último acto público del dictador comunista Nicolae Ceaucescu antes de la caída de su régimen.

Cuando en diciembre de 1989 parecía que las revoluciones democráticas iban a pasar Rumania de largo, la población estalló. Con motivo de una de las habituales elegías al régimen, miles de manifestantes se congregaron ante el palacio nacional de Bucarest y abuchearon al dictador durante su discurso. La *Securitate* intentó disolver la manifestación, causando con ello centenares de muertos, aunque fue en vano. Ceaucescu se vio obligado a huir junto a su esposa a Tirgoviste, en donde se hallaba una de las numerosas residencias que poseía la familia. En Bucarest, los enfrentamientos entre la *Securitate* y los manifestantes, apoyados ahora por miembros del partido comunista, el ejército y la policía, se decantaron por estos últimos. Con la capital bajo su control, las fuerzas nacionales se lanzaron a la busca y captura del dictador. El 25 de diciembre de 1989, tras un rápido juicio militar, Ceaucescu era condenado a muerte. Muchos soldados se echaron a suertes el honor de formar parte del pelotón de ejecución.

Protagonistas de la revolución que a finales de 1989 derrocó en Rumania a Nicolae Ceaucescu.

La nula organización de las fuerzas democráticas, cuya revolución había triunfado gracias a las estructuras internas del propio régimen, determinó el tipo de transición que iba a vivir Rumania. Mientras que en países como Polonia o Checoslovaquia los partidos comunistas o sus directos sucesores perdieron casi todo su poder, en Rumania lo siguieron conservando. Su estructura y participación en la revolución permitió a muchos comunistas reformadores participar en la unión cívica conocida como Frente de Salvación Nacional (FSN), la cual debía preparar el camino a las primeras elecciones multipartidistas, celebradas en 1990. De ellas saldría como claro vencedor el ex comunista Ion Illiescu, quien a su vez encargó la tarea de formar gobierno a Petre Roman.

El presidente rumano Ion Iliescu (en el centro) junto a otros líderes del Frente de Salvación Nacional (FSN).

Otros países: Bulgaria y Albania. Aparte de los casos ya mencionados, junto con Yugoslavia, los más emblemáticos de la Europa del este, otros países como Bulgaria, Albania, Moldavia o los países bálticos han experimentado la transición democrática. En Bulgaria, los comunistas reformadores, temerosos de perder el poder, consiguieron echar a Todor Zhivkov, presidente de la república desde 1954. Desde entonces los antiguos comunistas, rebautizados como Partido Socialista Búlgaro, consiguieron mantenerse en el poder gracias a la aprobación de discutidas leyes (ley de reforma judicial, 1994). Aún así, el antiguo heredero al trono búlgaro Simeón de Sajonia-Coburgo pudo formar una coalición de centro-derecha que ganó las elecciones de 2001. La caída del gobierno «socialista» viene así a demostrar el avance del pluripartidismo en Bulgaria. Esta importante transformación política ha venido a la postre acompañada por el reconocimiento de las libertades individuales, la liberación del mercado interior o la exitosa campaña internacional que ha permitido al país reducir su deuda externa en un 50%.

En Albania, la situación ha sido más catastrófica. La inmensa pobreza de este país balcánico, acentuada por las rupturas con sus aliados durante el régimen estalinista de Enver Hoxha (1946-1985), provocaron un éxodo poblacional sin igual desde

Un grupo de albaneses da la bienvenida al secretario de estado norteamericano James Baker a su llegada a Tirana en 1991.

Manifestación antiserbia en Albania en 1998, en solidaridad con la población albanesa de Kosovo.

1990, que alcanzó sus máximas cotas en agosto de 1991 cuando casi 50.000 albaneses desembarcaron en las costas italianas. Este fenómeno y las constantes manifestaciones en Tirana llevaron al régimen comunista de Ramiz Alia a atemperar su política y desmantelar el ala dura del partido. En 1992, se convocaron por primera vez elecciones multipartidistas, las cuales otorgaron el poder al demócrata Sali Berisha. Estos nuevos gobiernos, en su mayoría de carácter socialista (es decir, ex comunista), se vieron sumidos en una gran inestabilidad por el hundimiento de las estructuras económicas del país. En 1997, un escándalo de corrupción que sumió en la ruina a casi 300.000 albaneses (un sexto de la población) y provocó fuertes revueltas populares, llevó al gobierno a solicitar la intervención militar extranjera. La labor de las fuerzas de pacificación se vio enturbiada por los problemas en la provincia yugoslava de Kosovo y la llegada de miles de refugiados albanokosovares a la empobrecida Albania. El FMI tuvo entonces que conceder una ayuda extraordinaria al país al tiempo que las fuerzas de intervención eran reutilizadas en Kosovo. Desde entonces, y a pesar de la inestabilidad política, Albania ha conseguido ganarse el apoyo internacional gracias a su apuesta por la diplomacia y su negativa a ofrecer apoyo alguno a los movimientos guerrilleros albanokosovares que operan en Kosovo y Macedonia.

Manifestación en Sofía en 1993 contra el gobierno socialista (ex comunista) búlgaro.

La Rusia postsoviética

Con la desaparición de la URSS y el ostracismo al que fue sometido el «padre de la *perestroika*», Mijail Gorbachov, Boris Yeltsin quedó como máxima figura política no sólo de Rusia sino de todo el ámbito ex soviético. Elegido en 1990 como presidente del Soviet Supremo ruso, supo aprovechar su posición para vadear la caída del comunismo y, en apenas un año, proclamarse presidente de Rusia. Sin embargo, no serían pocos los problemas que debería afrontar durante su mandato entre 1991 y 2000: el marasmo económico provocado por la entrada del capitalismo en un mercado hasta entonces regulado, el conflicto institucional que plantea la implantación de una democracia sobre unas estructuras tradicionalmente autoritarias, los conflictos territoriales y étnicos en la región caucasiana y la definición del nuevo papel que Rusia debía jugar en el concierto internacional. Ninguno de estos problemas ha podido ser solucionado totalmente por Yeltsin o su sucesor, el actual presidente ruso Vladimir Putin (elegido en 2000).

Lanzamiento en 2002 de un cohete ruso, portando un satélite de la Agencia Espacial Europea (ESA), desde el aeródromo kazajo de Baikonur.

El problema institucional

La transformación del régimen económico soviético en uno de tipo capitalista fue sin duda el principal problema que se le presentó a Boris Yeltsin a partir de noviembre de 1991. En esa fecha ya había dejado clara su postura al anunciar un importante plan de privatización que no sólo debía afectar a las empresas estatales sino también a otros sectores como la vivienda, los servicios o la agricultura. El principal artífice de este paquete de medidas era Yegor Gaidar, primer ministro y ministro de economía, fiel partidario de la liberalización radical de la economía rusa y una política fiscal estricta destinada a contener la inflación. Aunque en algunos casos se impusieron voces más moderadas que pretendían seguir planificando temas como los precios de los alimentos básicos o el petróleo, el «paquete Gaidar» fue puesto en marcha en enero de 1992. Desde el primer momento, esta liberalización radical contó con la oposición de los antiguos comunistas, liderados por Ruslán Jasbulatov y Guennadi Ziuganov. Las presiones que su facción parlamentaria ejerció sobre el gabinete nombrado por Yeltsin comenzarían a surgir cierto efecto a partir del verano de 1992, cuando ante la incontenible subida de los precios, el presidente se vio obligado a cesar a Gaidar como primer ministro (aunque no como responsable de economía).

Este ejemplo de la capacidad del parlamento de boicotear las iniciativas presidenciales llevó a Yeltsin a tomar una drástica solución. En 1993, promulgó un decreto que implantaba el sistema presidencial y, por tanto, deslegitimaba al parlamento como representación de la soberanía nacional. Su decisión, así como las propuestas de reforma económica y la convocatoria de elecciones anticipadas, fueron respaldadas por la población en un referéndum convocado a tal efecto. Sin embargo, la negativa del parlamento a disolverse con-

Boris Yeltsin, presidente de la Rusia independiente desde 1991 hasta 1999.

Manifestación contra la política económica de Boris Yeltsin.

dujo al país, a principios de octubre, al borde de una guerra civil. Partidarios de ambas facciones políticas se enfrentaban en las calles de Moscú mientras que distintas unidades del ejército comenzaban a tomar posiciones en torno al parlamento, la televisión pública, etc. El 4 de octubre, la duma fue tomada por el ejército y sus miembros desalojados por la fuerza, lo que significaba el triunfo de Yeltsin y sus seguidores. En pocos días, el presidente ruso acabó con los opositores: suspendió al Tribunal Constitucional y al ayuntamiento de Moscú por sus críticas al gobierno, impuso la censura a todos los medios de comunicación pro comunistas (Pravda) o nacionalistas y prohibió numerosos partidos políticos (pero no se atrevió con el nuevo Partido Comunista de Rusia).

El triunfo del presidencialismo se concretó en las elecciones de diciembre de 1993, las primeras de carácter multipartidista desde 1917, destinadas a elegir presidente y a votar la reforma constitucional. Aunque el gran ganador de estas convocatorias fue el ultranacionalista Vladimir Zirinovski, Boris Yeltsin pudo formar gobierno a través de diversas coaliciones. Aupado de nuevo a la cúpula presidencial y con el apoyo monetario de occidente, temeroso del resurgir nacionalista en Rusia, Yeltsin pudo aplicar definitivamente medidas liberalizadoras como la abolición de la colectivización de la tierra, uno de los símbolos comunistas.

Simpatizantes de la oposición comunista a Yeltsin cuelgan una antigua bandera soviética en un monumento dedicado a los héroes de la revolución bolchevique.

El problema económico

La victoria de Yeltsin no pudo sin embargo contener el declive de la economía nacional, la cual comenzó a mostrar síntomas alarmantes en 1994. El aumento anual de la inflación y la fuerte caída del rublo ponían en peligro la viabilidad económica del proyecto presidencial, lo que llevaría a Yeltsin a acabar con la liberalización radical (dimisión de Gaidar) y apostar por una política económica más moderada que se centrase en los recortes presupuestarios y en la potenciación de las relaciones comerciales con los países miembros de la CEI. Estas me-

Planta industrial en la localidad siberiana de Irkutsk.

didas llegaban sin embargo demasiado tarde. El control presupuestario era una utopía en un estado con gigantescos aparatos militares y administrativos y que además, se acababa de embarcar en una farragosa guerra en Chechenia (1994-1996).

Desde que se inició la reforma radical hasta 1998, año en el que la crisis alcanza su punto más álgido, los indicadores económicos del gigante ruso mostraron índices alarmantes. El producto nacional bruto (PNB) cayó por debajo del de países considerados como subdesarrollados, siendo cinco veces menor que el de China y diez veces inferior al de los Estados Unidos. La productividad de la economía rusa descendió a menos de la mitad, y en algunos casos como en el de la industria ligera o la alimentaria, descendió en dos tercios. En 1995, la inflación anual alcanzó el 131%, lo que no sólo afectó a las economías privadas sino a los presupuestos internos del estado. La deuda contraída por éste para compensar las pérdidas provocadas por la liberalización de precios se cifraba a mediados de 1998 en torno al 50% del PNB. Un 30% más constituía la deuda externa adquirida por los créditos extranjeros, que necesitó de nuevas ayudas para evitar la quiebra total del sistema. En una situación semejante, la evasión de capitales, estimada en 150 billones de millones desde el principio de la reforma radical hasta 1999, empeoró aún más las cosas.

La transición rusa hacia una economía de mercado supuso la caída en la pobreza de amplias capas de la población, así como la emergencia de una nueva clase social de alto poder adquisitivo.

Anciano mendigando en un paso subterráneo de Moscú, una realidad muy corriente en la nueva Rusia poscomunista.

Las consecuencias sociales. El nivel de vida de la mayoría de la población descendió a la mitad, aumentando la distancia entre ricos y pobres (atendiendo a los niveles de desigualdad en la distribución de las rentas, Rusia se encuentra a la cabeza del mundo). Los sistemas de protección social empeoraron además año tras año debido a las constantes reducciones presupuestarias en las inversiones básicas, como el mantenimiento de la sanidad pública o los cuerpos de seguridad. El retraso en el pago, por parte del estado, de salarios y pensiones provocó el desamparo de una población ya en dificultades. El aumento de la pobreza en sectores cada vez

Personas detenidas en 1997 en una operación policial contra la delincuencia en Moscú.

más amplios de población, el descenso de la esperanza de vida, y la creciente incidencia de las enfermedades (principalmente mentales), junto a la lacra del desempleo, conformaron un panorama inédito en un país con importantes recursos naturales y humanos.

A mediados de 1998, según las estadísticas oficiales, la renta per cápita de los rusos era aproximadamente de 150 dólares al mes y en 1999 descendió a menos de 100, mientras que en las economías de mercado similares a Rusia en cuanto a nivel de desarrollo era, al menos, dos o tres veces superior. Al mismo tiempo, los precios en Rusia no eran inferiores a los del resto del mundo y, en algunos casos, si se calculan en dólares, incluso superiores. Como consecuencia de la triple devaluación del rublo, la renta expresada en dólares se redujo en la misma proporción. También se produjo la correspondiente retracción de la demanda real que, además, era satisfecha con productos importados en una proporción entre el 50 y 60% debido a la incapacidad de las empresas nacionales de satisfacer el mercado interior.

La desestructuración económica favoreció la aparición de un floreciente mercado negro. La población, incapaz de adquirir productos básicos en los mercados tradicionales acudía a estraperlistas y a la red, cada vez más importante, de mafias locales. Éstas pronto supieron introducirse en el propio aparato del estado, el cual quedó salpicado por numerosos escándalos de corrupción (uno de ellos llegó a implicar a la hija de Yeltsin). Las privatizaciones de empresas públicas, a menudo realizadas de forma oscura, que acababan en manos de personas afectas al gobierno, no ayudaron a mejorar la imagen del presidente.

Las reformas de 1996-1998. A pesar de este descrédito, Yeltsin consiguió ganar las elecciones de 1996 (gracias en gran medida a su control de los medios de comunicación), lo que le garantizaba un periodo de cuatro años para enmendar la situación. Apoyándose en políticos como Anatoli Chubais, el general Lebed o Yevgueni Primakov, Yeltsin consiguió impulsar una política económica que, sin renunciar al liberalismo, resultó ser mucho más moderada que anteriormente.

Ceremonia de juramento de Boris Yeltsin como presidente ruso en 1996, tras lograr su reelección en las urnas.

La grave situación económica de Rusia en la década de 1990 se manifestó en un deterioro de sus fuerzas armadas. En la foto, entrenamiento de soldados de un cuerpo de elite ruso.

En el transcurso de ese mismo año comenzaron a observarse algunas mejoras. En 1996, se consiguió contener por primera vez la inflación anual («sólo» del 15%), al tiempo que se llegaba a un acuerdo de alto el fuego en Chechenia (8 de septiembre), lo que ahorraría miles de millones de rublos al estado. Especialmente importantes fueron las gestiones internacionales de Primakov, quien no sólo consiguió aplazar el pago de la deuda externa que había sumido a Rusia en la quiebra, sino que con un hábil manejo de los canales diplomáticos consiguió que Estados Unidos se comprometiera en 1997 a una ayuda económica de importante cuantía a cambio de que Rusia relajase sus condiciones para la ampliación de la OTAN hacia el este europeo. Como anexo de estas negociaciones, Rusia exigía su admisión en el G7 (a partir de entonces llamado G8), un importante vehículo para conseguir nuevos fondos de los países más ricos del mundo.

Los éxitos de Primakov fueron correspondidos en 1998 con su nombramiento como primer ministro. Su ascenso coincidió sin embargo con el punto álgido de la crisis económica. A pesar de los éxitos de los dos años anteriores, continuados en parte con la llegada de nueva ayuda internacional a cambio del permiso ruso para que la UE siguiera los pasos hacia el este de la OTAN, la economía siguió empeorando. La emisión de un nuevo rublo con la esperanza de generar confianza entre los inversores se vio perjudicada por las tres devaluaciones consecutivas a las que fue sometido. La caída de la bolsa hasta límites insospechados, el retraso estatal en el pago de los salarios y el reconocimiento ruso de que no podían afrontar el pago de la deuda externa permitieron observar el verdadero estado de salud de las finanzas nacionales.

Una mujer comprando dólares en un banco moscovita en presencia de un guardia de seguridad.

La estabilización: Vladimir Putin

Tras el *annus horribilis* del 98, 1999 trajo nuevos cambios en la política rusa. El fracaso del gobierno de Primakov para controlar el marasmo económico provocó su salida y la llegada del antiguo jefe de la agencia de espionaje rusa, Vladimir Putin. Con su nombramiento como primer ministro, Putin se convertía en el hombre fuerte de Rusia. Boris Yeltsin, aquejado de numerosos problemas de corazón y acosado por los rumores de corrupción y alcoholismo, iría lentamente cediendo su puesto a su nuevo delfín. El 31 de diciembre de 1999, Yeltsin traspasó públicamente sus poderes a Vladimir Putin quien, tras un periodo como presidente interino, fue confirmado en

El hundimiento en aguas árticas del submarino nuclear ruso Kursk conmocionó a todo el mundo en agosto de 2000.
Abajo, la madre de un marinero ruso muerto en el submarino Kursk protesta ante el presidente Vladimir Putin.

su cargo tras las elecciones celebradas en marzo de 2000.

Con Putin se reafirman las constantes del periodo anterior: mala situación económica, rasgos de autoritarismo, represión del conflicto caucasiano, etc. Sin embargo, desde el año 2000 se observa también una serie de pautas que permiten hablar de sus tres años de mandato como un periodo de estabilización en el que el descalabro ruso ha sido frenado. A pesar de que algunos países como Alemania se niegan a conceder nuevos créditos ante la desconfianza que inspiran las finanzas nacionales, el decidido apoyo del Banco Mundial (BM) y el Fondo Monetario Internacional (FMI) ha permitido al gobierno ruso lidiar la depresión económica. Crisis coyunturales como la causada en agosto de 2000 por el hundimiento del submarino nuclear *Kursk,* probablemente debido a los recortes presupuestarios en las fuerzas armadas y a la desidia y mal preparación de la oficialidad, demuestran que la carencia de recursos del estado es todavía evidente. El submarino queda atrapado en las profundidades del mar de Barents con su tripulación, integrada por 118 marinos, los cuales perecen en su totalidad.

El autoritarismo ha sido otro de los rasgos característicos de la presidencia de Putin. Ya en 1999, el presidente ruso autorizó el reanudamiento de la guerra de Chechenia como respuesta a los ataques terroristas que sufrió la capital moscovita en verano de dicho año. Las críticas al gobierno, debido a los escándalos sobre supuestas atrocidades cometidas por las tropas rusas en el Cáucaso, han sido contrarrestadas con las denuncias presentadas por la fiscalía contra diversos medios de comunicación, propiedades de los magnates Vladimir Gusinski y Boris Berezovski, y su final control accionarial por el gigante Gazprom, empresa con importantes conexiones con el Kremlin.

La presión internacional también ha sido controlada, gracias en parte al acercamiento de Putin a occidente. Aunque diversos líderes mundiales han dejado entrever su malestar por la actua-

Evgueni Primakov, uno de los primeros ministros de la etapa presidencial de Yeltsin.

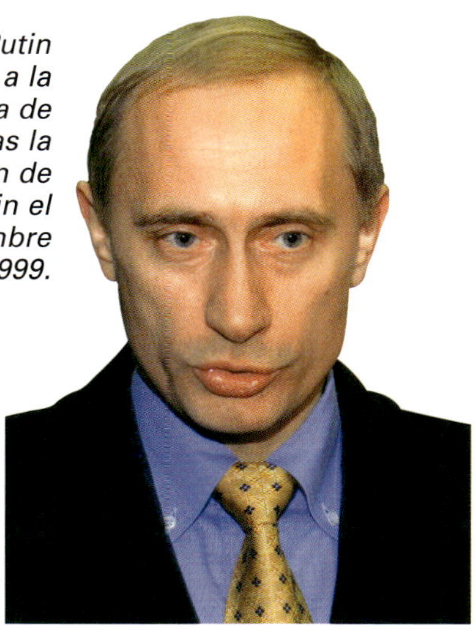

Vladimir Putin accedió a la presidencia de Rusia tras la dimisión de Boris Yeltsin el 31 de diciembre de 1999.

Construcción de un gasoducto en la región siberiana de Perm.

ción de Putin contra los medios de comunicación (España ha denegado la extradición de Gusinski) o por la resolución sin miramientos de crisis como la de la toma del teatro Dubrovska (en la que murieron los secuestradores chechenos así como 115 rehenes), la situación internacional ha beneficiado al presidente ruso. Tras los atentados del 11 de septiembre de 2001 contra las torres gemelas de Nueva York, Putin se ha declarado como un firme partidario de la «mano dura» contra el terrorismo, convirtiéndose en uno de los mejores aliados del presidente estadounidense George W. Bush. A cambio de su velado apoyo a la política de los EE.UU. en Afganistán o Irak, Putin ha ganado un precioso tiempo para resolver, a su manera, la crisis chechena.

Rusia en el contexto internacional

La política exterior rusa desde el inicio de la *perestroika* ha venido marcada por dos cuestiones primordiales: el necesario acercamiento a occidente, proveedor de ayudas monetarias que solventen la crisis económica del país, y los deseos de los dirigentes rusos por conservar su hegemonía sobre los antiguos países satélites de la URSS. A menudo, estas dos directrices se han mostrado como totalmente contrapuestas, lo que ha requerido intensas gestiones diplomáticas. Yeltsin y Putin han conseguido sin embargo reconciliar hábilmente ambas cuestiones, reafirmando así el papel de Rusia en el contexto internacional.

En cuanto a la conservación de la hegemonía geopolítica, los líderes rusos han comprendido la necesidad de dotar de un halo democrático a las relaciones internacionales del país. En este sentido es necesario destacar la formación de la CEI, que ha permitido a Rusia convertirse en líder por antonomasia de las antiguas repúblicas soviéticas adscritas a la Comunidad. La CEI se ha manifestado como un importante foro de debate capaz de resolver, mayoritariamente a favor de Rusia, los conflictivos temas que rodearon a la desaparición de la URSS. En este contexto, Bielorrusia aceptó transferir gran parte de sus arsenales nucleares a Rusia (lo que la ha convertido en principal interlocutor con los EE.UU. en temas de seguridad nuclear) y Ucrania ha puesto a disposición de Moscú las bases navales de Crimea, lo que garantiza la salida de la armada rusa al Mediterráneo en caso de ser necesario. Rusia, por su parte, ha reconocido, si no de forma oficial sí al menos oficiosa, las fronteras nacionales de estos países. El peso específico ruso sobre la CEI comienza a ofrecer datos elocuentes: en diciembre de 1999, Rusia y Bielorrusia firmaron el

Aspecto de la antigua flota soviética del mar Negro, repartida entre Rusia y Ucrania a mediados de la década de 1990.

De la URSS a la CEI

Cumbre de la Comunidad de Estados Independientes (CEI) celebrada en diciembre de 1991 en Minsk, capital de Bielorrusia.

Los presidentes de Rusia, Ucrania y Bielorrusia firmaron el 8 de septiembre de 1991 en Minsk un acuerdo en el que se pusieron las bases para una asociación libre de estados soberanos que sustituyese a la agonizante Unión Soviética. Tres meses más tarde, consumada la desaparición de la URSS, las tres repúblicas eslavas antedichas constituyeron oficialmente la Comunidad de Estados Independientes (CEI), a la que pronto se sumarían Armenia, Azerbaiyán, Kazajstán, Kirguizistán, Tayikistán, Turkmenistán, Uzbekistán y Moldavia. Sólo las tres repúblicas bálticas (Letonia, Lituania y Estonia) y Georgia –que rechazó su ingreso hasta 1994– quedaron fuera del marco de la CEI. La capital bielorrusa, Minsk, fue designada como centro administrativo de la nueva organización.

En la reunión fundacional de finales de 1991, los países de la CEI sólo lograron ponerse de acuerdo en la puesta bajo un mando único de las numerosas armas nucleares almacenadas o desplegadas en cuatro de las repúblicas (Rusia, Ucrania, Bielorrusia y Kazajstán). El intento de coordinación de las políticas nacionales resultó ser un fracaso. Un año más tarde, seis de las repúblicas aprobaron unos estatutos fundacionales en los que se marcaban como objetivos la coordinación de políticas en áreas como la económica, la militar, la diplomática y la inmigratoria. Un consejo de jefes de estado y de gobierno, bajo un esquema de presidencia rotativa, sería el órgano de gobierno de la CEI.

Uno de los pocos logros de la CEI fue el establecimiento de una fuerza militar de interposición destinada al mantenimiento de la paz. En lo que respecta al capítulo económico, se acordó una eliminación de las barreras aduaneras entre nueve de los doce socios, así como la constitución de una zona monetaria del rublo en seis de ellos. En 1994 se creó el primer órgano supranacional de la CEI dotado de funciones directivas: el Comité Económico Interestatal (CEIE). En el seno del CEIE se asignó a Rusia el 50% de los votos, a Ucrania el 14%, a Uzbekistán, Bielorrusia y Kazajstán un 5% cada una, y al resto un 3%. No obstante, los planes de integración económica no llegaron a cuajar por las desavenencias internas. Contenciosos como el ruso-ucraniano por el control de la antigua flota soviética del mar Negro y el ruso-moldavo por la región del Dniéster (de mayoría eslava pese a pertenecer formalmente a Moldavia), aparte de los conflictos en la siempre problemática zona del Cáucaso (entre georgianos y rusos, azeríes y armenios, etc.), se erigieron en grandes obstáculos para el desarrollo de la nueva entidad política nacida de las ruinas de la URSS. Lo cierto es que el peso de la CEI iría decreciendo de forma progresiva hasta hacer de ella una realidad de mínima significación política.

acta de creación de la Unión que debe confederar a ambos países. Las conversaciones iniciadas entre ambos países para dotar de instituciones comunes a la confederación parecen apuntar a la rusificación de la misma (el rublo como moneda única, banco central con sede en Moscú, constitución modelada de acuerdo con el ejemplo ruso), lo que ha suscitado no pocos enfrentamientos entre los partidos políticos bielorrusos que temen por el fin de la independencia nacional.

Por otra parte, Rusia ha conseguido armonizar sus necesidades financieras y la conservación de su papel hegemónico. Tras una fase inicial en la que Boris Yeltsin llegó a rechazar públicamente la ayuda humanitaria estadounidense (puente aéreo *Provide hope*; «proveer esperanza») por considerarla lesiva para el orgullo patrio, las relaciones con occidente se han estabilizado. Países como los Estados Unidos, Alemania o el Reino Unido han aceptado que Rusia tenga voz y voto en cuestiones que afecten a los antiguos estados satélites de la Unión Soviética mientras que Moscú se limita a «vender» su apoyo a la postura occidental. De esta forma, Rusia se ha ido negando repetidamente al avance de occidente sobre Europa del este (ampliación de la OTAN, la UE, intervención en el conflicto yugoslavo, etc.) para finalmente aceptar lo inevitable a cambio de grandes cantidades de dinero. El hecho de que Rusia se halla convertido en la heredera internacional de la URSS, adquiriendo el puesto que ésta dejó vacante en el consejo de seguridad de la ONU, ha facilitado sin duda sus propósitos de mantenerse en el panorama internacional como una fuerza hegemónica.

Los problemas en el Cáucaso

La región del Cáucaso se extiende aproximadamente unos cuatrocientos mil kilómetros cuadrados, tomando su nombre de la cordillera que forma una frontera natural entre Europa y Asia. Al igual que toda frontera, el Cáucaso, más que como una barrera, ha servido como un área de contacto de diversos pueblos que, ante la aparición de importantes imperios al norte y al sur de la región, acudieron a sus montañas en busca de refugio. Esto ha hecho de la cordillera caucasiana un área en donde habitan diversas etnias y culturas, a menudo enfrentadas entre sí. La actuación del gobierno soviético durante la época de Stalin creó además un mapa geopolítico muy arbitrario en el que la represión fue una constante. Tras la disolución de la URSS, todas estas tensiones afloraron en numerosos conflictos étnicos y secesionistas que ponían en peligro el dominio de Moscú sobre un área con importantes recursos naturales y por el que han de transcurrir los oleoductos del Caspio.

Dzhojar Dudajev, dirigente separatista de Chechenia que en 1991 proclamó la independencia de esta república rusa del Cáucaso.

Chechenia. A partir de la «revolución de octubre» de 1917, dos de los pueblos que habitaban en la región, los chechenos y los ingushes, fueron reunidos en la denominada «República de Checheno-Ingushetia». La inestabilidad regional y la consideración de «bárbaros» que estos pueblos merecían por parte del gobierno de Moscú llevaron a Stalin, alegando su colaboración con el nazismo, a deportar a unos 400.000 chechenos y 90.000 ingushes a Siberia y otras regiones. Nikita Khruschev en 1957, anuló las deportaciones, autorizando a los deportados a regresar a su tierra, aunque sin solucionar los evidentes problemas causados por la «convivencia» entre las dos etnias. A finales de 1991, cuando se certificó la defunción de la URSS y Boris Yeltsin comenzó su ronda de negociaciones con los líderes regionales para formalizar la que sería la nueva Federación Rusa, Dzhojar Dudayev se negó a firmar cualquier tratado, proclamando en su lugar la república independiente de Chechenia, escindida ahora de Ingushetia. Los problemas que asolaban por entonces a Rusia hicieron que el gobierno de Moscú obviase por el momento la «cuestión chechena» limitándose a proclamar en el territorio el estado de emergencia.

La primera guerra de Chechenia (1994-1996). El descubrimiento de importantes yacimientos de hidrocarburos en el mar Caspio alertó al Kremlin, que no estaba dispuesto a permitir que la inestabilidad en Chechenia desanimara a los inversionistas extranjeros. Boris Yeltsin inició lo que parecía una corta operación militar el 11 de diciembre de 1994. Hasta marzo del año siguiente, Grozni, la capital, no pudo ser tomada por las tropas rusas. Lejos de solucionar el problema, lo agravó: la resistencia chechena se refugió en las montañas y otras repúblicas vecinas como Daguestán en las que, con ayuda de grupos radicales opuestos a Moscú, atentaron contra intereses civiles rusos. Para 1996, los fracasos de las tropas rusas en el frente, incapaces de controlar a los insurgentes, comenzaban a minar el crédito de Yeltsin, quien en verano debía presentarse a la reelección. Justo antes de que esto ocurriera, el ejército tuvo un éxito parcial: el 22 de abril, un misil tierra-aire acababa con la vida de Dudayev, el cual era sustituido al frente del bando checheno por Zelimjan Yandarbiev, partidario de abrir negociaciones con Moscú. El 27 de mayo, Yandarbiev y el general Lebed firmaban un alto el fuego que, aunque no respetado por ninguna de las partes, permitía a Yeltsin presentarse triunfante ante el electorado. El meteórico ascenso de Lebed tras las elecciones permitiría finalmente firmar la paz: el 23 de agosto de 1996, Lebed y Aslan Masjadov, el jefe militar checheno, firmaban el acuerdo por el que las tropas rusas comenzarían a evacuar la región.

Los acuerdos de paz se vieron perjudicados por la ambigüedad con la que trataban el tema de la independencia chechena. En enero de 1997, se convocaron en la república unas elecciones presidenciales que fueron vistas por Moscú con cierto recelo. El vencedor de estas elecciones, Aslan Masjadov, se mostró incapaz de relanzar la economía y conservar el orden en un país prácticamente en manos de las organizaciones mafiosas. Las constantes incursiones armadas de grupos radicales procedentes de la república de Daguestán y los brutales atentados terroristas contra la población civil en Moscú y otras ciudades rusas acabarían por conceder en 1999 al entonces primer ministro ruso, Vladimir Putin, la excusa para iniciar una nueva intervención militar.

Segunda guerra de Chechenia (1999-actualidad). La intervención obedeció tanto a los deseos de los militares rusos, que veían en ésta la oportunidad de resarcirse de la derrota encubierta de 1996, como a la necesidad rusa de lograr la estabilidad en la conflictiva zona, insuficientemente resuelta en la guerra anterior. Masjadov había instaurado un régimen islámico radical, apoyado por prominentes súbditos saudíes, que supuso un considerable refuerzo económico para Chechenia y cuya ideología se extendió con rapidez entre una población que no veía una salida clara a la situación. La entrada de las tropas rusas en territorio checheno provocó un gran contingente de refugiados que huyeron hacia la vecina y pobre Ingushetia, totalmente desbordada por la situación.

Combates en las calles de Grozni, capital de Chechenia.

Tanques rusos quemados en Chechenia.

El jefe del estado mayor checheno, Aslan Masjadov, firma en 1996 con el secretario del Consejo de Seguridad de Rusia, Alexander Lebed, un acuerdo de paz que contempla la retirada de las tropas rusas de la república secesionista.

Escena del asalto policial en octubre de 2002 a un teatro de Moscú tomado por terroristas chechenos.

Geidar Aliev, presidente de Azerbaiyán.

La opinión rusa apoyó claramente la decisión, como lo demuestra el arrollador triunfo de Putin en las elecciones presidenciales de 2000. La contundencia con la que se ejercitan las tropas rusas ha resultado en la conquista de los principales centros urbanos de la región aunque no así de sus montañas. Estos éxitos parciales, unidos a la actividad terrorista chechena en Moscú (toma del teatro Dubrovka, 2002) y la silenciación de los medios de comunicación más críticos, han conseguido que muchos rusos se muestren partidarios de la continuación de la guerra. Las críticas principales proceden de algunos gobiernos europeos y, sobre todo, de diversas organizaciones humanitarias. Aunque Putin ha intentado acallar estas críticas mediante la celebración de diversos juicios públicos a algunos militares de bajo rango acusados de violaciones de los derechos humanos en el transcurso de la guerra, su actuación no ha sido contundente para frenar este tipo de abusos. A raíz de los sucesos del 11 de septiembre de 2001 en los Estados Unidos, existe en el contexto internacional una mayor «tolerancia» respecto a la represión ejercida sobre los grupos terroristas o aquellos países sospechosos de utilizar el terrorismo como arma. En cualquier caso, las actuaciones de uno y otro bando no parecen las adecuadas para conseguir una paz o al menos un alto al fuego en el territorio.

Un aspecto de las elecciones celebradas en 2001 en el territorio de Nagorno Karabaj, enclave armenio dentro de Azerbaiyán.

Armenia y Azerbaiyán. En 1991, dos de las repúblicas soviéticas del Cáucaso, Armenia y Azerbaiyán proclamaron, como muchas otras de la URSS, su independencia. Dichas proclamaciones trajeron inmediatamente consigo numerosos problemas entre ambas repúblicas. La reorganización del estado soviético en época de Stalin había provocado numerosos cambios de fronteras entre ambas regiones, así como la migración forzosa de importantes grupos poblacionales, especialmente armenios. Al mismo tiempo que las repúblicas de Armenia y Azerbaiyán declaraban su independencia, la provincia autónoma de Nagorno Karabaj (o Alto Karabaj), situada en territorio azerí pero compuesta por un 90% de habitantes de origen armenio, proclamó sus deseos de unirse a la primera. La oposición de Azerbaiyán a conceder la independencia al Alto Karabaj resultó en conflicto abierto entre ambas repúblicas caucásicas e indirectamente en numerosos conflictos diplomáticos entre Rusia y Turquía. Estos dos países, alegando motivos étnicos y culturales (los azeríes son musulmanes, los armenios cristianos ortodoxos) intentan decantar la situación en la región a su favor como forma de controlar la inmensa riqueza generada por los oleoductos del Caspio.

Los combates entre Armenia y Azerbaiyán se han reproducido de forma constante desde 1991 hasta la actualidad. En un principio, la guerra tomó carácter oficial debido a la participación de los ejércitos de ambas repúblicas, las cuales se acusaron mutuamente de llevar operaciones de «limpieza étnica» en las zonas disputadas. El recrudecimiento de los combates en 1992, marcados por la ofensiva azerí en el Alto Karabaj y en la provincia de Najichevan, acabaron por afectar a otras etnias y la movilización de organismos internacionales como la ONU. Rusia ha conseguido postularse como mediadora en el conflicto y así favorecer la integración del Alto Karabaj en Azerbaiyán, pero confiriendo a la región un alto grado de autonomía que le permita controlar los dos oleoductos que atraviesan el enclave. Esto ha llevado a Rusia a aceptar, en 1993, la integración de Azerbaiyán en la CEI a cambio de que se entablasen negociaciones para alcanzar un alto el fuego, finalmente formado en mayo de 1994. En la actualidad, la resolución del conflicto está en manos de la ONU, la cual estudia las alegaciones de ambas partes. Sin embargo, las actitudes de grupos extremistas, como el que en octubre de 1999 asaltó el parlamento armenio y asesinó al primer ministro Vazguen Sarkisián, ponen constantemente en peligro la paz en estos territorios.

En la década de 1990 se descubrieron ingentes reservas de petróleo y gas natural en el mar Caspio, lo que multiplicó el valor geoestratégico de la región. En la foto, una explotación petrolífera a orillas del Caspio en la república de Azerbaiyán.

Una estudiante osetia con su fusil al hombro en 1991.

Georgia. En esta república independiente también han confluido los problemas étnicos con los económicos. Tras la declaración georgiana de la independencia en 1991, su presidente Gamsakhurdia se negó a integrarse en la CEI o favorecer los intereses petrolíferos rusos en la zona. Moscú pasaría entonces a apoyar a las numerosas minorías –especialmente osetios y abjasios– que desde el primer momento buscaron independizarse de Georgia. El conflicto entre diversos grupos armados, una verdadera guerra civil, acabaría llevando en 1992 al poder al antiguo ministro de exteriores de Gorbachov, el georgiano Eduard Schevardnadze (1992-2003). A cambio de contar con la ayuda rusa para acabar con las «repúblicas independientes» de Osetia y Abjasia, Shevardnadze integró a su país en la CEI y entabló fuertes relaciones comerciales con Rusia.

Aunque las guerras contra osetios y abjasios terminaron oficialmente en 1994, los combates han persistido hasta la actualidad. Esto ha puesto a Shevardnadze en grandes dificultades, quien ha tenido que permitir la presencia de tropas rusas en su territorio y la total dependencia económica de Moscú. Sus intentos por equilibrar la predominancia rusa con un acercamiento hacia occidente (ha llegado a pedir el ingreso de Georgia en la OTAN) causaron malestar en el Kremlin hasta el punto de que Putin lanzó veladas amenazas al gobierno de Tbilisi. Este clima de inestabilidad favoreció el enfrentamiento entre las distintas facciones parlamentarias, que veían en el posible conflicto con Rusia una posibilidad de reafirmar la soberanía georgiana, así como una opción de dejar sin apoyos a Shevardnadze, un presidente acusado de corrupción electoral (corroborada por los observadores internacionales que presenciaron las elecciones de 2000). Estas circunstancias motivaron un levantamiento popular, incruento, que expulsó a Shevardnadze del poder a finales de 2003.

La guerra de Yugoslavia

Ruinas de la ciudad herzegovina de Mostar, escenario en 1993 de duros enfrentamientos entre fuerzas croatas y musulmanas.

La *perestroika* iniciada por Mijail Gorbachov y los profundos cambios políticos acaecidos tras las revoluciones de 1989 habían acabado sin aparente derramamiento de sangre en el corazón europeo. Sólo Rumania había vivido una revolución armada, pero a principios de 1990 lo peor ya parecía haber pasado. Quedaba tan sólo por ver qué ocurría en Yugoslavia, donde la confluencia étnica auguraba una transición tormentosa. A la vista de los acontecimientos, aquellos que describieron a los Balcanes como «el Cáucaso europeo», se cargaron de razón.

El mariscal Tito, hombre fuerte de Yugoslavia desde el final de la segunda guerra mundial hasta su muerte en 1980.

Antecedentes del conflicto

Tras la segunda guerra mundial, Yugoslavia permaneció bajo la tutela del mariscal Tito, el líder guerrillero que había puesto en jaque a los ejércitos nazis durante la ocupación. La supresión de la monarquía que había regido en el país hasta la invasión alemana dejó a Yugoslavia como una república federal socialista un tanto atípica. Aunque de orientación comunista, el estado yugoslavo no pretendía tomar parte en la guerra fría, prefiriendo mantenerse dentro del grupo de los países no alineados. Gobernada por el mariscal Tito, Yugoslavia se alejó tanto del parlamentarismo occidental como de la rigidez obligada en los sistemas comunistas, aunque su denominada «tercera vía», ocultaba en realidad un férreo control político.

Fue precisamente gracias a este control que el país se mantuvo unido durante más de cuarenta años. Yugoslavia no podía considerarse en ningún caso como una nación-estado con una identidad común que permitiese a sus ciudadanos identificarse con sus instituciones. Su territorio estaba habitado por numerosos grupos étnicos: en el norte, los eslovenos; en torno a Zagreb y a lo largo de la costa dálmata, los croatas; en el este, los serbios; en la zona sudoccidental, los bosnios y los montenegrinos; al sur, en la frontera con Grecia, los macedonios. Estos seis grupos étnicos constituían las llamadas «naciones» con derecho a constituir sus propias repúblicas, las cuales quedaban integradas en la federación yugoslava. Otras dos minorías, la albanesa y la húngara, pudieron asimismo gozar de cierta autonomía dentro de las provincias serbias de Kosovo, limítrofe con Albania, y Vojvodina, fronteriza con Hungría, respectivamente. Finalmente, la religión jugaba también un importante papel diferenciador: en Eslovenia y Croacia imperaba la religión católica, en Bosnia-Herzegovina la musulmana (herencia del pasado otomano de la región), en Serbia, Montenegro y Macedonia, el cristianismo ortodoxo.

A pesar de que todas estas entidades partían en igualdad de condiciones, durante la presidencia de Tito (1945-1980), el elemento serbio se vio ampliamente favorecido. La capital del país, Belgrado, se hallaba en pleno corazón de la república serbia, lo que confería a sus oligarquías un importante control sobre el aparato estatal. De hecho, cuando se produjeron diversos alzamientos nacionalistas (Kosovo, 1945; Croacia, 1971), el ejército federal, compuesto mayoritariamente por serbios, había acudido raudo a sofocarlos. Por otra parte, Tito nunca supeditó la política de estado al favor de uno u otro grupo: tras la crisis de 1971, caerían numerosos dirigentes, independientemente de su origen, como muestra de la voluntad del mariscal por mantener unida a Yugoslavia.

Slobodan Milosevic fue elegido presidente de Serbia en 1989, dos años antes del estallido de las guerras de independencia en la ex Yugoslavia.

Los primeros conflictos. Cuando Tito murió en 1980, la situación cambió radicalmente. En esos momentos, el país comenzaba a estar sumido en una depresión económica que no haría más que agudizarse con el transcurso de los años. A finales de la década de los 80, la inflación en Yugoslavia alcanzaba la enorme cifra del 140% y la tasa de paro superaba el 15%. La crisis acabaría por inflamar los sentimientos nacionalistas, no sólo en las provincias más pobres como Kosovo, donde ya en 1981 los albanokosovares habían exigido una reforma constitucional, sino también en Serbia, que había elegido en 1987 como presidente de la república al ultra nacionalista Slobodan Milosevic.

Esta agitación social se incrementaría en 1989 cuando las revoluciones anticomunistas sacudiesen Europa oriental. En dicho año, Slobodan Milosevic recortó fuertemente los derechos autonómicos de Kosovo, disolviendo el parlamento de dicha región y anulando el control albanokosovar sobre el sistema educativo. El ejército fue enviado a la región con el fin de asegurar que se aplicaba la política centralizadora dictada desde Belgrado. Tales medidas fueron criticadas por las demás repúblicas yugoslavas y especialmente por Eslovenia y Croacia, partidarias no sólo del modelo federal sino también de la definitiva democratización del país.

En 1990, se convocaron las primeras elecciones multipartidistas en Yugoslavia. El envío de las tropas a Kosovo le valió a Milosevic la reelección en Serbia mientras que en las otras repúblicas, los partidos de carácter

Los primeros conflictos entre las repúblicas de la antigua Yugoslavia se vivieron en el hoy estado independiente de Eslovenia.

Funeral por las víctimas croatas caídas en un enfrentamiento con las fuerzas serbias.

nacionalista acabaron por expulsar a los comunistas. Para croatas y eslovenos, el uso de la fuerza por parte de Milosevic estaba empezando a dejar de ser una cuestión serbia para convertirse en una cuestión acerca de cómo se debía organizar todo el estado yugoslavo. Cuando en junio de 1991, Milosevic impidiese al croata Stipe Mesic asumir la presidencia de Yugoslavia, las intenciones del serbio quedarían bien claras para las dos repúblicas septentrionales del país. Ese mismo mes, Eslovenia y Croacia proclamaban su independencia; Macedonia lo hacía en septiembre y Bosnia-Herzegovina, de forma definitiva, en abril de 1992. Milosevic, de nuevo, recurrió al ejército federal para forzar la construcción de la Gran Serbia.

Soldados serbios entre las ruinas de la ciudad croata de Vukovar, ocupada por el ejército federal yugoslavo en noviembre de 1991 tras una feroz lucha.

Los conflictos armados

Las primeras hostilidades tuvieron lugar en Eslovenia, en donde el ejército federal intentó vencer la resistencia de las milicias (compuestas sobre todo por la policía eslovena). Sin embargo, la posterior declaración de independencia por parte de Croacia tuvo importantes consecuencias tácticas. El ejército federal, temiendo verse aislado en la república septentrional, se replegó en julio hacia Croacia. Eslovenia, en apenas un mes y tras ligeros combates, conseguía de facto su independencia.

Las principales potencias occidentales, sobre todo Estados Unidos y la Unión Europea, tardaron en reconocer a los nuevos estados. Para ellos, el futuro de Yugoslavia pasaba por la unidad, por lo que aparte de mandar a algunas fuerzas de pacificación (tan sólo efectivas en la ya tranquila Eslovenia), intentaron conseguir diversas treguas entre las milicias croatas y el ejército federal que en realidad nunca se cumplieron. Cuando en verano comenzaron a llegar informes sobre la campaña de «limpieza étnica» (el asesinato o expulsión de un grupo étnico –en este caso los croatas– de su territorio) llevada a cabo por el ejército federal y los paramilitares serbios en Croacia, occidente comprendió rápidamente las intenciones de Milosevic. Si en otoño se imponía un embargo comercial sobre los contendientes que favorecía la proclamación de un alto el fue-

Tres niños bosniocroatas detrás de la alambrada de un campo de refugiados.

go en Croacia, en diciembre la UE se declaraba dispuesta a escuchar a aquellas repúblicas yugoslavas que quisieran ver reconocida su independencia: Eslovenia, Croacia, Macedonia y Bosnia presentaban en plazo su solicitud.

Rascacielos de Sarajevo envuelto en llamas tras los bombardeos del ejército yugoslavo en el verano de 1992.

La guerra en Bosnia-Herzegovina. En los primeros meses de 1992, la acción se fue trasladando hacia Bosnia-Herzegovina, aunque no intensamente. En Yugoslavia imperaba la espera a conocer la resolución de la Unión Europea y si los Estados Unidos secundarían esta decisión. En marzo, mientras los cascos azules tomaban posiciones en Croacia, Bosnia celebraba un referéndum sobre su independencia: los serbocroatas, siguiendo el consejo de su líder Radovan Karadzic, boicotearon la consulta, favoreciendo que la opción del «sí» ganara de forma apabullante. La UE reconoció definitivamente a Eslovenia, Croacia, Macedonia (posteriormente Grecia vetaría este reconocimiento hasta que la república no cambiase de nombre) y Bosnia-Herzegovina como estados soberanos el 6 de abril de 1992. Unos días antes, el ejército yugoslavo (esto es, de Serbia y Montenegro) y los paramilitares serbocroatas habían lanzado una ofensiva total contra las desorganizadas tropas bosnias.

En muy poco tiempo, la república más multiétnica de todas (musulmanes 40%, serbios 32% y croatas 18%) había perdido casi un tercio de su territorio. Durante los cuatro años que duró el conflicto, desde 1992 hasta 1995, el mundo se estremeció ante las noticias que llegaban del frente de guerra: a medida que avanzaban las tropas federales y las milicias serbobosnias, los habitantes musulmanes y croatas eran asesinados, violados, torturados o internados en campos de concentración. Las imágenes del cerco de Sarajevo dieron la vuelta al mundo y decidieron definitivamente a la ONU a enviar fuerzas de pacificación a Bosnia. Su ayuda sería sin embargo totalmente ineficaz: en 1995, un batallón holandés era conminado a desalojar el enclave musulmán de Srebrenica por las fuerzas serbias. Acto seguido, los paramilitares serbobosnios aniquilaban a todos los hombres de la ciudad. La intervención de la OTAN, única que realmente podía dotar de efectividad a los cascos azules de la ONU, se hizo esperar. Mientras que Estados Unidos apoyaba la intervención total a favor de Bosnia, países como Francia o Inglaterra, aten-

Excavación por personal de Naciones Unidas de una fosa común en Srebrenica, localidad bosnia en la que en 1995 fueron asesinados miles de musulmanes a manos de milicianos serbios.

Los presidentes de Serbia, Croacia y Bosnia-Herzegovina firman en diciembre de 1995 en París los acuerdos para poner fin a la guerra civil bosnia.

diendo a las noticias que afirmaban que grupos paramilitares bosnios y croatas también estaban llevando a cabo operaciones de «limpieza étnica», preferían contemporizar.

Finalmente, a mediados de 1995, la OTAN comenzó a actuar con mayor contundencia en Bosnia, obligando a Milosevic a reconsiderar su apoyo a Karadzic. El 21 de noviembre de 1995, las presiones explícitas del gobierno estadounidense lograron que Slobodan Milosevic, Franco Tudjman y Alija Izetbegovic, presidentes de Serbia, Croacia y Bosnia-Herzegovina respectivamente, firmaran en la base aérea de Wright-Patterson, en Dayton (Ohio, EE.UU.), un plan de paz para Bosnia-Herzegovina que fue ratificado posteriormente en París el 14 de diciembre del mismo año. Tras él, Bosnia quedó como un país con idénticas fronteras pero dividido en dos entidades políticas autónomas: una Federación croato-musulmana (51% del territorio) y una República serbia de Bosnia. Las fuerzas de pacificación compuestas por 63.000 hombres, de los que 20.000 eran estadounidenses, intentarían garantizar la estabilidad con su presencia en la zona.

Las responsabilidades por los crímenes de guerra cometidos por los bandos en conflicto están siendo juzgados por el Tribunal Internacional para la antigua Yugoslavia, aunque nada puede evitar que las atrocidades cometidas contra la población civil en los campos de concentración, las ejecuciones sumarias, los desplazamientos forzosos y la sistemática destrucción enturbien la convivencia en el futuro. Las cifras aportadas por ACNUR calculan unas 250.000 víctimas y casi millón y medio de desplazados en las vecinas Macedonia y Turquía.

Cuando se cumplían diez años de la llegada de Milosevic al poder, lo que pretendía ser una nueva Yugoslavia, quedaba reducida a Serbia y Montenegro, puesto que Macedonia había conseguido separarse sin violencia de la federación.

Distribución de las tropas de la OTAN *en la provincia yugoslava de Kosovo para evitar la represión de las fuerzas serbias.*

Kosovo (1998-1999). Aunque durante todos estos años la atención estuvo centrada en Bosnia, Kosovo, la región que había iniciado el proceso independentista, también había sufrido la represión militar mandada por Milosevic. El 27 de mayo de 1992, se habían convocado en Kosovo elecciones para formar una asamblea propia (tachadas de ilegales por Serbia). Resultó ganadora la alianza democrática que declaró la República de Kosovo, con Ibrahim

Rugoba en el cargo de presidente, y procedió a formar un ejército (el ejército de liberación de Kosovo o UCK) que repeliese la temida reacción serbia. Serbia actuó violentamente contra los nacionalistas kosovares, (al igual que contra otras minorías étnicas), provocando una oleada de refugiados que huyeron de la zona temiendo ser masacrados. Con apenas el 12% de la población, los serbios consiguieron hacerse con el control territorial, rompiendo sistemáticamente los acuerdos de alto el fuego. Sólo con la paz de 1995, volvería Kosovo a ser objeto de la atención internacional.

En Dayton, Milosevic fue considerado como un gobernante dispuesto a conseguir la paz y por ello se evitaron las discusiones sobre Kosovo. A pesar de ser el escenario en el que habían comenzado los conflictos previos a la desmembración de Yugoslavia; se prefirió aceptar que era una provincia de Serbia y, por tanto, carecía de los derechos de secesión de los que gozaban el

El dirigente albanokosovar Ibrahim Rugova.

resto de las repúblicas. Posiblemente en 1995, una negociación con los nacionalistas albanokosovares hubiera resultado suficiente, pero esto no tuvo lugar, dando pie a los acontecimientos de 1998.

En ese año, Milosevic decidió emprender una nueva aventura militar utilizando la fuerza en lo que se temía pudiera ser otro genocidio. En marzo de 1998, se produce un combate en la localidad de Prekaz, que da comienzo a las hostilidades serbias en Kosovo. La opinión internacional reacciona con rapidez y tan sólo un mes después Estados Unidos, Gran Bretaña, Francia, Alemania, e Italia bloquean las cuentas yugoslavas. Rusia, intentando conservar la hegemonía regional, se opone a la medida. En septiembre, la OTAN da un ultimátum al presidente Milosevic para que detenga los actos de violencia en Kosovo: aunque en un principio parece que sus demandas van a ser atendidas, en enero de 1999 se descubren nuevas masacres realizadas por los ejércitos serbios.

A finales de marzo de 1999, el Secretario General de la OTAN, Javier Solana, se ve obligado a autorizar los ataques aéreos. Se moviliza la mayor máquina bélica de la historia reciente, siempre impulsada por Estados Unidos. Los ataques aéreos continuaron durante 78 días y sus correspondientes noches, destruyendo gran parte de la infraestructura yugoslava: escuelas,

Al iniciarse los bombardeos de la OTAN en 1999, se produjo un éxodo masivo de ciudadanos albanokosovares hacia la vecina Albania, refugiándose en improvisados campos como el de Kukes, a la derecha.

Restos de la oficina de correos de Pristina, capital de Kosovo, tras los bombardeos aéreos de la OTAN.

hospitales, fábricas, puentes y monumentos culturales. En junio de 1999 unos 50.000 hombres pertenecientes a las fuerzas aliadas ocupaban Kosovo haciéndose efectiva, poco antes, la retirada de las tropas yugoslavas.

Rusia jugó un papel singular en el conflicto, intentando por un lado disuadir a los aliados de intervenir en Kosovo, con apocalípticas amenazas de una tercera guerra mundial, mientras que de forma paralela presionaba a Milosevic para que depusiera su actitud. Una vez finalizada la operación, el primer ministro Sergey Stpashun propuso que las grandes potencias financiaran la reconstrucción de Yugoslavia, sin exigir la salida del presidente Milosevic, algo que no fue aceptado por países como el Reino Unido.

La intervención de la OTAN así como las resoluciones de la ONU consiguieron detener la contienda armada. Sin embargo, como cualquier solución impuesta, no fueron capaces de resolver las secuelas de un conflicto étnico, que exigió la presencia de efectivos militares multinacionales como fuerzas de contención para evitar nuevos enfrentamientos. Tanto para acallar las críticas contra la destrucción de objetivos civiles durante la guerra como para afrontar la desastrosa situación económica yugoslava, los EE.UU. anunciaron la puesta en marcha de un nuevo «plan Marshall», que ayudaría a una reconstrucción mucho más amplia de la que necesitó Alemania, por ejemplo, después de la segunda guerra mundial. Al mismo tiempo, Clinton no ocultó el hecho que los Estados Unidos reclamaban a Europa el pago de la cuenta por los costes de la guerra; si Europa no podía defenderse sola, debía pagar a quien está en condiciones de hacerlo.

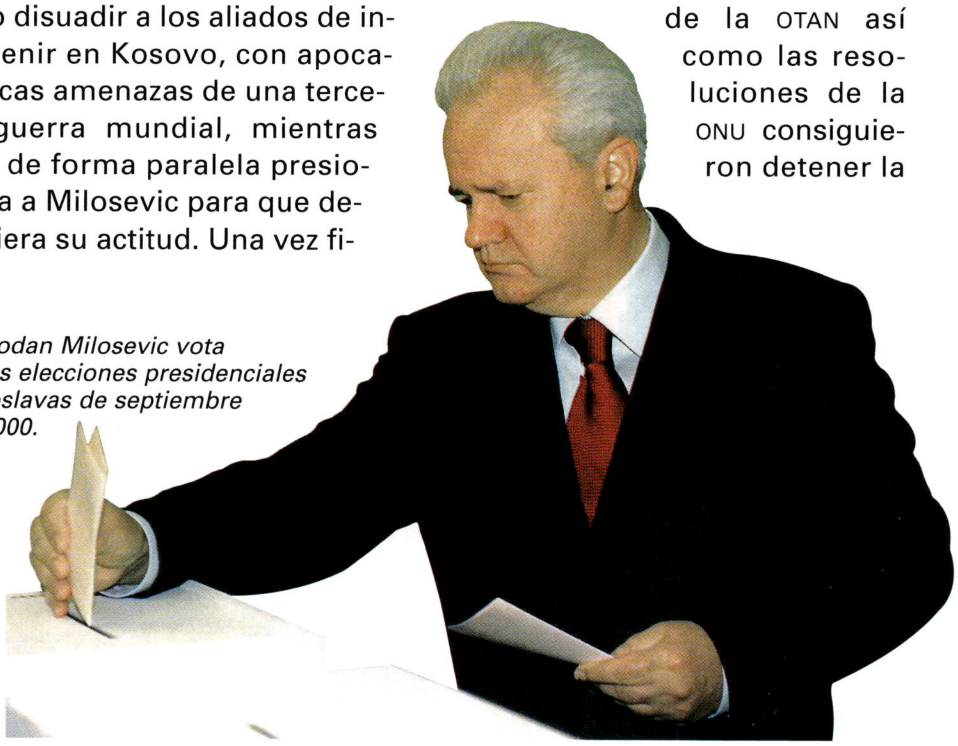

Slobodan Milosevic vota en las elecciones presidenciales yugoslavas de septiembre de 2000.

Caída de Milosevic. Ni la humillante capitulación después de la intervención aliada, ni las consecuencias catastróficas para su país, prácticamente devastado por la guerra, consiguieron que Milosevic aceptara su derrota y abriera el paso a nuevas formaciones políticas menos involucradas en el pasado reciente. Su discurso, para consumo interno, seguía basándose en la condena a las injerencias de las potencias aliadas y la capacidad de resistencia de la gran nación serbia. En el año 2000 dirigió sus diatribas hacia Montenegro, república vecina y todavía asociada a Serbia –cuyo gobierno, presidido por Milo Djukanovic, era claramente prooccidental–, en lo que se presentaba como una «huida hacia adelante» nada tranquilizadora.

Ante la inevitable convocatoria de elecciones, la oposición, que hasta entonces se había mostrado incapaz de aglutinarse y ofrecer una alternativa convincente, se unió en torno a Vojislav Kostunika, cabeza visible de la Oposición Democrática de Serbia (DOS). Aunque no resultaba una agrupación homogénea, tenía un elemento común, el rechazo a Milosevic y su política, a la cual culpaban de haber hipotecado el futuro del país.

Tras la jornada electoral del 24 de septiembre de 2000, los candidatos de la DOS denunciaron las irregularidades de unas elecciones celebradas sin observadores internacionales y proclamaron su victoria. Dos días más tarde, la Comisión electoral admitió la derrota de Slobodan Milosevic pero precisando que ésta no se había producido por una mayoría de dos tercios, cantidad de votos necesaria para evitar una segunda vuelta. Kostunika no aceptó las nuevas elecciones convocadas para el 8 de octubre y llamó a una huelga general que fue acompañada de manifestaciones multitudinarias pacíficas, a pesar de haber sido prohibidas por el régimen.

El 5 de octubre la población, indignada ante la connivencia de la junta electoral con el poder, salió a las calles de Belgrado y asaltó el Parlamento. Milosevic envió al ejército a reprimir por la fuerza a los manifestantes pero, tras algunos titubeos, los militares cedieron ante la presión del pueblo y se alinearon con él. El Tribunal Constitucional, reconoció al día siguiente la victoria en las urnas de la DOS, y en la misma fecha lo hizo el Parlamento. El 7 de octubre de 2000, Vojislav Kostunika juró su cargo de presidente de Yugoslavia. Tan sólo un año después de ser conocido en el panorama político nacional entró en la historia como el presidente llamado a capitanear el cambio de dirección de la debilitada Yugoslavia.

En diciembre, las urnas confirmaron el apoyo a Kostunika y, por tanto, a la DOS, que obtuvo una contundente mayoría absoluta en las elecciones parlamentarias. Zoran Djindjic fue elegido primer ministro de la nueva Serbia. La tarea de gobernar en una

El asalto popular al parlamento yugoslavo en Belgrado en octubre de 2000 precipitó la caída del régimen de Slobodan Milosevic.

Toma de posesión a finales de 2000 de Vojislav Kostunica como nuevo presidente de Yugoslavia.

El primer ministro serbio Zoran Djindjic.

situación tan complicada, exigió de Kostunika considerables dotes de diplomacia y cierta capacidad de resistencia ante las presiones internas y externas. La economía se encontraba al borde del caos y sólo podría recuperarse mediante las ayudas internacionales que estaban condicionadas a la entrega de Milosevic (y otros dirigentes) para ser juzgados como presuntos criminales de guerra por el Tribunal Penal Internacional de La Haya.

En un principio, tanto Kostunika como el Tribunal Constitucional rechazaban la extradición alegando que la medida resultaba anticonstitucional, ilegal y muy peligrosa para la situación del país. A pesar de ello, en abril de 2001, se produjo la detención del dictador y la posterior extradición a Holanda, bajo la responsabilidad de Zoran Djindjic, que alegó la necesidad de defender los intereses de Serbia; por ello no informó a Kostunika, ausente del país. El mismo día de la detención, Yugoslavia solicitó al Banco Mundial 600.000 millones de dólares para proceder a la reconstrucción del país. Con la entrega de Milosevic, tanto Japón como los Estados Unidos votaron a favor de la medida; Europa demostró su satisfacción. La entrega del ex-presidente produjo una crisis interna de gobierno que supuso la separación del Partido Democrático de Serbia (DSS), liderado por Kostunica, de la coalición DOS. A partir de ese momento el presidente se vio obligado a gobernar únicamente con el apoyo de su partido.

El Tribunal de La Haya juzga a Slobodan Milosevic

En 1993 la ONU creó el Tribunal Penal Internacional, ubicado en La Haya, especialmente para juzgar a las personas implicadas en la violación de los derechos humanos en el país balcánico. El proceso contra Milosevic supone un hito histórico, ya que es la primera vez que se juzga a un antiguo jefe de estado bajo la acusación de genocidio. La ingente cantidad de material a examinar y la necesidad de proteger a los testigos aconsejaban reunir todos los procesos abiertos contra el dictador en uno solo que recogiera las causas de Croacia (1991-1992), Srebrenica (Bosnia-Herzegovina, 1992-1995) y Kosovo (1998-1999). La autodefensa de Milosevic, que no reconoce la legitimidad del tribunal y renuncia a ser representado por un letrado, se apoya en su versión de los hechos, presentando los conflictos como producto de las agresiones contra los serbios, que serían víctimas en lugar de verdugos. Exige el testimonio de Clinton, Blair y Solana como inspiradores de las contiendas en suelo yugoslavo en un juicio que, sin duda, será largo y complicado y que podría finalizar con la condena a cadena perpetua para el líder serbio.

Aspecto de una sesión en La Haya, Países Bajos, del Tribunal Penal Internacional (TPI) para la ex Yugoslavia, encargado de juzgar los crímenes de guerra cometidos en esta antigua federación balcánica.

LOS NUEVOS RETOS DE OCCIDENTE

Imagen del portaaviones estadounidense Abraham Lincoln.

Las revoluciones de 1989 que supusieron el fin del comunismo en Europa oriental proclamaron como «vencedores» de la guerra fría a las democracias occidentales y especialmente a los Estados Unidos. Si bien para Europa la victoria suponía una nueva fase histórica, ejemplificada por la caída del muro de Berlín y la posterior reunificación alemana, para Estados Unidos el triunfo se convertía, irónicamente, en un dilema. Durante 45 años, su política exterior había girado en torno al tema de cómo frenar la expansión del comunismo por diversas partes del mundo, erigiéndose en el líder de los países democráticos más desarrollados. Una vez que había caído el comunismo por su propio peso, ¿cuál era el papel que debía jugar Estados Unidos? Tras una década de debate, Estados Unidos parece haber encontrado un nuevo enemigo contra quien luchar en nombre de la libertad y la democracia. Los atentados terroristas del 11 de septiembre de 2001 contra las torres gemelas de Nueva York han puesto en el disparadero al radicalismo islámico y a cualquier país que no merezca la consideración de aliado de Estados Unidos y posea, supuesta o realmente, armas nucleares o biológicas.

Los atentados del 11 de septiembre de 2001 reavivaron el miedo en occidente a un ataque terrorista con armas químicas o bacteriológicas. En la imagen, un técnico danés inspecciona un cargamento de válvulas sospechoso de contener ántrax.

Los Estados Unidos en la década de los 90

Los primeros signos de desvanecimiento mostrados por la URSS coincidieron con el segundo y último mandato del republicano Ronald Reagan (1981-1988). Este antiguo actor reconvertido a la política supo beneficiarse del triunfo occidental sobre el comunismo, gozando en sus últimos años de un gran prestigio entre el electorado de su país. Sin embargo, la constitución estadounidense prohíbe a los presidentes presentarse para un tercer mandato. La fama ganada por Reagan revertiría pues, en 1988, en el que fuera su vicepresidente y nuevo candidato del partido republicano: George H. Bush.

El republicano George H. Bush, presidente de los Estados Unidos entre 1989 y 1993.

George H. Bush (1989-1993): los problemas económicos y la guerra del golfo

George H. Bush, también conocido como Bush padre para diferenciarle de su hijo y homónimo, mandatario estadounidense a partir de 2000, no tuvo problemas para conseguir ser elegido como 41 presidente de los Estados Unidos. El crédito ganado por los republicanos durante la década de 1980, las promesas de continuar la política económica de su predecesor y su experiencia como vicepresidente de la nación, permitieron a Bush arrollar al candidato demócrata George Dukakis.

Las promesas electorales en materia económica fueron sin embargo imposibles de cumplir. Los propósitos de Bush de imponer un estricto control presupuestario y recortar el gasto público sin necesidad de elevar los impuestos (su más famosa promesa electoral) fueron tildados por la facción demócrata en el congreso de irreales, algo que el tiempo se encargó de demostrar. El déficit presupuestario, crónico desde principios de los 80, y la crisis económica que empezaba a afectar al sector financiero estadounidense se mostraron como dos realidades insuperables. A mediados de 1990, George Bush padre reconocía ante el congreso la imposibilidad de llevar a cabo sus planes y no sólo pedía un aumento de los impuestos sino también drásticos cortes en algunas áreas de la política estatal como la sanidad o la protección medioambiental, las cuales fueron dejadas a la iniciativa privada.

No todo fueron sin embargo malas noticias en el ámbito económico para George H. Bush. En 1989 Mijail Gorbachov y Bush se reunían en Malta, una cumbre que ponía fin al enfrentamiento entre las dos superpotencias durante casi 45 años. El fin de la guerra fría permitió a los Estados Unidos recortar fuertemente su gasto militar, especialmente en lo que concernía a la presencia de tropas en Europa: en 1990 Bush presentaba al congreso sus planes para reducir el ejército europeo a 195.000 hombres; en julio de 1991, Bush y Gorbachov volvían a reunirse, esta vez en Moscú, para firmar el START (siglas inglesas para el tratado sobre la reducción de armas estratégicas) que significaba la destrucción del 30 al 40% de los arsenales nucleares de ambos países. Estos tratados aliviaron momentáneamente la presión ejercida por el cuerpo militar sobre los presupuestos estadounidenses.

Por otra parte, durante la legislatura republicana se iniciaron las conversaciones con Canadá y México para la creación de un área de libre comercio en América del Norte. Este tratado, conocido como NAFTA (*North American Free Trade Area*; Área de Libre Comercio de Norteamérica, también llamado TLC, Tratado de Libre Comercio), garantizaba la apertura de nuevos mercados para las empresas estadounidenses, pero fue intensamente criticado por los sindicatos, que auguraban la marcha de estas mismas empresas a otros territorios con menos costes de producción (salarios más bajos) o normativas más relajadas (especialmente en cuestiones medioambientales). El intenso debate suscitado por estas cuestiones impidió que la administración Bush viera aprobado el NAFTA por el congreso, correspondiendo dicha tarea al siguiente presidente estadounidense, Bill Clinton.

George H. Bush y el dirigente soviético Mijail Gorbachov firman en 1991 los acuerdos de desarme START.

El intervencionismo en el exterior: la guerra del golfo

A pesar de la intensa actividad económica llevada a cabo por el equipo de Bush, su legislatura quedó marcada por el intervencionismo en el exterior. Ya en 1989, en su primer año de mandato, quedó clara cuál iba a ser la política internacional de George Bush. Bajo la excusa del compromiso estadounidense en la lucha contra el narcotráfico y la defensa de la democracia, los marines desembarcaban en Panamá el 20 de diciembre de dicho año. El presidente panameño, general Manuel Antonio Noriega, había asumido poderes dictatoriales y existía la sospecha de que su control sobre el ejército nacional se debía en gran medida al dinero que le reportaba su connivencia con los traficantes de cocaína (destinada principalmente al mercado negro estadounidense). Sin embargo, tras la corta intervención militar que supuso la detención y extradición de Noriega y su sustitución por el electo presidente Guillermo Endara, existían también otros motivos: el populismo nacionalista de Noriega ponía en peligro la continuidad del tráfico marítimo por el canal de Panamá, algo que, sin duda, hubiese afectado sobremanera a las compañías mercantes estadounidenses. La conexión entre el intervencionismo militar en el exterior y los intereses económicos estadounidenses quedaría aún más clara durante la guerra del golfo.

Fotografía desde un satélite de la zona del golfo Pérsico.

La guerra del golfo. Tras la guerra con Irán (1980-1988), la economía iraquí exigía una enérgica actuación para evitar la quiebra inminente. Los intereses de la deuda externa, sumados al mantenimiento de un enorme ejército en activo, exigían un pago en divisas de 20.000 millones de dólares al año, cifra superior a los 15.000 millones obtenidos por la exportación de petróleo. Frente a la opción de licenciar a gran parte de las tropas y reconstruir el país, el presidente iraquí Sadam Hussein optó por presionar a la Organización de Países Exportadores de Petróleo (OPEP) para así subir los precios del crudo al tiempo que lanzaba graves acusaciones contra el vecino Kuwait. Según Sadam, el pequeño emirato trataba de expansionarse a costa de Irak, pues extraía un cupo excesivo de petróleo de la reserva compartida de Rumailla y trataba de aprovechar la debilidad económica iraquí tras la contienda. El presidente egipcio, Hosni Mubarak, promovió una mesa de negociaciones entre ambos países para tratar de resolver el litigio. Las peticiones de Irak incluían el reconocimiento kuwaití de su culpabilidad, fuertes indemnizaciones económicas y la condonación de la deuda contraída por Irak con Kuwait durante la guerra irano-iraquí. Kuwait se negó a aceptar estos términos, y la conferencia se clausuró el 31 de julio de 1990 sin llegar a ningún acuerdo.

El 2 de agosto, después de observarse inquietantes movimientos de tropas en las fronteras, cien mil soldados iraquíes invadieron Kuwait, hallando escasa resistencia en las fuerzas armadas del emirato. En pocas horas la capital del emirato era tomada por las fuerzas iraquíes. El emir y su familia conseguían, sin embargo, refugiarse en Arabia Saudí, desde donde comenzaron una intensa campaña diplomática con el objeto de obtener aliados.

Sadam supuso que las potencias extranjeras actuarían

Sadam Hussein: de aliado a enemigo de los Estados Unidos

La vida política del dictador iraquí Sadam Hussein estuvo marcada desde el principio por una gran ambición. Tras una sucesión de intrigas y golpes de estado, en 1979 logró proclamarse presidente y establecer una sangrienta dictadura de carácter clientelar que se mantendría en pie hasta la invasión militar anglo-estadounidense de 2003.

Sadam Hussein nació en Tikrit, en la ribera del Tigris, el 28 de abril de 1937. Miembro de una humilde familia campesina sin tierras, fue analfabeto hasta la edad de diez años. Vivió su infancia junto a su madre y un padrastro que solía maltratarlo (su padre había desaparecido a los pocos meses de nacer él). Acompañado de un tío suyo, el joven Sadam partió hacia Bagdad en 1957 e ingresó en el partido Baaz (Renacimiento Árabe Socialista).

El dictador iraquí Sadam Hussein.

En 1959 Hussein intervino en un atentado contra el primer ministro Abdel Karim Kassem, militar golpista que un año antes había derrocado al rey Faisal II y proclamado la república. El atentado se frustró, y Sadam resultó herido en una pierna. Hubo de exiliarse, primero en Siria y posteriormente en Egipto, donde el presidente Nasser lo puso bajo su protección. Tras cursar estudios de derecho en el país del Nilo, Hussein retornó a su tierra natal en 1963, coincidiendo con un golpe militar que logró derrocar a Kassem. Pasó a formar parte del Consejo del Mando Revolucionario (CMR), pero un año después cayó en desgracia tras una depuración de baazistas en el seno del régimen. Fue encarcelado, pero logró huir y protagonizar en 1968 un nuevo golpe de estado que llevó al Baaz a tomar el poder en solitario. De vicepresidente en funciones del nuevo CMR, Hussein pasó a ser en 1969 vicepresidente de la república. Diez años después se haría con el poder absoluto, autoconcediéndose, pese a no haber cursado la carrera militar, el título de mariscal.

A los pocos días de su llegada a la presidencia iraquí, Sadam desató una violenta purga dentro del Baaz que sería sólo la antesala de una feroz persecución de kurdos, comunistas, nasseristas, chiítas y todo opositor a su régimen. En 1980, armado y alentado por occidente, Hussein ordenó la invasión del vecino Irán. Daba así comienzo una guerra inútil que devastaría a los dos países hasta el final de las hostilidades en 1988. Pero apenas dos años más tarde, el Irak de Sadam se embarcó en una aventura de consecuencias aún más desastrosas: la conquista del rico emirato petrolero de Kuwait.

La invasión de Kuwait condujo a la primera guerra del golfo (1991), en la que fuerzas de una coalición internacional liderada por los Estados Unidos desalojaron a las tropas iraquíes de suelo kuwaití. Pese a la humillante derrota sufrida en esta contienda, Hussein conservó el poder y se mantuvo desafiante frente a los vencedores. La negativa a aceptar una inspección plena del arsenal bélico iraquí, ante la eventual presencia en el mismo de armas de destrucción masiva, hizo que a lo largo de toda la década de 1990 se mantuviera un severo embargo económico de las Naciones Unidas con graves consecuencias para la población de Irak. El régimen de Sadam sería objeto de ataques aéreos recurrentes por parte de aviones estadounidenses y británicos.

Tras los ataques terroristas del 11 de septiembre de 2001 en los Estados Unidos la suerte del régimen de Sadam quedó definitivamente echada: el presidente George W. Bush puso al dictador iraquí en su punto de mira por sus presuntas conexiones con el terrorismo internacional y, con el auxilio militar del Reino Unido, invadió Irak en marzo de 2003 y derrocó a Sadam. Desde entonces, se desconoce el paradero de quien durante casi 25 años detentó el poder absoluto en Irak.

La Torre Monumental de la ciudad de Kuwait.

como lo hicieron en otras ocasiones (invasión china del Tíbet, soviética de Afganistán, etc.), es decir, con condenas formales escasamente efectivas. Los Estados Unidos ya habían apoyado a Irak en su guerra contra Irán, por lo que resultaba improbable que cambiaran de actitud ante su mejor cliente en el mercado bélico, más aun tratándose de un asunto entre árabes. El presidente iraquí contaba con la airada protesta de la Unión Europea, pero las condenas verbales no le inquietaban en absoluto. Ante una posible reacción adversa de los países árabes, Sadam presentó la invasión como una forma de recortar la excesiva riqueza de Kuwait frente a la situación menos favorecida de la mayoría de estados del entorno. Sadam y sus asesores pensaron que la Liga Árabe se mantendría al margen, aceptando una política de hechos consumados.

Sin embargo, la administración Bush, la cual había permanecido a la expectativa a medida que la tensión entre Irak y Kuwait aumentaba, pronto comprendió la situación. La invasión de Kuwait ponía en manos de Bagdad un tercio de las reservas mundiales de petróleo, lo que dejaría a Irak el camino libre para imponer la subida de los precios sin el consentimiento previo de la OPEP. Por otra parte, el principal apoyo de Kuwait durante la crisis, Arabia Saudí, había demostrado su rechazo a la invasión desde el primer momento, consiguiendo ser respaldado por los principales países árabes (sólo Sudán, Yemen y Mauritania apoyaban abiertamente la actuación iraquí). Si los Estados Unidos no intervenían en la crisis no sólo permitirían a Irak subir de forma indiscriminada los precios sino que se arriesgaban a que Arabia Saudí y el resto de países árabes, como forma de presionar a occidente para que se involucrase en el conflicto, disminuyesen sus exportaciones de petróleo y causaran una crisis energética similar a la originada durante la guerra árabe-israelí de los años 70.

Torres de perforación de petróleo en el emirato de Kuwait.

Sadam Hussein acompañado de su familia.

Manifestación de mujeres kuwaitíes contra la invasión de su país frente a la embajada del pequeño emirato árabe en El Cairo.

Las intensas gestiones de los Estados Unidos en el ámbito internacional dieron su fruto. En el pasado, Bush habría podido contar con el apoyo de sus aliados occidentales y con parte de los países árabes, firmemente liderados por Arabia Saudí, pero con la segura oposición de los países comunistas. Sin embargo, el «nuevo orden mundial» establecido tras la caída del muro había dado un vuelco a la situación: la Unión Soviética estaba dispuesta a apoyar las medidas diplomáticas contra el régimen iraquí, y países árabes de talante claramente antiestadounidense como Siria parecían proclives a colaborar en la resolución del conflicto. Teniendo en cuenta esta situación, no es de extrañar que desde el primer momento las Naciones Unidas condenaran la actuación iraquí y adoptaran diversas medidas para conseguir su retirada de Kuwait. Entre agosto y noviembre el consejo de seguridad de la ONU aprobaría once resoluciones condenatorias que imponían además un embargo comercial sobre el régimen de Sadam. El 29 de noviembre de 1990 la ONU aprobaba la duodécima resolución: si Sadam no se retiraba de Kuwait para el próximo 15 de enero, una coalición internacional liderada por Estados Unidos atacaría a Irak.

La unanimidad internacional respecto al conflicto contrastaba sin embargo con los problemas que Bush encontraba en su propia casa. El presidente había llevado hasta entonces la gestión de la crisis sin contar con el Congreso de una forma unilateral que recordaba las actuaciones de presidentes anteriores como el propio Ronald Reagan. La oposición demócrata, sin embargo, comprendía que la guerra podía lavar la imagen de un Bush asediado por los problemas económicos del país. Atendiendo a las prerrogativas constitucionales que dan al Congreso la facultad de declarar la guerra (un privilegio del que, por otra parte, apenas se había hecho uso durante el conflictivo siglo XX), los demócratas exigieron que Bush sometiese su iniciativa a la cámara legislativa. Finalmente, Bush tuvo que aceptar estas exigencias: el 12 de enero de 1991, tres días antes de que expirara el plazo concedido por la ONU a Sadam, el Congreso aprobaba la entrada en guerra de los Estados Unidos. El crédito de la presumible victoria no recaería única y exclusivamente en el presidente sino en todos los representantes de la nación.

Una fragata de los Estados Unidos cruza en agosto de 1990 el canal de Suez en dirección al golfo Pérsico.

Mientras el Congreso estadounidense se enzarzaba en una lucha institucional con George Bush, los Estados Unidos y el resto de las fuerzas integrantes de la coalición internacional comenzaban a tomar posiciones. En una primera fase, llamada «escudo del desierto», las tropas aliadas se fueron estableciendo en bases cercanas a Irak. Aunque principal-

El ministro de asuntos exteriores de Arabia Saudí, Saúd al-Faisal, critica duramente a Irak en octubre de 1990 ante las Naciones Unidas.

mente concentradas en Arabia Saudí, los EE.UU. y sus aliados buscaron conseguir el apoyo internacional: países como Egipto o Qatar permitieron a la coalición utilizar sus instalaciones militares, Rusia ofreció sus satélites, Siria su espacio aéreo, etc.

Los intentos de Sadam por conseguir algún tipo de apoyo internacional apenas tuvieron resultado: sus llamamientos a la «guerra santa» sólo fueron alabados por grupos radicales palestinos que veían en el conflicto una forma de unir al mundo árabe contra Israel, principal aliado estadounidense en la región. La devolución iraquí de los territorios ocupados durante la guerra irano-iraquí a su antiguo enemigo sólo consiguieron que Irán se mantuviese a la expectativa. Finalmente, el dictador iraquí intentó alarmar a la opinión mundial sobre los devastadores efectos de una posible guerra de exterminio con uso de armas químicas y bacteriológicas, al tiempo que aludía a sus ingentes fuerzas, presentándolas como la cuarta potencia militar mundial, sólo por detrás de estadounidenses, soviéticos y chinos. Aunque en algunos países como Israel cundió cierto pánico entre la población civil, los Estados Unidos, principal suministrador de armas a Irak durante la década de los 80, conocían perfectamente el potencial militar iraquí y, por tanto, qué medidas adoptar para contrarrestarlo.

La guerra. Una semana antes de que se cumpliera el ultimátum dado por la ONU, el secretario general de las Naciones Unidas, el egipcio Boutros Ghali, viajó a Bagdad para intentar convencer por última vez al presidente iraquí de que retirase sus tropas y evitara con ello una nueva catástrofe a su pueblo. De regreso a París comentó desalentado: «He encontrado en Sadam una indiferencia suicida». La guerra era ya inevitable.

El 16 de enero de 1991 se ponía en marcha la operación «Tormenta del desierto». Las tropas aliadas, especialmente estadounidenses, británicas y francesas, bajo el mando del general Norman Schwarzkopf, iniciaron los ataques aéreos sobre Kuwait e Irak. En tan sólo un día se habían destruido las estaciones de radar y alcanzado 600 objetivos, sobre los que fueron lanzadas unas ocho mil toneladas de bombas.

La aviación iraquí y sus defensas antiaéreas apenas pudieron responder, dejando en entredicho el tan temido arsenal bélico de Irak. Sadam jugó al despiste, escondiendo sus aviones en hangares excavados bajo tierra y procurando extender la contienda al atacar a Israel con cohetes Scud. Los Estados Unidos proporcionaron rápidamente a los israelíes los conocidos misiles tierra-aire Patriot, que invalidaban su efectividad.

A pesar de la enorme superioridad numérica y técnica del bando aliado, la guerra se prolongó

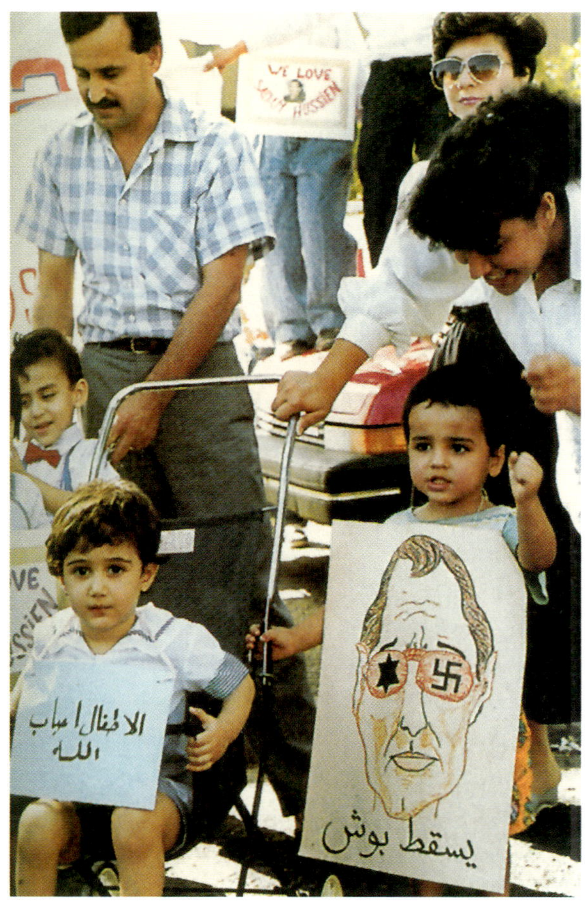

Manifestación de apoyo al régimen iraquí en Bagdad tras la invasión de Kuwait.

Baterías de misiles antiaéreos iraquíes.

Uno de los tanques participantes en la operación «Tormenta del desierto».

Disparo de un misil desde el buque estadounidense USS Taylor.

durante seis semanas. Para minimizar el número de bajas entre sus tropas, el Pentágono había diseñado un plan costoso en medios pero seguro para sus hombres: bombardear sin descanso, utilizando las llamadas «bombas inteligentes», que con un pequeño margen de error debían dirigirse e impactar de lleno sobre los objetivos militares fijados. En plena dinámica bélica, Sadam apostó por el desastre: abrió las terminales de los oleoductos kuwaitíes, que lanzaron a las aguas del golfo entre tres y once millones (según las distintas fuentes) de barriles de crudo, provocando una grave contaminación ecológica. La guerra amenazaba con alargarse excesivamente puesto que Irak, aun soportando ataques masivos por parte de la aviación y la marina aliadas, resistía e incluso intentaba pequeñas acciones en la frontera saudí, manteniendo sus posiciones en Kuwait. El mundo exigía un final a un conflicto del que llegaban muy pocas imágenes, lo que hacía muy difícil conocer qué estaba ocurriendo sobre el terreno.

Moscú trazó un plan de paz consistente en ocho puntos, entre los que se encontraba la retirada iraquí de Kuwait, la anulación de las condenas de Naciones Unidas y la renuncia a cualquier indemnización económica iraquí, además del respeto a la integridad territorial del país y a su gobierno. El plan fue aceptado por Irak, los países árabes e Italia, poniendo en una difícil situación al resto de la coalición internacional, principalmente a los Estados Unidos y a su presidente, George Bush, que si bien no deseaba enfrentarse con Moscú tampoco estaba dispuesto a permitir que Sadam conservara su capacidad ofensiva. El plan fue desestimado, concediéndose a Irak 24 horas para cumplir las resoluciones del Consejo de Seguridad y firmar después un alto el fuego.

Sadam Hussein no respondió, y el empleo de tropas terrestres se hizo inevitable. En febrero, los aliados desplegaron todas sus fuerzas, atacando simultáneamente en todos los frentes: 200.000 hombres, tres mil carros de combate, cinco mil blindados y 800 helicópteros apoyados por tres mil misiones de bombardeo consiguieron en tres días deshacer unas líneas enemigas compuestas en su mayoría por soldados sin instrucción, hambrientos y con escasa munición, que se rendían pidiendo alimentos. El día 26 la coalición, con los soldados kuwaitíes en vanguardia, entraba en la capital de Kuwait mientras los hombres de Sadam intentaban escapar por cualquier medio; en su retirada incendiaron unos 200 pozos de petróleo, que cubrieron con una negra nube la zona fronteriza.

Infantes de marina de los Estados Unidos.

El 27 de febrero de 1991 se anunció desde Washington el fin de las hostilidades. La cómoda victoria de la coalición hizo considerar a algunos la conveniencia de continuar las operaciones militares con la toma de Basora (al sur de Irak) y el posterior avance hasta Bagdad para liquidar el régimen de Sadam. El mismo general Schwarzkopf proyectó este plan que, sin embargo, fue desestimado por el temor del presidente Bush a un desequilibrio político en la región del que pudiesen sacar partido países poco amigables como Irán o Siria. El 3 de marzo se firmó en la pequeña localidad de Safwan el alto el fuego, comprometiéndose los vencidos a cumplir las resoluciones de las Naciones Unidas, entregar los prisioneros aliados y proporcionar planos detallados de los campos de minas.

Refugiados kurdos se preparan para cruzar la frontera con Irán, huyendo de la represión desatada por Sadam tras la guerra del Golfo.

Irak bajo supervisión de la ONU. La derrota supuso para Irak cuantiosas pérdidas humanas y económicas. Se calcula que murieron más de 150.000 personas entre civiles y militares (la coalición sólo reconoció 128 bajas en sus filas). Por otra parte, seis largas semanas de constante acción militar supusieron la destrucción de muchas infraestructuras básicas del país, lo que hizo que el régimen pasara por un momento muy delicado.

Aprovechando este momento, dos de las minorías que habían sido duramente reprimidas por Bagdad durante los años 80, la de los kurdos en el norte y la de los chiitas en el sur, se alzaron en rebelión. Los Estados Unidos no deseaban más inestabilidad en la zona, por lo que junto con sus aliados se mantuvieron al margen mientras los aviones iraquíes reaparecían en escena. La sublevación chiita, a pe-

Edificios bombardeados en una calle de Bagdad.

sar de conseguir ocupar Basora, Nasiriya y las ciudades santas de Karbala y Najaf, flaqueó pronto; a finales de marzo, Sadam recuperaba el control sobre el sur del país, desatando una feroz represión. Por su parte, al norte, los kurdos demostraron una total incapacidad para unirse bajo un mando único y enfrentarse con garantías a su enemigo. Divididos en luchas fratricidas, Sadam consiguió aplastarlos, provocando una huida masiva a la vecina Turquía. La opinión internacional, conmovida por las imágenes de civiles en condiciones infrahumanas, exigió una intervención humanitaria de acuerdo con la resolución 688 de Naciones Unidas. Sin mucho entusiasmo, los Estados Unidos enviaron diez mil hombres para la operación «Provide comfort» que acabaría resultando en el establecimiento de dos áreas de exclusión, una meridional y otra septentrional, directamente situadas bajo la supervisión de la ONU.

Los sucesos de marzo evidenciaron que el ejército iraquí no estaba tan diezmado como cabría esperar tras el conflicto del golfo: mantenía su artillería pesada, rampas de lanzamiento y gran cantidad de carros de combate que teóricamente habían sido destruidos por la aviación aliada y sus bombas inteligentes. Pronto se supo que parte de los objetivos alcanzados en la guerra del golfo eran tan sólo réplicas de plástico.

Por otra parte, una de las cláusulas de los acuerdos de alto el fuego otorgaba a la ONU la facultad de supervisar, por medio de inspectores, la destrucción por parte del régimen de Sadam Hussein de sus arsenales de armas químicas y bacteriológicas así como de aquellas instalaciones susceptibles de ser utilizadas para la fabricación de material nuclear. El dictador iraquí pondría numerosas trabas para llevar a efecto el cumplimiento de esta cláusula, lo que ocasionaría la perpetuación del bloqueo. Por otra parte, la continua presencia de soldados iraquíes en las áreas de exclusión, así como diversas maniobras militares consideradas como amenazantes por los aliados, llevaron a estadounidenses, ingleses y franceses a permanecer en la región y lanzar numerosos ataques pre-

El jefe del estado mayor norteamericano, Colin Powell (a la derecha), junto al secretario de defensa, Richard Cheney, en una rueda de prensa celebrada al final de la guerra.

ventivos contra instalaciones militares iraquíes.

Finalmente, la llegada de Clinton en 1992 a la Casa Blanca se interpretó como el comienzo de una nueva etapa en las relaciones con Bagdad, pero en junio del mismo año movimientos de tropas en la frontera empujaron al nuevo presidente estadounidense a continuar la línea dura, atacando con misiles de crucero la sede de los servicios secretos de la capital iraquí. Obligado por las circunstancias, Sadam aceptó finalmente en 1996 las condiciones marcadas por Naciones Unidas para una suavización del embargo comercial. Se autorizó a Irak la venta trimestral de una cuota de crudo por importe de 1.000 millones de dólares; estos ingresos deberían destinarse a la adquisición de comida y medicinas para la población iraquí (el programa recibió el nombre de «Petróleo por alimentos»). Sin embargo, Sadam Hussein siguió poniendo toda serie de trabas a la verificación del desarme de su país por parte de inspectores de la organización internacional, lo que ocasionó numerosos incidentes armados.

Aviones estadounidenses sobrevolando el golfo Pérsico.

Bill Clinton (1993-2000) y la defensa de los ideales estadounidenses

Los aparentes éxitos en política exterior de George Bush padre no le sirvieron para ser reelegido. El aumento de los impuestos y las sucesivas reducciones presupuestarias para intentar disminuir el déficit, unidas a la disminución real del poder adquisitivo de la población, habían empeorado el nivel de vida de millones de estadounidenses que le retiraron su apoyo en la campaña presidencial de noviembre de 1992, prefiriendo el estilo «kennedyano» del joven demócrata Bill Clinton.

Bill Clinton consiguió ganar el apoyo de los estadounidenses gracias a su estilo juvenil (fue el presidente más joven desde la época de John F. Kennedy) y a las promesas por mejorar el sistema sanitario del país o avanzar en el tema de derechos y libertades cívicas. En una época en la que la recesión comenzaba a amenazar

«América, para permanecer, debe cambiar... Cambiar para preservar sus ideales: vida, libertad y búsqueda de la felicidad.»

Bill Clinton

Juramento del demócrata Bill Clinton como presidente estadounidense en enero de 1993.

Acompañado de su mujer Hillary y de su hija Chelsea, Clinton celebra la victoria en las elecciones de 1996 frente al republicano Robert Dole.

a los EE.UU., las reformas de Bush, quien había cedido a las empresas la gestión de los sistemas de seguridad social, fueron resentidas por la población. Con Clinton esperaban tener un presidente menos preocupado por la política exterior y más por los problemas del ciudadano medio estadounidense.

Bill Clinton y Al Gore, presidente y vicepresidente, respectivamente, de los Estados Unidos entre 1993 y 2001.

Política interior. Los ocho años en los que Bill Clinton ocupó la presidencia del país estuvieron marcados por sus intentos por aplicar diversas reformas de índole social. Así, en su primer mandato (1993-1996), Clinton llevó a cabo algunas de las promesas electorales, entre las que destacaban principalmente las relacionadas con la concesión de derechos igualitarios a las distintas opciones sexuales, la eliminación de las restricciones al aborto, el apoyo a las clases sociales más desfavorecidas, especialmente a la población afroamericana, etc. La reforma sanitaria fue sin embargo imposible de llevar a cabo tal y como Clinton y su mujer, Hillary Rodham Clinton, se habían propuesto: el modelo sanitario de los demócratas hubiese ofrecido cobertura médica a la mayor parte de los estadounidenses, lo que a su vez requeriría un enorme gasto. La mayoría republicana en el Congreso y el Senado, con fuertes vínculos con los *lobbies* farmacéuticos y sanitarios, se opuso a la medida. Finalmente, en 1996, los Clinton conseguirían pasar su reforma por ambas cámaras, aunque para ello habían tenido que hacer tantas concesiones a la oposición que la medida, si bien importante, había perdido su carácter revolucionario.

Bill Clinton tuvo más éxito en sus intentos por recortar los gastos de la administración central. A pesar de que el partido republicano se negaba a nuevas restricciones en ámbitos como el militar, el presidente consiguió forzar la situación y pasar leyes que no sólo ponían freno a la contratación de nuevo personal sino que promovían también el despido de unos 250.000 funcionarios. Esta reducción del gasto presupuestario fue acompañada por una reforma del sistema fiscal, que aumentó los impuestos sobre las rentas más altas mientras bajaba los de la población estadounidense en general.

En los prolegómenos de su segunda campaña presidencial, la situación del presidente parecía comprometida; la fallida reforma sanitaria y el deterioro de su imagen pública debido a diversos escándalos colocaban a los republicanos en posición ventajosa. Sin embargo, Clinton reaccionó con habilidad, adoptando una postura centrista que asumía diversos puntos del programa republicano como propios y ganándose el apoyo de la clase media. Si bien es cierto que los demócratas más ortodoxos y los sindicatos consideraron esto como una traición, la opinión pública valoró la moderación del candidato demócrata y renovó su mandato con un 49% de los votos (frente al 43% que había conseguido en 1992).

En términos legislativos, el segundo mandato de Bill Clinton fue menos significativo que el primero. El presidente se dedicó primordialmente a la política exterior y a vadear los problemas causados por el «escándalo Lewinsky». De hecho, sólo merecen ser destacadas la política presupuestaria (los nuevos recortes permitirían que el Tesoro tuviese superávit por primera vez en tres décadas) y las relativas a medioambiente. Con respecto a estas últimas, Clinton consiguió aumentar el área de las zonas protegidas, para disgusto de la industria maderera, e inició conversaciones con otros países para llegar a acuerdos sobre emisión de gases.

Los escándalos presidenciales. Transcurrida apenas la mitad de su primer mandato, comenzaron a aflorar escándalos que salpicaban al presidente, tanto en el aspecto financiero (posible financiación irregular en el asunto Whitewater), como en el personal (acusación de acoso sexual por parte de la funcionaria Paula Jones). Las acusaciones no «pudieron» ser probadas del todo pero dejaron un poso de sospecha que sería aprovechado por los opositores a Clinton durante su segundo mandato (1996-2001).

El segundo mandato presidencial se caracterizó por los escándalos derivados de su vida extramarital y, en especial, el llamado «caso Lewinsky». En esta ocasión se comenzó acusando al

Clinton y el escándalo Lewinsky

El 6 de agosto de 1998 el presidente estadounidense Bill Clinton vivió uno de los momentos más comprometidos de toda su carrera política: contradiciendo una declaración jurada del mismísimo presidente, la joven Monica Lewinsky, licenciada en sociología, testificaba haber tenido relaciones sexuales con él durante su estancia laboral como becaria en la Casa Blanca. Todo el escándalo Lewinsky había empezado meses antes, en enero, cuando Clinton fue llamado a declarar, en calidad de imputado, en la vista preliminar de una demanda civil por acoso sexual interpuesta por otra mujer llamada Paula Jones. En aquella comparecencia, el presidente refutó el testimonio de la hasta entonces desconocida Lewinsky, quien fechó sus relaciones sexuales con el presidente entre noviembre de 1995 y marzo de 1997. Días más tarde, en una locución televisiva, Clinton volvía a desmentir a la ex becaria.

Imagen de vídeo en la que se observa al presidente Clinton saludando a la ex becaria Monica Lewinsky. El escándalo sexual conocido como «caso Lewinsky» marcó el segundo mandato del presidente estadounidense.

A la vista de la existencia de indicios de perjurio y obstrucción a la justicia, el fiscal especial a cargo del caso, Kenneth Starr, citó al presidente el 17 de agosto para responder a un cuestionario en la Casa Blanca ante un gran jurado que seguiría su declaración por un circuito cerrado de televisión. Clinton reconoció entonces haber tenido un «comportamiento impropio». Horas después, en un discurso dirigido a la nación, intentaba defenderse señalando que el asunto sólo le concernía a él, a su familia y a Dios. El presidente justificaba no haber dado toda la información en enero con el argumento de que quería proteger a su familia del escándalo.

El fiscal Starr acusó al presidente de once delitos –entre ellos, los de perjurio, abuso de poder y obstrucción a la justicia–, merecedores de la apertura de un proceso de destitución o *impeachment* por parte del Congreso. En octubre el Comité de Justicia de la Cámara de Representantes aprobó iniciar el proceso, que tendría como marco el Senado. El 12 de febrero de 1999 la cámara alta declaró «no culpable» a Clinton de los delitos de perjurio y obstrucción a la justicia, los únicos por los que finalmente fue encausado. El caso se cerraba con un rotundo éxito del presidente, quien ni siquiera recibió una sanción moral del Senado.

Tal como apuntan muchos observadores políticos estadounidenses, el papel protagonizado a lo largo de todo el escándalo por la primera dama, Hillary Clinton, fue decisivo para la salvación política de su marido. Haciendo gala de una gran dignidad, Hillary calificó las intromisiones en su relación matrimonial como agresiones de la extrema derecha. Lo cierto es que las encuestas de opinión siempre otorgaron un aprobado a Clinton, incluso en los momentos más duros para él. Este estado de opinión se reflejó en las elecciones legislativas de noviembre de 1996, en las que el Partido Demócrata obtuvo unos muy buenos resultados.

Durante su gobierno Bill Clinton procuró desempeñar un papel mediador en el conflicto del cercano oriente. En la foto, fechada en 1995, el presidente demócrata posa en las puertas de la Casa Blanca en compañía del rey Hussein de Jordania, el primer ministro israelí Yitzhak Rabin, el dirigente palestino Yasir Arafat y el presidente egipcio Hosni Mubarak.

presidente de haber mantenido relaciones sexuales con una becaria de la Casa Blanca, Monica Lewinsky. Aunque esta acusación no tenía ninguna implicación de carácter jurídico, la necesidad de defender su prestigio llevó al presidente a hacer una serie de declaraciones oficiales que luego se demostrarían como sumamente peligrosas. Clinton negó la veracidad de las acusaciones sobre su supuesta infidelidad matrimonial, pero, tras ser demostradas, el presidente dejó de ser calificado de «inmoral» para pasar a ser acusado por la fiscalía de perjuro.

Mientras el fiscal Kenneth Starr avanzaba en sus investigaciones, firmemente apoyado por el partido republicano, la cámara de representantes aprobaba la apertura del procedimiento de destitución *(impeachment)* sobre la base de los delitos de obstrucción a la justicia y perjurio en la declaración presidencial del 26 de enero de 1998. En enero de 1999 el Senado intentó por dos veces promover la destitución del presidente, pero el firme apoyo de los demócratas y de parte de los republicanos impidió que las mociones de censura prosperasen. En febrero, y tras una larga cadena de emotivas declaraciones de arrepentimiento y el firme apoyo de su mujer, Hillary Clinton, el Senado confirmó al presidente. Los republicanos no consiguieron obtener los dos tercios necesarios para que Clinton fuera destituido, pero dañaron de forma importante su imagen. La población estadounidense comprendió que la oposición republicana había intentado aprovechar un aspecto de la vida privada del presidente para obtener el poder, pero también fueron conscientes de que Clinton había mentido realmente en sus primeras declaraciones oficiales.

El intervencionismo en el exterior. En cuanto a política exterior, la idea inicial de Clinton se alejaba del intervencionismo de Bush. Para el presidente estadounidense la política internacional se debía regir por el llamado *burden share*, o sea, el reparto de tareas: los países del mundo desarrollado deberían asumir su propia seguridad, quedando el papel de los EE.UU. reservado a situaciones en las que el país se viera directamente amenazado o cuando se produjeran desequilibrios geopolíticos de cierta consideración. Por primera vez desde el periodo de entreguerras, Washington se proponía dejar de liderar el mundo. La realidad se demostró, sin embargo, muy distinta.

La administración Clinton heredó dos conflictos de la era Bush: por una parte, el ya mencionado en Irak; por otra, el somalí. Justo antes de ser derrotado en las urnas, George Bush había ordenado una operación militar de «carácter humanitario» en Somalia, un país devastado por las guerras civiles y por la hambruna. La decisión de Bush había respondido en gran parte a motivos publicitarios (la opinión pública estadounidense comentaba con sorna que en la playa de Mogadiscio, donde se realizó el desembarco, había más periodistas que soldados), aunque la intervención no le granjeó los votos necesarios para ser reelegido. Con Clinton ya en el sillón presidencial, la intervención somalí fue rápidamente limitada y, finalmente, en 1994, abandonada: el control de la caótica Somalia era una operación mucho más difícil que el simple bombardeo preventivo de las instalaciones militares iraquíes.

Si bien esto era acorde con la nueva política del *burden share*, ese mismo año se produjeron dos acontecimientos que obligaron a las fuerzas armadas estadounidenses a intervenir de nuevo en el exterior. A principios de año, la llegada masiva a las costas de Estados Unidos de haitianos que huían de la dictadura de Raoul Cedrás llevó a Bill Clinton a la decisión de intervenir en la isla para restaurar a Jean-Bertrand Aristide, el electo presidente de Haití derrocado tres años antes. La negativa de Cedrás a dimitir fue rápidamente contestada por Washington con una concentración de fuerzas militares frente a las costas haitianas. En octubre de 1994, mientras el dictador haitiano y sus colaboradores se refugiaban en Panamá, los marines estadounidenses desembarcaban en Puerto Príncipe para asegurar la transición democrática en la isla.

Bill Clinton anuncia en marzo de 1999, en un discurso dirigido a la nación, el comienzo de los ataques de la OTAN contra Yugoslavia en represalia por la represión serbia de la población albanesa de Kosovo.

Por otra parte, en 1994, la toma por parte del ejército serbio del enclave de Bihac, protegido por fuerzas de la ONU, demostró que ni Belgrado ni los paramilitares serbobosnios estaban dispuestos a cumplir con el acuerdo de alto el fuego firmado a principios de año. Esto llevaría finalmente a Estados Unidos a asumir el liderato de las fuerzas «neutrales» en el conflicto. Contra la opinión de la Unión Europea, Washington comenzó a armar a las tropas bosnias y llevó acciones militares a pequeña escala contra bases serbias. A finales de año, Bill Clinton conseguiría que las fuerzas de la ONU fueran sustituidas por otras de la OTAN: los cascos azules, los cuales sólo pueden recurrir a la fuerza para defenderse, dejaban paso a un ejército moderno con mano libre para realizar acciones ofensivas en caso de que se estimasen necesarias. A mediados de 1995, las partes en conflicto decidían firmar el tratado de paz en París.

Recibimiento oficial a Bill Clinton a su llegada a Vietnam en el año 2000, una histórica visita destinada a afianzar la amistad de los dos países antaño enemigos.

Las actuaciones estadounidenses en el exterior tendrían que ser reanudadas de nuevo en 1998. En ese año, las fuerzas aliadas en el golfo Pérsico, lideradas por Estados Unidos, llevaron a cabo una acción de castigo contra el régimen iraquí debido a las trabas que imponía a los inspectores de la ONU. Un año después, en abril de 1999, los Estados Unidos tenían que volver a convencer al resto de países de la OTAN para llevar a cabo una acción disuasoria contra las tropas yugoslavas estacionadas en Kosovo. Aunque de

Bill Clinton brinda con su homólogo chino Jiang Zemin durante una visita realizada a los Estados Unidos en 1997 por el estadista asiático.

acuerdo con la política del *burden share* Washington se negaba a llevar de forma unilateral estas acciones, en definitiva eran los Estados Unidos los que llevaban todo el peso de las actuaciones militares.

A pesar de los intentos de Bill Clinton por conseguir el consenso internacional, las actuaciones estadounidenses generaron una gran polémica. Rusia y China se oponían al intervencionismo militar estadounidense en el golfo Pérsico y en la antigua Yugoslavia. En el primero, ambos países consideraban que Estados Unidos intentaba controlar las reservas petrolíferas del medio oriente. En el segundo caso, Moscú acusaba a Washington de intrusismo en un territorio que ya desde el siglo XVIII había pertenecido al área de influencia rusa. Finalmente, el bombardeo por error de la embajada china en Belgrado llevaría a Pekín a protagonizar un enfrentamiento diplomático con los Estados Unidos. En cualquier caso, las tensiones entre Washington, Moscú y Pekín no llegaron a mayores: la reconciliación entre las tres potencias nucleares sobrevendría cuando Clinton firmase diversos acuerdos comerciales con Rusia o China (declarada «nación más favorecida»), «comprando» así su voluntad.

Más importantes fueron sin embargo las fallas que comenzaron a surgir entre Washington y sus antiguos aliados occidentales. La postura intervencionista de Estados Unidos contrastaba con la del eje franco-alemán, partidarios de la solución negociada de los conflictos. En el caso de Yugoslavia, las divergencias habían quedado de manifiesto en más de una ocasión y sólo la decisión de Estados Unidos y Gran Bretaña de llevar a cabo los bombardeos, con o sin ayudas, motivaría que otros países europeos se sumaran a la iniciativa.

Estas disensiones no son sino una muestra de la crisis de identidad que han vivido los Estados Unidos en la década de los 90. Durante el mandato de Bill Clinton, el país norteamericano intentó llevar a cabo una política en cierta medida aislacionista (*burden share*) que en realidad no se correspondía con su poder mundial. Como gran triunfador de la guerra fría, la opinión pública internacional le ha exigido un liderazgo que Washington, sin su enemigo de antaño, no ha sabido encauzar. Sus intentos por desempeñar esta función en base a un ideal «humanitario», ya sea en defensa de la democracia, la convivencia étnica o la paz, se han visto envueltos en un cúmulo de contradicciones. Las trabas que el Congreso estadounidense ponía a la firma de tratados internacionales como el Tratado de Prohibición Total de Pruebas Nucleares (CTBT), la creación de un Tribunal Penal Internacional (TPI) con plenos poderes o la prohibición de las minas antipersona dejaron un poso belicista que enturbió sin duda la imagen exterior estadounidense. Esta sombra de duda se vio a la vez reafirmada por

Bill Clinton y el primer ministro británico, Tony Blair, en una reunión mantenida en Washington en 1998.

el doble baremo con el que la administración estadounidense juzgaba situaciones como la iraquí, en la que justificaba el uso de la fuerza por el incumplimiento por parte de Bagdad de las resoluciones de la ONU, y la israelí, en la que apostó decididamente por una salida negociada, a pesar de que el país hebreo ha venido incumpliendo sistemáticamente desde su creación diversos acuerdos internacionales. Clinton, pues, no consiguió resolver la duda acerca de qué debía hacer Estados Unidos tras la caída del muro de Berlín: ¿convertirse en el policía mundial o actuar de acuerdo a sus propios intereses?

El involucionismo conservador: George W. Bush

La retirada de Bill Clinton de la política activa dejó a los estadounidenses sin un claro líder ante las elecciones presidenciales de noviembre de 2000. Los candidatos presentados por los dos partidos tradicionales, el republicano y el demócrata, no parecían contar con apoyos claros. Por parte de los demócratas concurrió a las elecciones el vicepresidente saliente Al Gore: aunque considerado como un político sumamente progresista, su rigidez jugaba en su contra a la hora de encontrar apoyos en los pasillos del congreso. Por parte de los republicanos se presentaba George Walker Bush, cuyos principales méritos –ser hijo del ex presidente George H. W. Bush y

El efecto 2000

El mundo entró en el año 2000 presa de la incertidumbre y el miedo ante los posibles desastres derivados del profetizado efecto 2000, que según muchos expertos amenazaba con colapsar el funcionamiento del complejo entramado tecnológico de la sociedad moderna.

Se dio en llamar efecto 2000 –«bomba del milenio» en su acepción más catastrofista– al conjunto de potenciales errores operativos que supuestamente registrarían los sistemas tecnológicos con el paso del año 1999 al 2000, debido a los fallos en la interpretación de la información de fecha almacenada por los programas informáticos que los sustentaban. El origen del problema se remontaba a las primeras etapas de la ciencia informática, en las que los programadores decidieron representar las fechas, dada la escasez de espacio de memoria disponible, sólo con las dos últimas cifras (por ejemplo, 81 en vez de 1981). A medida que el siglo XX se aproximaba a su final, los programadores se dieron cuenta de que este sistema de codificación podría causar graves problemas para los ordenadores a la hora de interpretar los datos: el año 2000 sería interpretado como anterior al 1999, puesto que le correspondería el código 00, lo que motivaría múltiples errores en aplicaciones tan diversas como la administración de inventarios, el pago de nóminas, los sistemas de distribución comercial y el control de vuelos.

Imagen alegórica sobre el efecto 2000.

Ante la gravedad que podría revestir el tránsito al año 2000, gobiernos y organizaciones internacionales emplazaron a empresas e instituciones públicas a resolver el fallo con tiempo suficiente. La solución al efecto 2000 era teóricamente muy sencilla –bastaba con ampliar los campos de fecha para expresar el año en cuatro cifras–, pero su puesta en práctica se manifestó mucho más compleja al requerir la modificación de miles de millones de líneas de código de programación: bases de datos, aplicaciones de usuario, compiladores y sistemas operativos debían ser objeto de revisión, junto con multitud de componentes electrónicos que regían el funcionamiento de cajeros automáticos, sistemas de seguridad, ascensores, equipos de climatización, electrodomésticos, etc. Los expertos informáticos pusieron el acento en las nefastas consecuencias que podrían traer consigo fallos en los sistemas de producción y control, transportes, comunicaciones y servicios bancarios, apuntando posibles carestías en determinadas áreas sectoriales y en ciertas zonas áreas geográficas.

La inminente llegada del año 2000 hizo que se multiplicaran, sobre todo en el mundo desarrollado, los esfuerzos de adaptación tecnológica. Muchos países diseñaron planes globales para hacer frente a la contingencia, canalizando a este respecto importantes recursos humanos y financieros. Lo cierto es que, finalmente, las previsiones más catastrofistas fueron desmentidas por los hechos: en los primeros días de 2000, las alteraciones causadas por el temido error informático fueron muy ocasionales y de un alcance bastante menor. Sin lugar a dudas, el efecto 2000 había sido conjurado.

Las controvertidas elecciones de 2000

Las elecciones presidenciales del 7 de noviembre quedaron inscritas en la historia electoral como las más caóticas y embarulladas de las celebradas en los Estados Unidos. Al Gore, con el 48,4%, superó a Bush en votos populares (328.000 exactamente), pero la ponderación estatal de los votos favorecía al tejano Bush con una estrechísima ventaja en el estado de Florida, gobernado por su hermano Jeb. La petición de recuentos manuales en algunos de los condados más dudosos, el descubrimiento de tarjetas no válidas, las órdenes de nuevo escrutinio y sus inmediatas contraórdenes, etc., condujeron a una situación en la que se hablaba de fraude, implicando a los tribunales de Florida y federales. Finalmente, el 12 de diciembre, un mes después de las elecciones, el Tribunal Supremo Federal, por cinco votos contra cuatro, anuló la orden del Tribunal de Florida que exigía el recuento manual de 45.000 votos, alegando la proximidad del 18 de diciembre, fecha establecida por ley para finalizar el escrutinio. Bush fue proclamado vencedor con un margen tan escaso que teñía de «ilegítima» la victoria.

El republicano George W. Bush deposita su voto en las elecciones de noviembre de 2000, en las que resultaría elegido presidente.

El demócrata Al Gore, rival de Bush en los comicios presidenciales de 2000.

haber sido gobernador de Texas– no parecían ser suficientes para contrarrestar su imagen de empresario conservador y poco preparado para la política (su madre Bárbara lo llegó a definir públicamente como el menos preparado de sus hijos).

Consciente de su desventaja, Bush se rodeó de personas de probado prestigio demostrado en la administración de su padre: Richard Cheney, ex secretario de Defensa; Colin Powell, general retirado y veterano de la guerra del golfo, y Donald Rumsfeld. Gracias a ellos, Bush adoptó una inteligente táctica electoral basada en la reafirmación de medidas sumamente populares entre el electorado estadounidense (pena de muerte, derecho de los ciudadanos a poseer armas de fuego), evitando temas espinosos como el aborto o el medio ambiente, en los cuales su postura conservadora podía decantar numerosos votos a favor de Gore. Por otra parte, para contrarrestar el presumible apoyo de los afroamericanos al candidato demócrata, Bush inició una fuerte campaña entre la importante minoría hispana, especialmente entre la cubana. Esta táctica electoral le valdría definitivamente a George W. Bush la victoria, aunque por un simple «puñado de votos», en las elecciones de noviembre de 2000.

Simpatizantes republicanos en la campaña electoral de 2000.

Desde los primeros días de su mandato Bush demostró su clara intención de abandonar los planteamientos centristas para situarse inequívocamente a la derecha del espectro político. Rodeado de colaboradores del mismo signo, inició de inmediato la suspensión de lo acordado por Clinton respecto a la protección de los bosques, las medidas de asistencia sanitaria a la tercera edad, la venta libre en farmacias de la denominada «píldora abortiva» y la retirada de fondos a las organizaciones internacionales que incluyeran el aborto como fórmula de planificación familiar. El plan de Bush para responder a la progresiva demanda de energía se basó en el aumento de la oferta, favoreciendo a las grandes corporaciones industriales, especialmente a las firmas petroleras, y rechazando los compromisos del protocolo de Kyoto de diciembre de 1997 sobre el cambio climático, que fijaban una reducción media del 5,2% de los gases responsables del efecto invernadero por parte de los países desarrollados desde 2008 a 2012.

Juramento en enero de 2001 de George W. Bush como nuevo presidente de los Estados Unidos.

La política de defensa incluía la dotación de sistemas armamentísticos de nueva generación, más precisos y eficaces con el mínimo riesgo de bajas propias. Bush comunicó a los aliados europeos y al resto del mundo que el aparcado proyecto del escudo antimisiles (NMD) era asumido sin discusión; «detalles» como su incompatibilidad con el Tratado de Antimisiles Balísticos (ABM) soviético-estadounidense de 1972, o el sentimiento de desconfianza creado en China y acrecentado por incidentes como la captura de un avión tildado de espía por parte de Pekín fueron desestimados por el presidente.

La política ultraconservadora de Bush comenzó a crear numerosas fisuras entre sus «aliados». En apenas cinco meses, los republicanos perdieron la mayoría en el Senado debido a la defección de uno de sus miembros, contrario a la política presidencial sobre el aborto o el escudo antimisiles.

Por su parte, la UE comenzó a plantar cara a Washington tanto por su política unilateral del NMD como por las numerosas medidas proteccionistas adoptadas por la administración Bush, no sólo para frenar la posible crisis económica que se intuía en 2001 sino también para favorecer los intereses de sectores empresariales que le habían apoyado durante la campaña electoral. Este apoyo generaría una gran polémica al año siguiente, cuando se destaparon numerosos escándalos de corrupción fiscal en empresas como Enron o Worldcom. Sin embargo, para entonces Bush había conseguido una gran popularidad debido a su respuesta ante los atentados del 11 de septiembre de 2001: Estados Unidos declaraba entonces la «guerra global» contra el terrorismo.

Manifestantes republicanos y demócratas protestan en Florida por las irregularidades del proceso electoral en este estado.

El caso Enron y la crisis de confianza empresarial

El desplome a finales de 2001 de la empresa estadounidense Enron fue el primer episodio de una serie de quiebras de grandes corporaciones que sembraría el pánico entre inversores, agentes bursátiles y autoridades económicas, propiciando una grave crisis de confianza en el funcionamiento del sistema económico-financiero.

La compañía Enron, una de las más importantes del mundo en el sector de la energía, con más de veinte mil empleados y presencia operativa en una cuarentena de países, se declaró oficialmente en bancarrota el 2 de diciembre de 2001 al no poder hacer frente a una astronómica deuda acumulada de treinta mil millones de dólares. La noticia de la quiebra de Enron, uno de los exponentes más rutilantes de la llamada «nueva economía», supuso un mazazo para unos mercados bursátiles bastante tocados ya por la desaceleración económica global y el clima de psicosis terrorista instalado tras los atentados del 11 de septiembre en Nueva York y Washington. Pero en días posteriores llegaría lo peor, al conocerse que Enron venía encubriendo desde hacía años sus enormes pérdidas con beneficios ficticios declarados de operaciones realizadas con empresas subsidiarias; además, se supo que la prestigiosa compañía auditora Arthur Andersen era la encargada de supervisar los libros contables de Enron, al tiempo de actuar como consultora para los estudios de viabilidad de esas compañías filiales. La falta de rigor en las auditorías había generado una verdadera «burbuja» financiera que acabó estallando en la gigantesca quiebra.

Sede de la empresa Enron, cuya quiebra fraudulenta representó uno de los grandes escándalos financieros de la etapa presidencial de George W. Bush.

Enron se había constituido en 1986, producto de la fusión de las empresas de distribución de gas Internorth y Houston Natural Gas. En la década de 1990 se embarcó en una ambiciosa política de inversiones en ámbitos ajenos a su actividad como el de las telecomunicaciones. Los directivos de la empresa se procuraron la amistad de personajes de la alta política, realizando generosas donaciones económicas para las campañas electorales del Partido Republicano. Comentaristas políticos, analistas financieros, periodistas y abogados se contaron también entre sus aliados, lo que contribuyó a crear una falsa imagen pública de solvencia de la empresa. Muchos de ellos sufrirían un grave desprestigio al destaparse la verdadera situación de Enron.

La quiebra forzó en febrero de 2002 la dimisión del presidente de la compañía, Kenneth Lay. Días antes, un ex vicepresidente del grupo, J. Clifford Baxter, había decidido quitarse la vida. La auditora Arthur Andersen fue arrastrada por la crisis, que le supuso un tremendo desprestigio, sobre todo al hacerse público que había prestado ayuda a los directivos de Enron para destruir documentos de carácter comprometedor. El Departamento de Justicia estadounidense sometió a la empresa auditora a una investigación criminal que condujo a su condena en agosto de 2002 por obstrucción a la justicia.

La construcción política de la nueva Europa

Tras la segunda guerra mundial, el destino de Europa occidental y oriental parecía haberse separado definitivamente. Mientras al oeste del viejo continente los países se situaban bajo la órbita estadounidense y comenzaban a organizar su futuro, en el este, bajo la atenta mirada soviética, se implantaba la «dictadura del proletariado». Ni unos ni otros parecían dispuestos a retomar lo que habían sido más de veinte siglos de historia conjunta, prefiriendo crear sus propias estructuras su-

Billetes de euro, moneda común de doce de los quince países de la Unión Europea.

pranacionales. Sin embargo, en 1989, la simbólica caída del muro de Berlín supuso para Europa el inicio de una nueva fase histórica. El reto: conseguir la integración de todos los países del continente en la Unión Europea, el marco estatutario y económico que debía permitir a Europa superar las divergencias que marcaron su historia durante todo el siglo XX.

Restos del antiguo muro que dividió Berlín hasta 1989.

La creación de la Comunidad Económica Europea

Después de la segunda guerra mundial (1939-1945), Europa fue consciente de la necesidad de encontrar una fórmula que integrase a los distintos países que compartían ideologías democráticas y similares objetivos de desarrollo. Con la creación de un marco en el que las primeras potencias continentales, especialmente Francia y Alemania, pudieran dirimir sus diferencias, se pretendía evitar conflictos como los que habían asolado Europa durante el siglo XX. Uno de los primeros pasos en busca de este objetivo fue dado por Winston Churchill, quien, el 19 de septiembre de 1946, pronunció un discurso en la universidad de Zurich, en el que abogaba por construir «algo parecido a los Estados Unidos de Europa». Inmediatamente se pusieron en marcha diversos movimientos y organizaciones deseosos de estudiar la propuesta y concretarla.

Las primeras organizaciones. En cualquier caso, la idea de una unidad política parecía todavía lejana; la creación de una unidad económica contaba con mejores augurios. Cuando los Estados Unidos propusieron el lanzamiento del Plan Marshall, la ayuda económica que debía liberar a Europa occidental de la amenaza comunista, la mayoría de los estados occidentales aceptaron entusiasmados la propuesta. Así, para administrar y repartir la masiva ayuda norteamericana, se creó en 1948 la Organización para la Cooperación Económica Europea (OCEE), pionera en la lista de organismos que comenzaban a congregar a parte de los países de Europa occidental.

Aunque en un primer momento la OCEE fue muy importante como símbolo de la unidad europea, poco a poco iría perdiendo protagonismo a favor de otra organización surgida ese mismo año. En 1948, Bélgica, los Países Bajos y Luxemburgo, habían relanzado la idea del Benelux, una unión aduanera que debía eliminar las trabas tarifarias en esos tres países. Poco después, Francia e Inglaterra entablarían conversaciones con el Benelux para crear nuevos organismos a partir de esta iniciativa. En 1949 los cinco países creaban el Consejo de Europa, con sede en Estrasburgo. El Benelux y el Consejo pueden ser considerados como el germen del que brotaría la Unión Europea.

Winston Churchill, Franklin D. Roosevelt y Iosiv Stalin en la conferencia de Yalta de 1945 que sentó las bases del nuevo orden mundial de posguerra.

La Comunidad Económica Europea. Estos primeros organismos tenían sin embargo un área de influencia muy restringida. El Benelux se limitaba tan sólo a tres pequeños países europeos; el Consejo no contemplaba unir, federar o compartir responsabilidades propias de cada nación. Fue en este contexto que Jean Monet lanzaría su idea de conseguir la unión política a través de la económica. Recogiendo la propuesta de Monet, Robert Schuman, ministro de asuntos exteriores francés, dio un importante paso el 9 de mayo de 1950 al sugerir la puesta en marcha de un plan para gestionar en común la producción franco-alemana de carbón y acero. Esta medida no significaba únicamente un acuerdo económico o comercial sino que ratificaba el deseo de acercamiento entre Francia y Alemania, dejando atrás las heridas producidas en los conflictos anteriores. Si ambos países podían entenderse, el resto de Europa veía más claramente la posibilidad de formar un frente común.

La firma del tratado de París (18 de abril de 1951), llevó a la práctica el plan Schuman con la creación de la Comunidad Europea del Carbón y el Acero (CECA) que reunía a seis países: Francia, Alemania, Italia, Bélgica, Países Bajos y Luxemburgo. Unir criterios económicos se manifestó más factible que hacerlo en otros campos como el militar o el político, y prueba de ello es la rapidez con la que evolucionó la idea de Schuman. En 1955 los primeros ministros del grupo de «los seis» se reunieron en la conferencia de Messina, para elaborar nuevos planes de futuro. Dos años más tarde, el 25 de marzo de 1957, se firmaban los tratados de Roma por los que se creaba la Comunidad Económica Europea (CEE) y la Comunidad Europea de la Energía Atómica (Euratom). Las tres organizaciones –CECA, CEE y Euratom– permanecerían independientes entre sí, poseyendo sus instituciones propias, pero a nadie le quedaba la menor duda de que los pilares para una Europa unida acababan de ser plantados.

Países que configuraron inicialmente la CEE en 1957.

El francés Jacques Delors, presidente de la Comisión Europea entre 1985 y 1995, fue uno de los impulsores del mercado único europeo.

Las primeras ampliaciones (1973-1995). El potencial económico de estas nuevas organizaciones no pasó desapercibido para el resto de los países de la Europa occidental. De hecho, en 1961, Gran Bretaña, Irlanda y Dinamarca solicitaban su ingreso en la CEE. Sin embargo, inmediatamente surgieron problemas: para el presidente francés Charles DeGaulle, la entrada de Gran Bretaña en la CEE supondría supeditar la unión de Europa a los designios del principal aliado de Londres, los Estados Unidos. La solicitud británica fue frenada momentáneamente, aunque con el paso del tiempo y especialmente tras la retirada de DeGaulle de la política, Francia reconsideró su postura: Gran Bretaña podía ser un importante aliado a la hora de equilibrar el reparto de poderes dentro de la Comunidad Europea.

Superadas las reticencias francesas, la CEE experimentó en las siguientes décadas un importante crecimiento. Si en 1973 Gran Bretaña, Irlanda y Dinamarca se adherían oficialmente a la Comunidad, en 1981 lo hacía Grecia y cinco años más tarde le seguían España y Portugal. En 1995, finalmente, se produciría la cuarta ampliación con la llegada de Austria, Finlandia y Suecia, constituyéndose la llamada «Europa de los quince».

El nacimiento de la Unión Europea

Fachada del ayuntamiento de Maastricht, localidad holandesa que fue escenario en 1992 de la firma del tratado de la Unión Europea.

A pesar de toda la actividad diplomática que exigía este proceso de ampliación (planes de convergencia, ayudas económicas a los nuevos miembros, etc.), la CEE siguió trabajando en los acuerdos económicos e institucionales que le debían dar una mayor cohesión. El tema económico, como ocurriera anteriormente, fue el más fácil de afrontar, y ya en 1988 se aprobaron diversas medidas (plan Delors) para promover el mercado interior mediante la libre circulación de capitales y la convergencia económica de los países miembros.

Sin embargo, la existencia de dichos planes implicaba ya un grado de cohesión interna que no tardaría en plasmarse en una idea política.

Los tratados de Maastricht (1992) y Amsterdam (1997). Tras una intensa ronda de negociaciones, los países miembros salvo Dinamarca acordaban el 7 de febrero de 1992, en la ciudad holandesa de Maastricht, la importante transformación de la CEE en la Unión Europea (UE). La nueva organización nacía con más ambición que la que venía a reemplazar. La UE ya no aceptaba quedarse estancada en la búsqueda de la integración económica sino que pretendía proyectarse más allá, hacia el ámbito de lo político. A partir de ahora los planes adoptados por los países miembros, aunque fuesen de índole económica (como la introducción de la moneda única), deberían perseguir conceptos tales como el de «ciudadanía europea», lo que en sí implicaba la creación de un estado supranacional cuyas capacidades de-

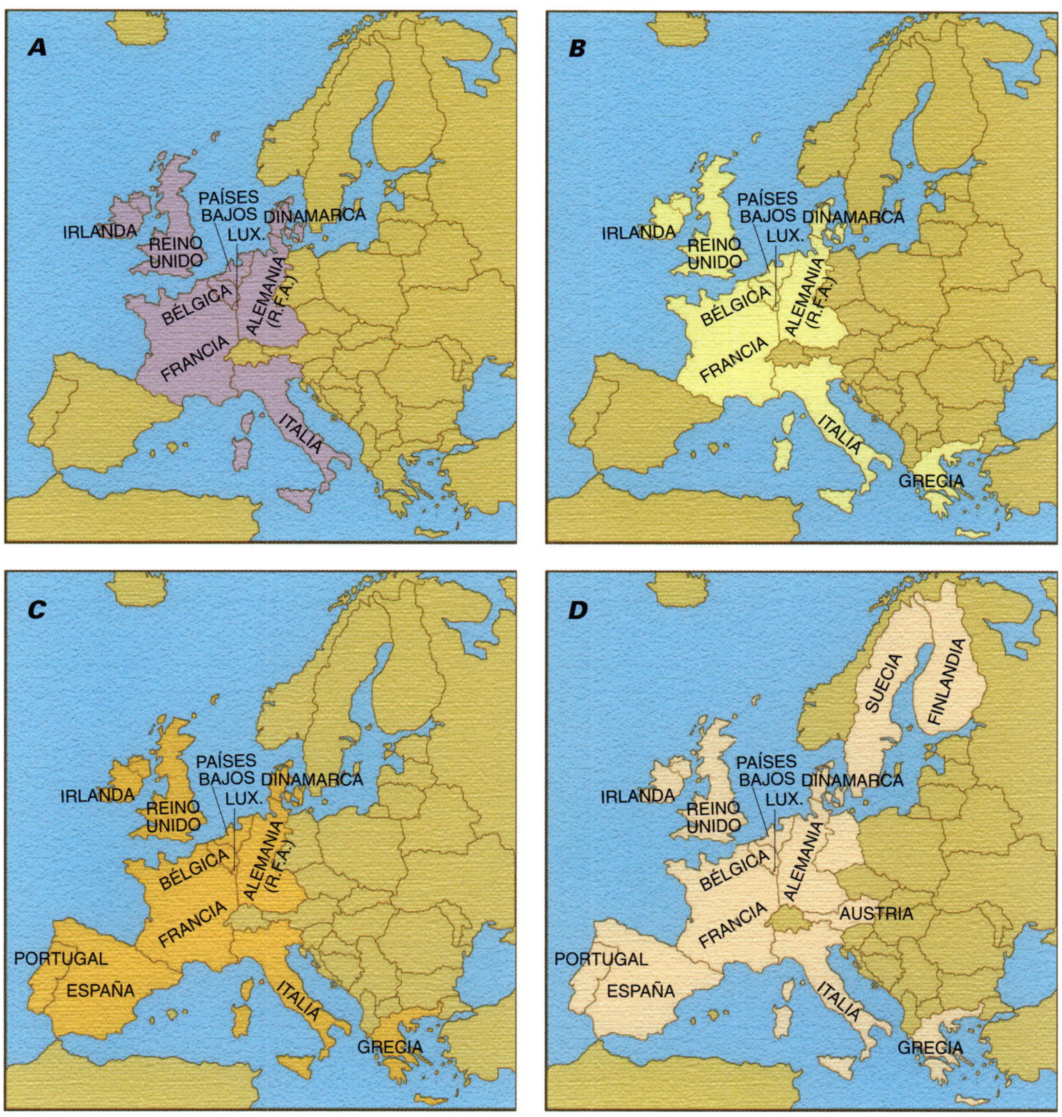

Países miembros de la UE –antigua CEE– tras sus sucesivas ampliaciones: A, 1973; B, 1981; C, 1986; D, 1995.

En consonancia con la reforma de la Política Agrícola Común (PAC) emprendida en la década de 1990, la Unión Europea ha apostado por el fomento de alternativas sostenibles como la agricultura ecológica.

berían ser delimitadas con el paso del tiempo.

Sin embargo, el tratado de Maastricht pronto se vio superado por la realidad. Por una parte, el derrumbamiento del comunismo y las perspectivas de los países de la Europa oriental de sumarse a la recién nacida UE requerían una redefinición institucional para intentar evitar el gigantismo de organismos como el Parlamento Europeo. Por otra parte, las guerras yugoslavas evidenciaban la incapacidad de la UE para ofrecer una respuesta rápida a este tipo de acontecimientos. Finalmente, el tratado de Maastricht obviaba la necesidad de coordinar las actuaciones de los países miembros en casos como el terrorismo, el tráfico de estupefacientes, la protección de la salud pública o del medioambiente.

En un intento por subsanar estas deficiencias, se acordó la modificación de los tratados constitutivos de las comunidades europeas (CEE, CECA, Euratom) y de la Unión Europea. El nuevo tratado de Amsterdam (1997) causó un menor impacto en la opinión pública que el anterior, aunque se puede considerar en sí mismo igual de importante, al contemplar no sólo la ampliación de la UE hacia el este europeo sino también numerosas medidas concernientes a política exterior, defensa y concreción de las nuevas instituciones europeas. En cualquier caso, el tratado no intentaba ser la panacea a todos los problemas de la Unión sino un compendio de mínimos que permitiese afrontar, en sucesivas reuniones, el espinoso debate sobre el futuro de la UE.

Foto de la cumbre comunitaria celebrada en Florencia en 1996, en plena crisis de las «vacas locas» entre el Reino Unido y el resto de los socios comunitarios.

La ampliación a Europa oriental. Durante la década de 1990 la Unión Europea fue consciente de que la caída del muro de Berlín traería consigo numerosas solicitudes de adhesión por parte de los países del este. En una reunión mantenida en Copenhague (1993) los países miembros intentaron anticiparse a este fenómeno estableciendo los requisitos políticos, económicos y jurídicos que deberían reunir los aspirantes para que su candidatura fuese tomada en cuenta. Entre estos requisitos se hallaban la existencia de libre mercado y, por tanto, de competitividad empresarial, la instauración de un sistema democrático real, el respeto a los derechos humanos y la armonización de la legislación nacional con la vigente en la UE.

A partir de 1994 diversos países del este comenzaron a remitir sus solicitudes de adhesión. Primero fueron Polonia y Hungría y un año más tarde, en 1995, lo hicieron Rumania, Eslovaquia,

El euro, la nueva moneda europea

Los grandes líderes políticos de la Europa continental en la década de 1980 –entre ellos el canciller alemán Helmut Kohl, el presidente francés François Mitterrand y el jefe de gobierno español Felipe González– eran muy conscientes de la necesidad de lograr una unificación monetaria para allanar el camino hacia una unión política en el continente. Y es que la adopción de una moneda única obligaría, a fin de asegurar su viabilidad, a una armonización de las políticas económicas nacionales (fiscales, laborales, etc.).

Ya en la década de 1970 se habían ensayado los primeros intentos de coordinación monetaria en Europa, en lo que dio en llamarse la «serpiente monetaria»: el sistema consistía en la fijación de unas bandas de fluctuación –tanto por ciento por encima o por debajo de un nivel central– entre las monedas de los distintos socios comunitarios. En 1988, la Comisión Europea, bajo la presidencia del francés Jacques Delors, propuso un plan de unificación monetaria en tres etapas: una primera de fortalecimiento de la cooperación monetaria, una segunda en la que se constituiría un banco central europeo que se haría cargo de la política monetaria en el conjunto de la Unión y una tercera de establecimiento de paridades fijas entre las monedas comunitarias como paso previo a su desaparición y al lanzamiento de una moneda única común.

El euro se convirtió en enero de 2002 en moneda corriente de doce países europeos.

La Unión Económica y Monetaria (UEM) fue lanzada oficialmente en la ciudad holandesa de Maastricht en 1991, en el marco del tratado de la Unión Europea. Allí se establecieron determinados criterios de convergencia que debían satisfacer las economías comunitarias para acceder a la moneda única: los aspirantes debían lograr la estabilidad en los precios, el saneamiento de sus finanzas públicas, la estabilidad en el tipo de cambio y la convergencia en los tipos de interés a largo plazo. Una pieza fundamental en el proyecto hacia la moneda única era la creación del Banco Central Europeo (BCE), con sede en la ciudad alemana de Francfort del Meno, que desde 1999 asumiría la política monetaria en toda la zona del euro (Alemania, Austria, Bélgica, España, Finlandia, Francia, Países Bajos, Irlanda, Italia, Luxemburgo y Portugal). El Reino Unido, Suecia, Dinamarca y Grecia quedaron inicialmente al margen de la zona del euro: el último, por incumplir los criterios de convergencia macroeconómica, y los tres primeros por su propia voluntad política.

El 1 de enero de 2002 comenzaba a circular físicamente la moneda única europea, el euro, en doce de los quince estados de la Unión (a los once antes señalados se sumó Grecia, tras satisfacer en el último momento los criterios de convergencia). Británicos, suecos y daneses quedaban a la expectativa, pendientes de la evolución de un ambicioso proyecto definitivamente materializado en forma de nuevos billetes y monedas.

Letonia, Estonia, Lituania y Bulgaria. Finalmente, en 1996, solicitaron su adhesión la República Checa y Eslovenia. Estas diez candidaturas, sumadas a las ya existentes de Turquía (1987), Chipre y Malta (1990), forzaron a la UE a adoptar una clara y estricta planificación de las diversas fases (preadhesión, negociación, ajuste) de las que consta todo el proceso, dada su magnitud. En la reunión de Amsterdam de 1997 los países miembros de la UE acabaron por definir su postura. Tras una reunión multilateral, la Unión Europea propuso la apertura de negociaciones con seis de los países solicitantes –República Checa, Estonia, Chipre, Hungría, Polonia y Eslovenia– mientras instaba al resto a adaptar sus políticas nacionales con el objetivo de cumplir con los requisitos impuestos en la cumbre de Copenhague. En octubre de 2002 la comisión proponía de forma no vinculante que se aceptase la integración de la República Checa, Eslovaquia, Hungría, Polonia, Lituania, Letonia, Estonia, Eslovenia, Malta y Chipre en la UE a partir de 2004. La adhesión de Rumania y Bulgaria ha sido pospuesta debido a los problemas económicos que atraviesan dichos países, mientras que la candidatura turca todavía no ha sido aprobada, generándose un intenso debate sobre la «esencia europea» de Turquía.

Indudablemente, la constitución de la «Europa de los 25» es mucho más complicada de lo que aparenta. En primer lugar, la realidad económica de los que pronto serán nuevos miembros de la UE dista mucho todavía de la de sus «anfitriones», lo que puede plantear serios problemas a la armonización monetaria de la Unión. Las dificultades causadas por la reunificación alemana –que unió la economía más poderosa de Europa occidental con una de las más estables de la época comunista– pueden ser un buen ejemplo de lo que ocurrirá en 2004. En segundo lugar, la transición democrática de estos países todavía no ha terminado y esto plantea numerosos problemas jurídicos. También es cierto que, como ocurriera con España en 1985, la UE busca con la adhesión facilitar la plena instauración de sistemas democráticos en estos países, facilitando un marco y un programa de ayudas que eviten la desestabilización interna de estos países. Finalmente, queda un último problema por resolver: en 2004, la UE integrará a 25 países y casi 500 millones de habitantes, lo que aumentará el número de representantes y delegados en todas las instituciones europeas. El gigantismo que esto supondría haría de la UE un ente inmanejable y carente en realidad de cualquier fuerza a nivel interno y externo. Es por tanto absolutamente necesaria una remodelación de sus estructuras.

En el Consejo Europeo de Amsterdam de 1997 se lanzó el histórico proceso de ampliación de la Unión hacia el este. En la foto, acto de la firma en octubre de ese mismo año del Tratado de Amsterdam, que introdujo una serie de reformas institucionales con vistas a la ampliación.

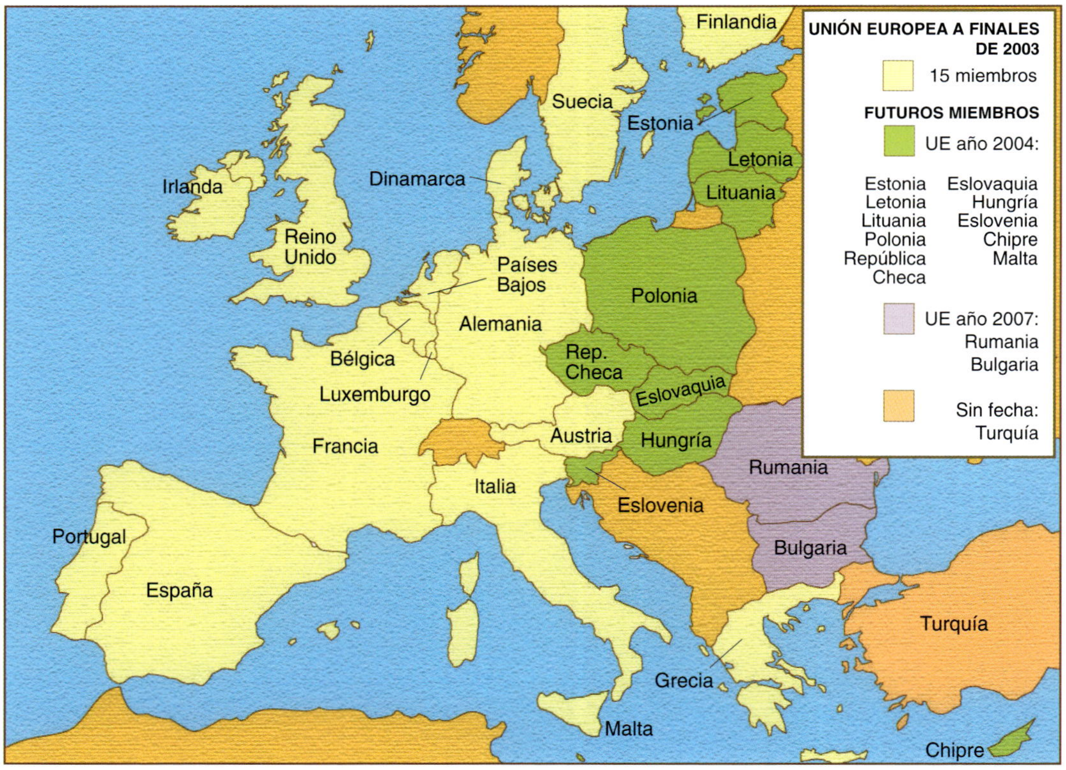

La UE a finales de 2003 y las previsiones de ampliación en el futuro.

Instituciones de la Unión Europea

El proceso de construcción de una Europa unida requiere la creación y uso de una amplia serie de «herramientas» jurídicas, políticas y administrativas que desde los años sesenta, cuando comenzó a ser una realidad el organismo supranacional, se han venido desarrollando hasta alcanzar un grado de complejidad similar al de cualquiera de los países miembros. El juego político que ha caracterizado hasta ahora a la Unión Europea ha hecho que las instituciones europeas estén caracterizadas por la complejidad y que, en muchos casos, sus poderes queden limitados a las negociaciones bilaterales entre los pesos pesados de la UE (especialmente Francia y Alemania). Sin embargo, a nadie le puede quedar la menor duda de que estas instituciones serán la base sobre la que se cimentará el futuro de la Unión.

El español José María Gil Robles, uno de los presidentes que ha tenido el Parlamento Europeo.

El Parlamento Europeo. Ubicado en Estrasburgo, por razones históricas sus comisiones también trabajan en Bruselas y Luxemburgo. Aunque en principio fue un organismo simbólico, el tratado de Maastricht (y posteriormente el de Amsterdam) reguló de forma importante sus atribuciones y composición, conformándolo a semejanza de los parlamentos nacionales

Los partidos políticos europeos

Los miembros del Parlamento son elegidos cada cinco años mediante la convocatoria de elecciones de ámbito nacional. A dichas elecciones concurren los partidos políticos de cada país, distribuyéndose el número de escaños asignados a cada nación según el porcentaje de votos obtenido. Es decir, en las últimas elecciones celebradas para el Parlamento Europeo (1999), de los 64 escaños que correspondían a España, el PP obtuvo 28 (39,7%), el PSOE 24 (35,3%), etc. Si cada partido político pudiera formar su propio grupo parlamentario, el hemiciclo sería verdaderamente ingobernable debido al número de formaciones (más de cien) y a la defensa de intereses particulares que en realidad no tienen cabida dentro de la UE. Es por ello que el Parlamento se organiza en una serie de grupos parlamentarios que engloban a los partidos según su ideología política. Estos grupos son, ordenados por número de diputados:

Sesión plenaria del Parlamento Europeo de Estrasburgo.

Partido Popular Europeo –Demócrata-cristianos– y Demócratas Europeos (PPE-DE): en el que está incluido el Partido Popular español.

Partido de los Socialistas Europeos (PSE): en el que está el PSOE.

Partido Europeo de los Liberales, Demócratas y Reformistas (ELDR): en el que se integran coaliciones españolas de carácter regionalista como Convergencia Democrática de Cataluña o Coalición Canaria.

Verdes Alianza Libre Europea (ALE): en el que están partidos ecologistas y otros de carácter independentista (Ezquerra Republicana, Bloque Nacionalista Galego).

Grupo Confederal de la Izquierda Unitaria Europea/Izquierda Verde Nórdica (GUE/NGL): cuyo representante español es Izquierda Unida.

Unión por la Europa de las Naciones (UEN): aglutinador de tendencias populistas como Alianza Nacional de Le Pen, pero sin participación española.

Europa de las Democracias y las Diferencias (EDD): agrupa a partidos soberanistas (antieuropeístas) deseosos de retirar a sus respectivos países de la UE.

Jefes de estado y de gobierno de la Unión en el Consejo Europeo de Colonia de junio de 1999.

de los países miembros, pero sin rehuir su compromiso europeísta. Sus competencias, compartidas todavía por el Consejo Europeo, abarcan la aprobación de leyes y reglamentos, el control presupuestario, la designación de los miembros de la Comisión y, en general, la vigilancia política del conjunto de las instituciones.

En la actualidad, el Parlamento Europeo consta de 626 diputados. Desde 1979 son elegidos cada cinco años por sufragio universal, adoptándose determinadas normas democráticas comunes, como el derecho a voto a los 18 años, la igualdad entre sexos y el voto secreto. A partir del tratado de Maastricht, todos los ciudadanos de un país miembro residentes en otro estado de la UE pueden votar o ser elegidos en su país de residencia, que se encarga de pagarles el salario estipulado (el cual es igual al de los diputados del parlamento nacional).

El luxemburgués Jacques Santer, presidente de la Comisión Europea desde 1995 hasta 1999.

El Consejo de la Unión Europea. Es el principal órgano de decisión dentro de la UE, aunque desde el tratado de Maastricht comparte algunas de sus atribuciones con el Parlamento Europeo. Entre sus funciones esenciales se encuentran el ostentar el poder legislativo de la Unión, la coordinación de las políticas económicas (y presupuestarias), policiales y judiciales y la representación a nivel internacional de la UE. La capacidad legislativa y presupuestaria del Consejo está compartida con el Parlamento mientras que, en materia internacional, la creación de la Agencia de Política Exterior y Seguridad Común (PESC) ha transferido muchas de las actuaciones de la UE en conflictos como la guerra de Yugoslavia en manos de su director, en este caso alto representante, Javier Solana.

El Consejo está compuesto por un representante de rango

El italiano Romano Prodi fue elegido presidente de la Comisión Europea en 1999.

ministerial designado para tal función por cada estado miembro. Dada la amplitud de las funciones del Consejo, estos representantes varían según la cuestión a tratar. A las reuniones del Consejo concernientes a política exterior acuden los ministros de asuntos exteriores; a las de política financiera asisten los ministros de hacienda, etc. Las decisiones se toman mediante el sistema de mayoría cualificada, aunque no según el principio de «un país, un voto» sino mediante la ponderación de los votos de acuerdo a la población de cada nación. Para evitar que gigantes europeos como Alemania ahoguen a otros más pequeños como Luxemburgo, el Consejo adoptó un factor de corrección que posibilita a los países menos poblados el ejercer el derecho de voto siempre y cuando alcancen el 38% del total.

La Comisión Europea. Las primitivas comisiones del Carbón y el Acero, la Comunidad Europea y el Euratom se fusionaron a partir de 1967 en una única institución: la Comisión Europea. La Comisión reúne a 20 comisarios (Alemania, Reino Unido, Francia, Italia y España, tienen dos cada uno), nombrados por los estados miembros y aprobados por el Parlamento Europeo. Su actual presidente es el italiano Romano Prodi. Las competencias de la Comisión se dirigen a realizar propuestas de ley al Consejo y al Parlamento, velar por la ejecución y cumplimiento de las leyes aprobadas y negociar acuerdos internacionales, especialmente en materia de comercio.

Sede del Tribunal Superior de Justicia de la Unión Europea en Luxemburgo.

Tribunal de Justicia. Justifica su existencia en la necesidad de disponer de una institución supranacional que entienda los casos en que se han agotado las vías judiciales de cada país. Se compone de quince jueces y nueve abogados, elegidos por un periodo de seis años. Tras su creación en 1952, ha sufrido varias modificaciones dado el aumento y complejidad de los sumarios recibidos. Las sucesivas sentencias han ido creando la jurisprudencia que está dando lugar a la formación del derecho comunitario aplicable a la nueva situación.

Al Tribunal de Justicia pueden acudir tanto particulares como empresas, países o incluso instituciones comunitarias necesitadas de una sentencia clarificadora y vinculante. Sus competencias abarcan principalmente los recursos por omisión, incumplimiento o pasividad en la aplicación de las leyes comunitarias; determina las responsabilidades y/o indemnizaciones resultantes de los daños causados por miembros o instituciones; resuelve los recursos de casación y sirve, como órgano consultivo, en las frecuentes dudas planteadas por jueces o judicaturas de los distintos países.

El holandés Wim Duisenberg, presidente del Banco Central Europeo.

Otros organismos. Dado el aumento de las atribuciones concedidas por los estados miembros a la Unión Europea, con el tiempo ha ido incrementándose el número de sus instituciones. Entre otras, aparte de las ya mencionadas, se pueden destacar el Tribunal de Cuentas (que asegura el correcto uso financiero de los fondos comunes, controlando los ingresos y gastos de la Unión), el Banco Central Europeo (que aplica la política monetaria europea, garantizando con su actividad el funcionamiento de los sistemas de pago y las

La enfermedad de las «vacas locas»

Ganado vacuno en una explotación ganadera del Reino Unido.

La encefalopatía espongiforme bovina, más conocida como mal de las «vacas locas», sembró el pánico en 1996 entre los ganaderos, las autoridades sanitarias y los consumidores de toda Europa. En marzo de ese año el gobierno del Reino Unido daba a conocer los resultados de un estudio sobre una nueva enfermedad neurológica del vacuno británico que podía guardar relación con la aparición en las personas de una patología parecida al síndrome de Creutzfeldt-Jakob. Inmediatamente a la publicación del informe, la Unión Europea decretaba un embargo de toda la carne de vacuno proveniente del Reino Unido, una decisión secundada en días posteriores por unos cuarenta países. La prohibición comunitaria se amplió al ámbito extracomunitario, afectando con carácter indefinido a la carne, los animales vivos y todo tipo de derivados (semen y embriones inclusive).

El mal de las «vacas locas» es una enfermedad del ganado vacuno que causa una degeneración progresiva del tejido cerebral y de la médula espinal. La afección, de carácter mortal, produce alteraciones en el equilibrio y la coordinación motora, así como espasmos musculares, temblores y demencia. Los científicos atribuyen la patología a una especie de estructuras proteicas denominadas priones. La encefalopatía espongiforme bovina se transmite al hombre, en forma de variante del síndrome de Creutzfeldt-Jakob, mediante la ingestión de carne de bovino afectado por la enfermedad. En los humanos, en los que el periodo de incubación puede ser de hasta treinta años, la mortal afección se manifiesta primero con alteraciones visuales; posteriormente, la enfermedad sigue un curso similar a la de las «vacas locas».

En 1996 murieron en el Reino Unido a causa del mal de las «vacas locas» unas ocho mil reses. Al año siguiente, la mortandad se redujo a la mitad, volviendo a experimentar un nuevo descenso en 1998. Por su parte, la variante de la enfermedad de Creutzfeldt-Jakob asociada a las «vacas locas» –la que afecta a los humanos– ya se había cobrado a finales de 1997 27 muertos, todos ellos en territorio británico a excepción de una víctima en la ciudad francesa de Lyon.

En el origen de las «vacas locas» está la práctica generalizada hasta mediados de la década de 1990 de alimentar a la cabaña vacuna con piensos de carácter animal, fabricados a partir de despojos de ovejas. La presencia en estos piensos de tejido cerebral contaminado por el *scrapie* (patología del ganado ovino, similar a las «vacas locas», conocida desde dos siglos antes) hizo que el mal pasase al ganado bovino. El mecanismo de transmisión es el mismo que el del kuru, una enfermedad endémica de la isla de Nueva Guinea relacionada con la ingestión ritual de cerebros humanos.

Clausura del Consejo Europeo de Niza de diciembre de 2000, en el que se aprobó un nuevo reparto de las cuotas de poder dentro de la Unión.

operaciones de cambio), el Defensor del Pueblo Europeo (con funciones similares a sus homólogos nacionales) y la Europol (o policía europea, encargada de llevar a cabo y coordinar las actuaciones policiales requeridas por los estados miembros).

Se diferencian, además, diversos órganos consultivos y quince agencias especializadas, creadas para la gestión de asuntos concretos. Cabe citar entre estas últimas la Agencia Europea del Medio Ambiente, el Observatorio Europeo de la Droga y las

Toxicomanías, la Agencia Europea para la Evaluación de Medicamentos y la Agencia Europea de Seguridad Alimentaria, que desempeñó un papel destacado en la gestión de la llamada crisis de las «vacas locas», a mediados de la década de 1990.

Tras rechazar un año antes en referéndum el Tratado de Niza, los irlandeses volvieron a pronunciarse sobre el mismo en 2002, en esta ocasión con un resultado afirmativo. En la imagen, conferencia de prensa del gobierno irlandés tras hacerse público el resultado de la consulta.

El futuro de Europa: la convención europea

Desde el primer momento las perspectivas de una ampliación de la UE de la magnitud de la planteada para el año 2004 abrieron un intenso debate entre los países miembros. Aparte de las consideraciones eminentemente materiales, como el futuro de los fondos de cohesión o los nuevos presupuestos, gran parte de los líderes europeos se vieron asaltados por una duda: ¿hasta qué punto podían las instituciones comunitarias soportar, sin perder eficiencia, la ampliación? El gigantismo y la complejidad de las instituciones, tras las incorporaciones de 1995, eran ya evidentes; en 2004 y años sucesivos, la UE incorporaría a doce nuevos países y más de cien millones de habitantes.

Las conversaciones sobre esta cuestión, iniciadas ya desde la década de los 90, acabarían llevando a los países miembros a convocar una conferencia intergubernamental para el año 2000. En diciembre de dicho año, en la ciudad francesa de Niza, se reunieron los jefes de estado y de gobierno con el objetivo de discutir las reformas logísticas que conllevaría la ampliación. En principio, las discusiones se basaron simplemente en cómo abría que adaptar los mecanismos ya existentes para dar cobijo a los nuevos miembros. Así, se fijó el tamaño del nuevo Parlamento (de 626 a 732 escaños), el sistema de rotación presidencial del Consejo de Europa, la ponderación de los votos, etc. Las implicaciones que estas modificaciones tendrían en el equilibrio de poder dieron lugar a agrias discusiones, calificadas por algunos como «poco edificantes», lo que haría que la firma de los acuerdos, conocidos en su conjunto como tratado de Niza, se demorase hasta febrero de 2001.

A pesar de todo, el tratado de Niza era para muchos insuficiente. El presidente de la Comisión, Romano Prodi, ya había avisado de que con las decisiones tomadas en Niza se solucionaban tan sólo las cuestiones «aritméticas», pero no el problema de la eficiencia. Si las instituciones comunitarias ya eran consideradas por muchos europeos como ineficientes, complejas y sujetas a los intereses nacionales de cada uno de los países miembros, echar números no mejoraría su imagen. Para Prodi y sus allegados la cuestión de la ampliación era algo más que simplemente numérica, pues atañía a la propia esencia de la UE.

La convención europea. En diciembre de 2001, en Laeken (Bélgica), los principales líderes europeos aceptaron el reto propuesto por Prodi. Se crearía una comisión, denominada «Convención para el futuro de Europa» en recuerdo de la convención de Filadelfia de 1779, para que estudiase los problemas que planteaba la ampliación de la UE y

El ex presidente francés Valéry Giscard d'Estaing asumió a comienzos del siglo XXI la presidencia de la convención europea, encargada de redactar una nueva constitución para la Unión.

Wim Duisenberg, presidente del Banco Central Europeo, presenta en 2001 los billetes de euro que empezarían a circular a partir del 1 de enero de 2002.

aportase propuestas para su solución más allá de las simples cábalas numéricas. La convención debería presentar sus conclusiones en marzo de 2003 con el objetivo de someterlas al visto bueno del Consejo de la UE y llamar a referéndum para su aprobación en los distintos países. En caso de ser finalmente aceptadas, las reformas propuestas podrían ser implantadas antes o durante 2004, fecha en la que se incorporarían los nuevos miembros.

La labor de dirigir la convención, compuesta por 105 miembros representando a los países miembros, los candidatos y las instituciones europeas, fue encargada a Valery Giscard d'Estaing. Los líderes políticos de los países miembros de la UE sabían muy bien a quién le habían encargado el trabajo: el antiguo presidente francés Giscard d'Estaing siempre se había mostrado partidario de la creación de unos Estados Unidos de Europa y, de hecho, su labor fue importantísima a la hora de que se aceptase finalmente la candidatura británica en los años 60. Con su nominación como presidente de la convención, los países miembros aceptaban implícitamente estudiar la remodelación casi total de la UE.

La nueva constitución europea. Aunque la labor de la convención se suponía que debía mantenerse en relativo secreto hasta la presentación definitiva de sus conclusiones en 2003, lo cierto es que en la actualidad se conocen algunas de las que serán sus propuestas. Las más destacada de todas ellas son las referentes a una nueva constitución que vendría a sustituir a los tratados constitutivos de las comunidades europeas, algunos de ellos, como el de la CECA, caducados recientemente y todavía sin renovar. Dada la importancia de semejante proyecto, no es de extrañar que los miembros de la convención prefiriesen lanzar el rumor sobre su existencia para luego «verse obligados» a presentar un breve informe sobre ello y conocer la reacción pública.

«Una Unión de Estados Europeos que, manteniendo la identidad nacional, coordine la política a nivel europeo y, siguiendo el modelo federal, homogeneice ciertas competencias.»

Artículo 1º del proyecto constitucional europeo
Convención para el futuro de Europa.

El proyecto constitucional consta de tres partes, de las cuales la más relevante será la primera, dado que las siguientes serán simplemente una refundición de los textos ya existentes (sólo se prevé reescribir un 17% de estos) y un breve sumario. En la primera parte, sin embargo, se recogen algunas propuestas que, aunque todavía sin desarrollar, podrían cambiar la fisonomía institucional de la UE. Así, por ejemplo, la convención propone conjugar la visión federalista con la soberanista.

Este texto permite concebir para el futuro, en primer lugar, un cambio nominal de la Unión Europea. Ante las propuestas inmovilistas que sugieren mantener el nombre actual o incluso retornar al de Comunidad Europea, surgen otras que promueven la idea de Churchill de crear unos Estados Unidos de Europa o una Europa Unida. En segundo lugar, parece evidente que el mantenimiento de la «identidad nacional» se basará en una doble ciudadanía, la ya existente y una nueva, basada en los principios de Maastricht, que podría definirse como «europea». El tema de la homogeneización institucional parece más complejo, y por ahora sólo es

El canciller democristiano alemán Helmut Kohl fue, durante su largo mandato entre 1982 y 1998, uno de los grandes defensores del proyecto de construcción europea.

probable la constitución de un único órgano judicial (en la actualidad, las decisiones de los tribunales europeos ya anulan las de los nacionales).

El proyecto ya ha levantado las primeras polémicas. Por una parte, aunque parece evidente que se mantendrá la Carta de derechos fundamentales (modelada sobre la Declaración universal de los derechos humanos), quedan por resolver temas como la definición religiosa de la Unión: mientras así los gobiernos alineados con el PPE defienden la mención expresa a la defensa de los valores cristianos como forma de resaltar la tradición cultural de la civilización occidental, el PSE aboga por obviar dicha referencia, asegurándose así la laicidad estatal.

Por otra parte, existe un tórrido debate sobre la división de poderes dentro de la propia Unión Europea. Las dos corrientes más importantes discuten sobre la idoneidad de crear la figura de un presidente permanente y concentrar todo el poder en el Consejo de la Unión (la idea británica de que sólo los países importantes europeos formasen este Consejo ha sido totalmente descartada) o bien mantener el actual sistema. Esta última es la opción favorecida por los países más pequeños, ya que la otra permitiría a los «grandes», capaces de ejercer una mayor presión sobre las instituciones, dictar la política más conveniente para ellos. En este contexto, es importante reseñar el entendimiento existente entre Francia y Alemania, cuyos presidentes, al margen de las decisiones de la convención, parecen estar llegando a acuerdos constitucionales de forma bilateral. Algunos países como España ya han comenzado a lanzar veladas críticas a este tipo de decisiones que no permiten al resto de países participar en las negociaciones.

Sea como fuere, parece evidente que la primera década del siglo XXI será esencial para Europa. Si ya de por sí es importante el proceso de ampliación de la Unión Europea, la cual integrará como país miembro o como estado asociado a todas las naciones continentales (exceptuando aquellas organizadas en torno a la CEI), parece existir una voluntad firme de dotar a la UE de mayor contenido. Indudablemente, esta última tarea no será fácil ya que quedan todavía muchas cuestiones por resolver. Sin embargo, las Comunidades Europeas fueron creadas justamente con ese fin: llegar a un entendimiento entre las naciones.

Jefes de estado y de gobierno de la Unión Europea en la cumbre de Gante, Bélgica, de 2001.

España: alternancia democrática en el gobierno

La transición pacífica y consensuada que se produjo en España, una vez finalizada la dictadura franquista, dotó al estado de las instituciones requeridas para el funcionamiento de una democracia moderna. En 1975, el discurso de investidura de Juan Carlos I, pronunciado ante las cortes españolas, sentó las bases de lo que llegaría a ser un ejemplo internacional de superación de antiguos agravios y cierre de una época sin afanes revanchistas. En 1977 se celebraron las primeras elecciones libres y democráticas que dieron el poder a la coalición Unión de Centro Democrático (UCD), liderada por Adolfo Suárez, con un 33% de los votos, seguida por el Partido Socialista Obrero Español (PSOE) que obtuvo el 28% y Alianza Popular (AP) con el 26%; es decir, la mayoría centrista obtuvo una victoria no excesivamente holgada. En 1979, tras haberse aprobado la Constitución un año antes, se volvieron a convocar nuevas

El rey Juan Carlos I.

elecciones que, aunque ganadas de nuevo por la UCD, vieron la consolidación del PSOE como fuerza política a tener en cuenta para el futuro.

El socialista Felipe González, presidente del gobierno español desde 1982 hasta 1996.

El ascenso del PSOE: Felipe González

El Partido Socialista Obrero Español (PSOE) tuvo en Felipe González Márquez al líder que se precisaba en una época de escasa cultura política, en la que las individualidades eran mejor percibidas que los programas de partido. Sevillano, nacido en 1942, el joven abogado laboralista que había sido militante de las Juventudes Universitarias de Acción Católica y de las Juventudes Obreras Católicas, de tendencia democristiana, se afilió a los veinte años a las Juventudes Socialistas y más tarde ingresó en el PSOE que, como el resto de partidos políticos, estaba prohibido en España desde 1939. Obligado por tanto a la clandestinidad, en 1971 fue detenido por participar en manifestaciones contra el régimen franquista. Poco después, Felipe González sería elegido para el cargo de secretario del partido, sucediendo en el mismo al veterano Rodolfo Llopis Ferrándiz, durante el XXVI congreso. Indudablemente la elección de González (apoyado por figuras europeas de la talla de Olof Palme y Willy Brandt), evidenciaba la voluntad de renovación de un partido que sustituía al sector histórico por las nuevas figuras, generacionalmente más cercanas a la realidad española del momento.

En 1975, muerto Franco, González lideró junto a Santiago Carrillo la fusión de la Plataforma de Convergencia Democrática con la Junta Democrática de España. Dos años más tarde se produjeron tanto la legalización del PSOE y del Partido Comunista (PCE) como la convocatoria de las primeras elecciones constituyentes (15 de junio de 1977), en las que el PSOE obtuvo 118 escaños apoyándose en la consigna del «voto útil», que le permitió superar al PCE y situarse como la segunda fuerza política del país.

Convertido en líder de la oposición, González presentó un discurso contrario a la OTAN (del que más tarde debería despren-

Alfonso Guerra, vicepresidente del gobierno entre 1982 y 1991.

Felipe González junto al socialdemócrata alemán Willy Brandt en una reunión de la Internacional Socialista.

derse), y tanto él como su hombre de confianza, Alfonso Guerra, mantuvieron una durísima actividad parlamentaria frente al gobierno de la UCD presidido por Adolfo Suárez, que se veía en la difícil situación de encauzar la transición, responder al PSOE y, simultáneamente, intentar que su precaria coalición se mantuviera unida, todo ello sin disponer de la mayoría absoluta. El dirigente ucedeista sufrió también las consecuencias económicas derivadas de las subidas de los precios del petróleo en los años 70, que incidieron negativamente en la situación económica del país.

En cuanto a la política interna del partido, Felipe González propuso eliminar la doctrina marxista del PSOE para convertirlo en un partido moderno e interclasista, similar a los pertenecientes a la socialdemocracia europea. A pesar del apoyo obtenido por la Internacional Socialista, que le nombró vicepresidente, su ponencia al respecto de la cuestión marxista fue rechazada en el XXVIII congreso del partido (16 de mayo de 1979). Tras la derrota, dimitió de su cargo como secretario general, pero en un congreso extraordinario celebrado en septiembre del mismo año volvió a ser reelegido con el contundente apoyo del 85,9% de los votos. El marxismo fue eliminado definitivamente del programa político del PSOE.

El PSOE en el poder (1982-1996)

Si el PSOE se había acercado ya considerablemente al éxito

Toma de posesión en diciembre de 1982 de los ministros del primer gobierno de Felipe González.

Operaciones de forja y laminado en una planta siderúrgica de Avilés (Asturias), una de las comarcas más afectadas por la reconversión industrial emprendida por los socialistas en la década de 1980.

electoral en 1979, ratificándose como la única alternativa al gobierno de la UCD. Las elecciones de 1982 le otorgaron una victoria sin precedentes: el 48,4% de los votos y 202 diputados. Por primera vez en la historia de España un partido de izquierdas obtenía el apoyo de casi la mitad de los españoles. Este apoyo se debió en gran parte a las promesas lanzadas por el PSOE durante la campaña electoral. Si en las primeras elecciones se había apelado al «voto útil», las que llevaron al PSOE al poder con mayoría absoluta se apoyaron en el «cambio». La sociedad española permanecía expectante ante la anunciada variación de rumbo: unos deseaban ver hechas realidad las reformas necesarias para asimilarse a un país europeo y otros, los más conservadores, temían que los cambios fueran excesivamente radicales y poco asumibles para un sector de la población que todavía tenía cierta nostalgia de etapas anteriores.

El gobierno socialista en los 80. La investidura de Felipe González como presidente del gobierno se produjo el 1 de diciembre de 1983 y dos días después, tras prestar juramento ante el rey Juan Carlos I, presentó su primer gabinete de ministros, formado principalmente por miembros jóvenes del partido que poseían una sólida formación cultural. El primer gobierno socialista desarrolló tres líneas básicas: afianzamiento de la todavía frágil democracia, impulso a las reformas necesarias para alcanzar el denominado «estado del bienestar» y ruptura del aislamiento internacional producto de los largos años de dictadura.

Las medidas adoptadas por el socialismo en el ámbito social incluyeron la mejora de las oportunidades educativas, el inicio de lo que representaría más tarde la profesionalización de las Fuerzas Armadas, el impulso a leyes más igualitarias para las mujeres y la creación de medios destinados a la protección económica de los menos favorecidos. La Ley Orgánica de Reforma del Código Penal, que regulaba el divorcio, así como la despenalización parcial del aborto (en los tres supuestos: criminológico, eugenésico y terapéutico), promulgada el 5 de julio de 1985, supuso un cambio fundamental en la vida cotidiana del país.

Las reformas estructurales de la economía, consideradas inevitables por el PSOE, especialmente centradas en la reestructuración integral de la minería y la siderurgia, convirtieron al año 1983 en una época difícil en la que los numerosos despidos laborales ensombrecieron el panorama económico. La promesa hecha por Felipe González en la campaña electoral, referida a la creación de 800.000 puestos de trabajo, no sólo parecía imposible de conseguir sino que los datos mostraban que se estaba produciendo un aumento del número de parados.

El ministro de economía y hacienda, Miguel Boyer (izquierda), y el de industria y energía, Carlos Solchaga, explican en febrero de 1983 en una rueda de prensa conjunta las razones de la expropiación del holding Rumasa.

El 23 de febrero de 1983 (fecha que recordaba el fallido golpe de estado

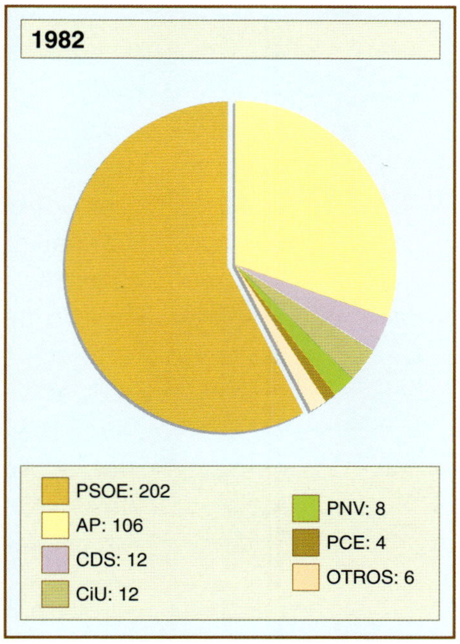

Composición del Congreso de los Diputados español tras las elecciones de 1982.

de dos años atrás), el gobierno expropió por decreto el holding empresarial Rumasa. Las razones esgrimidas para una medida tan singular consistieron en la situación de quiebra encubierta del grupo empresarial y la necesidad de proteger los ahorros bancarios de los depositarios y los 60.000 puestos de trabajo. La oposición parlamentaria criticó abiertamente la drástica medida, tanto por el fondo como por la precipitación y escasa claridad del procedimiento.

Algunos indicadores económicos, como la inflación cercana al 15%, preocupaban al gobierno. A semejanza de los socialistas franceses, el PSOE intentó combinar los intereses del mercado con los sociales, creando un clima de confianza suficiente para que el gran capital y las organizaciones patronales accedieran a no interferir en las propuestas gubernamentales e incluso firmaran acuerdos económicos y sociales. Éstos fueron posibles en gran medida gracias a la insistencia gubernamental en la necesidad de flexibilizar el mercado laboral para favorecer la creación de puestos de trabajo, medida que sin duda favorecía los intereses empresariales.

En lo referente a las expectativas en cuanto a la proyección internacional, el 12 de junio de 1985 se produjo la adhesión de España a la Comunidad Europea, reconociéndose de este modo la presencia del país en los organismos y foros propios de los países de su entorno geográfico, político y cultural.

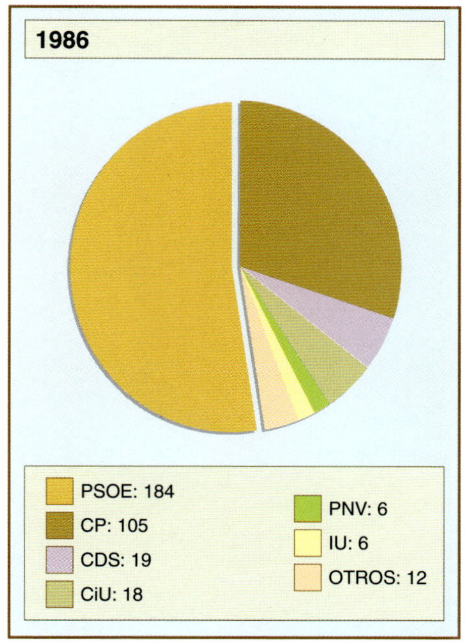

Reparto parlamentario en el Congreso después de los comicios de 1986.

La segunda legislatura. Las elecciones de 1986 confirmaron la supremacía del PSOE, que obtuvo por segunda vez consecutiva la mayoría absoluta parlamentaria. En este periodo las cifras macroeconómicas mejoraron considerablemente, con un descenso de la inflación y la entrada masiva de capital extranjero atraído por los altos tipos de interés y las posibilidades que el país ofrecía a los inversores. Sin embargo, los trabajadores, representados por los sindicatos, ya habían empezado a manifestar su descontento con la situación laboral, que tendía a ser más precaria e inestable, acusando al gobierno de ser más proclive a favorecer a los

Ceremonia de la firma en Madrid en junio de 1985 del tratado de adhesión de España a la Comunidad Europea.

Nicolás Redondo, líder histórico del sindicato Unión General de Trabajadores (UGT).

empresarios que a los propios trabajadores. El malestar se había plasmado ya en la huelga general del 20 de junio de 1985, convocada incluso por la central sindical UGT (vinculada al Partido Socialista), como forma de protesta contra la reforma legal de la Seguridad Social. Tres años más tarde el anunciado Plan de Empleo Juvenil, junto al recorte en los salarios de los funcionarios, provocó la segunda huelga general que paralizó totalmente el país. A pesar de estas protestas, el PSOE conseguiría revalidar su mandato en las legislativas de 1989.

Como contrapartida a estas medidas laborales de carácter liberal, el PSOE buscó plasmar su ideología izquierdista en el ámbito de lo social. Los indudables logros sociales exhibidos por el gobierno en su segunda etapa pueden concretarse en la extensión de la escolaridad obligatoria y gratuita hasta los 16 años; el incremento del número de pensionistas, incluyendo a personas que pese a no haber cotizado se encontraban en situación de necesidad, y la ampliación de la cobertura sanitaria a la práctica totalidad de los españoles.

Por otra parte, se acabó por afianzar la democracia gracias a la importante reforma del ejército. La amenaza de una involución militar seguía constituyendo un motivo de preocupación, por lo que el ministro de defensa, Narcís Serra, buscó avanzar en la profesionalización del ejército. En este sentido hay que destacar la entrada de España en la OTAN, una decisión muy polémica pero que, indudablemente afianzó el restablecimiento de las relaciones entre España y el resto de occidente.

La política internacional. Durante las primeras legislaturas del PSOE fue especialmente importante la actividad en política exterior, proclive a publicitar la «normalidad democrática»

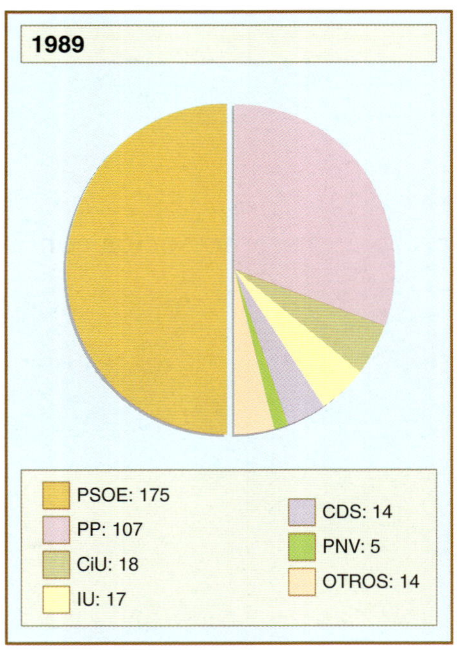

Resultados de las legislativas de 1989.

Narcís Serra, ministro de defensa de los primeros gobiernos de Felipe González.

alcanzada por España y, por tanto, la idoneidad de reanudar los contactos con otros países, relaciones que habían quedado gravemente dañadas durante la dictadura. Cuatro serán los ejes fundamentales de esta política exterior: Europa, Estados Unidos, mundo árabe y América Latina.

En el primer caso, el éxito más importante fue sin duda la culminación del proceso de integración en la CEE, iniciado por la UCD y ratificado definitivamente por el PSOE en 1985. En este aspecto jugaron un papel sumamente importante las fluidas relaciones con la Alemania de Helmut Kohl. Francia se había mostrado escasamente favorable a las aspiraciones españolas de entrar en la CEE, ya que esto hubiese supuesto una importante competencia para el sector agrícola francés. Así pues, el apoyo del canciller alemán resultó decisivo para conseguir no sólo la plena integración, sino un reparto favorable de las ayudas

Gibraltar reclama su soberanía

El futuro político del peñón de Gibraltar fue objeto de arduas conversaciones entre las autoridades británicas y españolas desde la apertura en 1985 de la verja que separa a la colonia británica del vecino territorio español.

El estratégico peñón de Gibraltar, a la entrada del estrecho del mismo nombre que separa las aguas del océano Atlántico de las del mar Mediterráneo, es desde el tratado de Utrecht (1713) piedra de discordia entre el Reino Unido y España. Casi trescientos años después de haber pasado a la soberanía británica, este enclave sigue exhibiendo con orgullo en pleno siglo XXI el pabellón del Reino Unido y no quiere oír hablar de soberanías compartidas ni, por supuesto, de una eventual devolución a España en un futuro lejano.

El 7 de noviembre de 2002 se celebró un referéndum en la roca convocado por el ministro principal Peter Caruana, en el que una abrumadora mayoría –el 99% de los sufragios, con una participación del 88%– de los veinte mil gibraltareños, o llanitos, se mostró en contra de una posible soberanía compartida del peñón entre españoles y británicos. Era la respuesta de los ciudadanos de Gibraltar a la iniciativa política conjunta de Tony Blair y José María Aznar, fruto de muchos años de negociación entre España y el Reino Unido para dar una solución al contencioso de la colonia. Pese a la negativa de los llanitos, los gobiernos de Londres y Madrid no reconocieron validez alguna a la consulta y aseguraron que el proceso negociador no se detendría. Lo cierto es que, conforme a la letra del tratado de Utrecht, la roca nunca podría configurarse como un estado independiente: o sigue siendo británica o retorna de nuevo a España.

Además del espinoso asunto de la soberanía, otro aspecto conflictivo en las negociaciones hispano-británicas relativas a Gibraltar es el uso de su aeropuerto, construido en su día sobre terrenos no cedidos a la colonia. En 1987 se acordó un uso civil conjunto de estas instalaciones aeroportuarias, así como la construcción de una terminal en la vecina localidad española de La Línea de la Concepción. Sin embargo, las autoridades locales de Gibraltar bloquearon entonces el acuerdo con la aquiescencia británica.

Pero la cuestión sin duda más conflictiva es la condición de Gibraltar como paraíso fiscal, refugio para operaciones ilícitas –sobre todo de contrabando– y centro de blanqueo de capitales. Según las autoridades españolas, esto ha supuesto multimillonarias pérdidas para el tesoro público español en concepto de evasión de impuestos. Los privilegios fiscales y económicos del peñón explican el elevado nivel de vida de sus ciudadanos, cuya renta per cápita duplica a la de sus vecinos españoles. Aparte de cuestiones de índole sentimental –muchos llanitos siguen asociando la bandera española a la antigua dictadura franquista, responsable del levantamiento de la verja que separa a la colonia de España–, los gibraltareños no quieren ver rebajado su nivel de vida con una hipotética integración en el estado español.

y subvenciones de los fondos europeos. España devolvería el favor apoyando la reunificación alemana después de la caída del muro de Berlín.

En lo que se refiere a Francia, las constantes protestas españolas por la actitud adoptada por los sucesivos gobiernos galos respecto a los integrantes del grupo terrorista ETA, que encontraban refugio en suelo francés, obtuvieron una cierta respuesta formal de cooperación en la lucha antiterrorista, al convertirse ambos países en socios comunitarios, aunque otros temas, como la competencia en los mercados agrícolas, no permitieron alcanzar el entendimiento pleno.

Por otra parte, en febrero de 1985 se abrió simbólicamente la verja de Gibraltar, que impedía la comunicación entre el peñón y el resto de la península desde 1969. Se iniciaron al mismo tiempo conversaciones bilaterales para encontrar una salida al problema que presentaba la presencia de una colonia británica en suelo español. La complejidad de la situación impidió que tanto los gobiernos socialistas como los posteriores de la etapa liderada por José María Aznar lograran avances visibles en la solución del problema gibraltareño.

Con respecto a las relaciones españolas con los Estados Unidos, éstas fueron relativamente tensas en la primera época. La ideología

La cuestión de la OTAN

Inicialmente, la postura del PSOE era totalmente contraria al ingreso de España en la organización atlántica, aunque con el paso del tiempo los socialistas se vieron obligados a variar desde el no rotundo, pasando por un sí inseguro, hasta el apoyo más o menos encubierto. Después de una época de discursos contradictorios y vagos, González, que veía la imperiosa necesidad de pertenecer a la alianza, pasó a defender la permanencia en la OTAN, siempre dentro de las condiciones expresadas en 1982 (participación en las instancias civiles y militares pero sin formar parte de la estructura propiamente dicha). Sin duda una extraña forma de participar en un grupo de mutua defensa.

En el referéndum sobre el ingreso en la OTAN, celebrado el 12 de marzo de 1986, la confusa propuesta socialista obtuvo un ajustado 52,5% de los votos favorables. Fue, en cualquier caso, una consulta rodeada de polémica, ya que se produjo un 40,2% de abstención. España entraba a formar parte de la OTAN a pesar del desconcierto de una buena parte del electorado, que no terminó de entender los motivos del cambio de postura, el significado de la pregunta objeto del referéndum ni las posibles repercusiones de su resultado.

Manifestación en 1984 en contra de la permanencia de España en la OTAN.

socialista del PSOE fue en un principio expresada por los dirigentes del partido con proclamas claramente antiestadounidenses («¡OTAN no, bases fuera!»). Sin embargo, no hay duda de que la integración de España en Europa requería a su vez que el gobierno moderase su postura y propugnase el acercamiento a Washington. Así, en 1983 quedó ratificado el pacto bilateral de amistad y cooperación entre España y Estados Unidos, un tratado que databa de la época franquista. Posteriormente, la entrada en la OTAN sería el colofón al restablecimiento de las buenas relaciones entre ambos países.

El ingreso de España en la OTAN supuso, directa o indirectamente, la participación del ejército español en diversos conflictos internacionales. Al producirse la guerra del golfo, González actuó como aliado de los EE.UU., enviando naves para sumarse al embargo impuesto a Irak y permitiendo el uso de las bases americanas en su ruta hacia el golfo Pérsico. Las protestas de buena parte de la opinión pública consiguieron únicamente que el gobierno español pusiera objeciones a la destrucción de objetivos civiles iraquíes. Las tropas españolas, ya fuera como parte integrante de la OTAN o de los cascos azules de la ONU, también intervinieron en otros conflictos como el de Bosnia-Herzegovina o Namibia.

Aspecto de la Conferencia de Paz de Oriente Medio celebrada en Madrid en 1991 con la participación de palestinos e israelíes.

Al mismo tiempo que se afianzaban las relaciones hispano-estadounidenses, el PSOE buscó un acercamiento al conflictivo mundo árabe, intentando siempre mantener la neutralidad. Así, se establecieron relaciones diplomáticas con Israel el 17 de enero de 1986 y, en agosto del mismo año, la Organización para la Liberación de Palestina (OLP) de Yasir Arafat obtuvo también el reconocimiento oficial para que instalase su sede en Madrid. A esta medida le seguirían otras que fomentarían la tradicional buena relación de España con el mundo árabe (firma con Marruecos del tratado de amistad, buena vecindad y Cooperación el 14 de julio de 1991). Esto posibilitaría finalmente que España actuase como interlocutor en el conflicto árabe-israelí, albergando Madrid la conferencia de paz de oriente medio (1991).

Finalmente, los sucesivos gobiernos de Felipe González promovieron también la formación de nuevos canales diplomáticos que reafirmasen las relaciones de España con América Latina. Así, desde 1991 comenzaron a organizarse cumbres iberoamericanas anuales que convertirían a Madrid en el interlocutor por antonomasia de Europa con América Latina. Prueba de ello sería la firma del acuerdo interregional con el Mercosur durante la segunda presidencia española del Consejo de la UE.

El reconocimiento a la labor internacional realizada por España en estos años de gobierno socialista tuvo lugar finalmente en 1992. En dicho año se organizaron los juegos olímpicos en Barcelona, la exposición universal en Sevilla y distintas celebraciones del V centenario del descubrimiento de América. España pudo ofrecer entonces al resto del mundo una imagen de país moderno y preparado para situarse en pie de igualdad con los países de su entorno cultural.

Simpatizantes socialistas celebran la victoria de su partido en los comicios de junio de 1993.

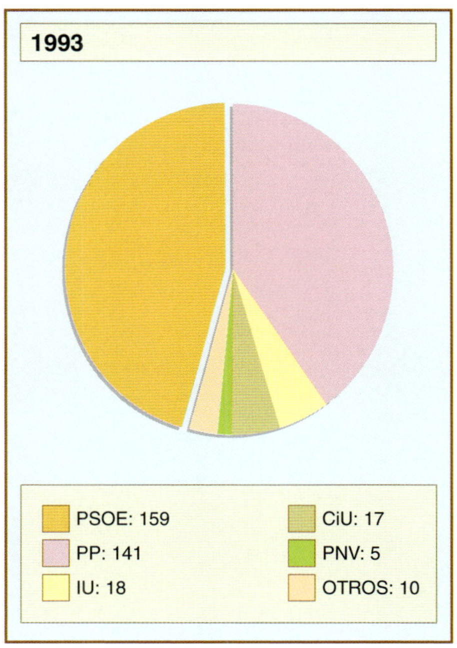

Distribución de escaños tras los comicios de 1993.

La caída de los socialistas en la década de los 90

La pérdida de la mayoría absoluta del PSOE en las elecciones del 6 de junio de 1993 al obtener el 38,6% de los votos y 159 diputados obligó a Felipe González a realizar pactos de gobierno con los partidos nacionalistas de Cataluña y el País Vasco para asegurarse la gobernabilidad del estado. Sin duda, el lógico desgaste del partido tras once años de gobierno explicaría por sí mismo la caída en el número de votos, aunque en realidad fueron otros factores, principalmente la crisis económica, la división interna del partido y las acusaciones de corrupción que habían surgido a partir de 1990, los que motivaron la pérdida de confianza del electorado.

La situación económica. Las continuas reformas económicas tendentes a liberalizar el mercado de trabajo y los sectores productivos acabaron por enfrentar al PSOE con la que en teoría debía ser su base política: los trabajadores. Los comunistas, reagrupados en torno a la plataforma de Izquierda Unida (IU), y los sindicatos mayoritarios acusaron de derechización al PSOE, provocando un clima de claro enfrentamiento social. Así, el 20 de mayo de 1992 se produjo la tercera huelga general en protesta por una refor-

Séptimo equipo de gobierno de Felipe González, formado en julio de 1993.

ma que reducía las prestaciones por desempleo. En enero del año siguiente se volvería a convocar una nueva huelga general ante la nueva ordenación del mercado de trabajo, que favorecía al empresariado, ofreciéndole una flexibilidad laboral que era difícil de asumir por los sindicatos. La grave crisis económica provocada por la debilidad de la moneda, la cual sufrió una devaluación cercana al 13% en los meses de septiembre de 1992 y mayo de 1993; el estancamiento e incluso el retroceso del PIB, unido al desmesurado aumento del desempleo que alcanzó los tres millones y medio de parados, colocando a España en el primer puesto de Europa occidental respecto al número de parados, no eran sin duda las condiciones óptimas para lograr la satisfacción de los ciudadanos.

Tras desempeñar varias carteras ministeriales en los gobiernos de González, el socialista Javier Solana se convirtió en 1995 en secretario general de la OTAN.

La división interna del partido. La crispación social y la larga estancia del partido en el poder acabaron debilitando su cohesión interna. A principios de los 90 se podía incluso hablar de dos sectores dentro del partido según su tendencia ideológica. Por una parte se encontraba el de los guerristas, liderado por Alfonso Guerra, los cuales propugnaban por una línea más izquierdista y cercana a los ideales de los sindicatos, los principales enemigos del gobierno en ese momento. Por otra parte estaba el sector de los renovadores, cuyas cabezas visibles eran Carlos Solchaga, Narcís Serra y Javier Solana (protegidos de Felipe González). Este grupo apostaba por un enfoque más pragmático que conjugase los ideales socialistas con los principios del libre mercado.

Aunque ambos sectores habían colaborado a principios de los años 80, las dos tendencias acabaron por chocar en la primera mitad de los 90. Los motivos de este enfrentamiento fueron posiblemente los intentos de los dos sectores por salvarse del descrédito al que se vio sometido el partido en esos momentos. La crisis económica y los casos de corrupción que salían a la luz pública aumentaron sin duda el clima de crispación interna. Finalmente, las acusaciones de tráfico de influencias contra el hermano de Alfonso Guerra, Juan, en la delegación del gobierno de la Comunidad Autónoma de Andalucía provocarían la dimisión del vicepresidente del gobierno el 12 de enero de 1991.

Aunque Alfonso Guerra seguiría jugando un papel importante en el seno del partido, su dimisión fue considerada como un triunfo del ala renovadora.

Los escándalos de corrupción. El caso «Juan Guerra» fue sin duda el más famoso de los escándalos de corrupción que rodearon al PSOE, pero no fue el único. Desde principios de la década de los 90 salieron a la luz numerosas acusaciones de corrupción que afectaron a altos cargos de la administración y a algunos ministros. La opinión pública, todavía consciente de las prácticas corruptas del franquismo, vivió con estupor la continua aparición de estos escándalos. En enero de 1991 Alfonso Guerra dimite como vice-

Luis Roldán, ex director general de la Guardia Civil, protagonista de uno de los mayores escándalos de corrupción de la era socialista.

Un aspecto del juicio en 1997 del caso Filesa, relacionado con la financiación irregular del PSOE.

presidente tras ser acusado de permitir a su hermano utilizar instalaciones oficiales para llevar a cabo su tráfico de influencias; en mayo de 1991 se descubre que el PSOE ha financiado sus campañas electorales con dinero negro, utilizando una compleja red de empresas ficticias como Filesa; en enero de 1992 Julián García Valverde, ministro de sanidad y consumo, es acusado de permitir la compraventa irregular de terrenos por parte de Renfe (compañía nacional de ferrocarriles); en abril de 1994 se conoce el llamado «caso Roldán» en el que se produjo la fuga del ex director de la Guardia Civil, Luis Roldán, acusado de malversación de fondos, salpicando al nuevo ministro de interior, Antoni Asunción; en mayo de 1994 las cuentas de Ibercorp, opacas al fisco, involucran al ministro de agricultura, Vicente Albero, y al mismo gobernador del Banco de España, Mariano Rubio; en junio de 1995 tanto el vicepresidente Serra como el ministro de defensa, Julián García Vargas, se ven afectados por el escándalo de las escuchas ilegales del CESID, la agencia de inteligencia española. Para aquellos que durante las cuatro décadas del franquismo habían mantenido vivos sus ideales de izquierda, las prácticas corruptas de los principales líderes del PSOE no eran sino una traición a sus orígenes. El prestigio adquirido por Felipe González durante la transición comenzaba a sufrir enormemente ante esta cascada de delitos atribuidos a sus principales colaboradores. Finalmente, él también acabaría sometido al escrutinio público.

Manifestación en Bilbao contra el terrorismo de ETA.

ETA y el terrorismo de estado: los GAL. La estabilización de la democracia y la creación del estado de las autonomías, que favoreció enormemente a las llamadas «históricas», concediéndoles una serie de prerrogativas

Antonio Hernández Mancha sucedió en 1987 a Manuel Fraga en la presidencia de Alianza Popular. Dos años después fue derrotado en las urnas por Felipe González.

muy superiores al resto del país, no consiguieron detener a la banda terrorista ETA, que continuó con sus campañas de atentados, secuestros y extorsiones, tanto dentro como fuera de la autonomía vasca. Como forma de acabar con esto, Felipe González promovió una respuesta dual: la reforma de los cuerpos policiales para dotarlos de mayor efectividad en la lucha contra el terrorismo y la apertura de negociaciones con los líderes de ETA, las llamadas «conversaciones de Argel» entre gobierno y representantes del grupo armado, que llegaron a un acuerdo de alto el fuego de apenas tres meses durante la primavera de 1989. Fracasado el intento de llegar a una solución duradera, el gobierno, junto al resto de fuerzas democráticas, cerró filas en torno al pacto antiterrorista que fiaba exclusivamente a la acción policial la solución del conflicto. Esta opción se vio sin duda beneficiada por la cooperación que en 1984 comenzó a brindar Francia, principal lugar de refugio para los etarras, en la lucha contra el terrorismo. De esta cooperación bilateral saldría el golpe más fuerte dado a ETA: en marzo de 1992 la cúpula etarra era detenida en Bidart (Francia), iniciándose un lento proceso de debilitamiento de la banda armada que dura hasta hoy en día.

Sin embargo, dentro del aparato del estado había sectores que promovían también la represión armada como forma de acabar con el fenómeno terrorista. Desde 1983, época de frecuentes ataques por parte de la organización ETA y durante cuatro años más, se sucedieron, principalmente en el sur de Francia, atentados mortales y secuestros de personas sospechosas de pertenecer a ETA. Estos atentados fueron atribuidos a los autodenominados Grupos Antiterroristas de Liberación (GAL), los cuales luchaban contra el terrorismo con medios idénticos a los que combatían. La detención de poli-

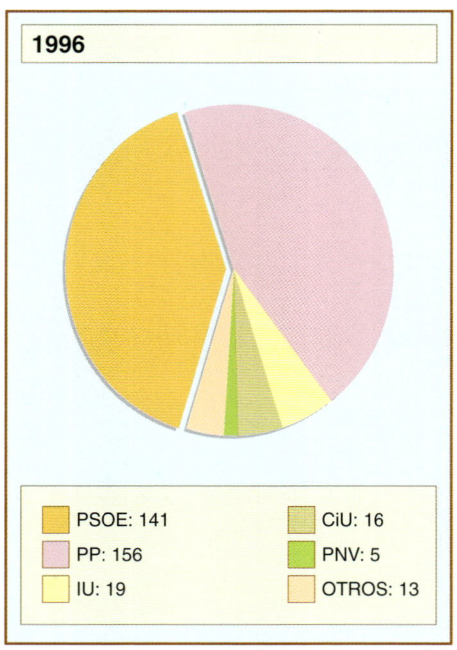

Legislativas de 1996.

José María Aznar, líder del Partido Popular, elegido presidente del gobierno en 1996 y reelecto en los comicios de 2000.

cías españoles y mercenarios extranjeros señaló directamente al gobierno o al menos a una parte de él.

Los principales acusados fueron el ex ministro de interior, José Barrionuevo Peña, y el secretario de estado para la seguridad, Rafael Vera, sin cuya colaboración o consentimiento tácito difícilmente hubieran podido llevarse a cabo las acciones mencionadas. A medida que avanzaban las investigaciones sobre el caso, comenzaron a surgir indicios que apuntaban al propio presidente del gobierno, Felipe González, como instigador o como mínimo conocedor de la implicación de miembros del estado en las actividades de los GAL. Finalmente, Barrionuevo y Vera serían condenados en 1998 a 10 años de prisión por su implicación en el secuestro de Segundo Marey. Un año antes, el Tribunal Supremo había dictaminado que no existían pruebas concluyentes para deducir que la misteriosa «X» que figuraba en documentos incriminatorios correspondiera a Felipe González, una sentencia que, si bien libraba al ya ex presidente de la cárcel no lo hizo de su pérdida de imagen.

Las legislaturas del PP

El crispado clima político durante los dos años previos a las elecciones de 1996 fue capitalizado por el Partido Popular (PP), liderado por José María Aznar. La desaparición de la UCD primero y la escasa representatividad de la coalición que le sustituyó, el Centro Democrático y Social (CDS), dejaron un hueco importante en el centro del panorama político que supo ocupar el Partido Popular, despojándose de algunas características claramente derechistas que lastraban a la primitiva Alianza Popular de Manuel Fraga. Las conexiones que diversos miembros del partido mantenían con la etapa franquista impidieron al PP aprovecharse totalmente de la caída del PSOE, pero aún así ganó las elecciones, necesitando el apoyo de los nacionalistas para obtener la mayoría gubernamental.

Aznar y la remodelación del Partido Popular. José María Aznar fue el encargado de remodelar a la hasta cierto punto anacrónica Alianza Popular para intentar ganarse la confianza de los electores. Aznar se licenció en derecho por la Universidad Complutense de Madrid en 1975, para ingresar un año después en el cuerpo de inspectores de finanzas del estado. Su primer contacto con la política estuvo ligado a la UCD, en las elecciones generales de 1977, para cambiar de partido el 27 de enero de 1979, afiliándose a Alianza Popular (AP), partido liderado hasta entonces por el ex ministro franquista Manuel Fraga Iribarne.

Juramento de Aznar como presidente del gobierno en 1996.

Diputado por la provincia de Ávila en 1982 y 1986, Aznar resultó elegido secretario general adjunto en el V congreso de AP, puesto que asumió hasta 1987, cuando Antonio Hernández Mancha fue elegido para sustituir a Manuel Fraga en la presidencia de AP. Aznar pasó entonces a ocupar el cargo de secretario de formación política. Ese mismo año Aznar fue también designado presidente de la Junta de Castilla y León.

Alianza Popular experimentaba considerables dificultades para salir del estancamiento de

Primer gobierno de José María Aznar en mayo de 1996.

Celebración de la victoria por mayoría absoluta del PP en las elecciones generales de 2000.

votos recibidos en las sucesivas elecciones: su origen derechista y los continuos cambios de candidato presidencial desconcertaban al electorado. En 1989 se intentó dar un cambio de imagen al partido, cambiando sus siglas e iconos y nombrando como presidente del nuevo Partido Popular a José María Aznar en el X congreso (1990). Su escaso poder carismático vaticinaba resultados semejantes a los anteriores para los comicios de junio del mismo año; Aznar apenas era conocido y la imagen de González, por muy deteriorada que estuviera, amenazaba con eclipsarlo. Sin embargo, el PP obtuvo 141 escaños, cifra muy superior a la esperada.

El Partido Popular había encontrado a su candidato y las urnas lo confirmaron el 3 de marzo de 1996, situándose a sólo veinte escaños de la mayoría absoluta y con la necesidad de buscar apoyos en CIU, PNV y CC (nacionalistas moderados catalanes, vascos y canarios, respectivamente) para garantizar la gobernabilidad. España cambiaba de signo político con la investidura el 5 de mayo de 1996 del presidente número 97 de su historia. Las promesas electorales se basaron en la seriedad y honradez de los candidatos, buscando el contraste con la situación de sus oponentes.

El enfoque económico de la política interior. La política económica del gobierno Aznar se fijó como metas prioritarias el recorte del déficit público y la inflación, estimulando la actividad económica mediante la privatización de empresas públicas y la liberalización económica. Las medidas de flexibilización laboral ya iniciadas por los socialistas dieron sus frutos, bajando la tasa de desempleo hasta cifras más acordes con la media europea, aun a costa de la extrema austeridad presupuestaria y la precariedad en el trabajo, que dio origen a la denominación popular de contratos de trabajo «basura». La política de privatizaciones (Endesa, Enagás, Repsol, Gas Natural, Tabacalera, Telefónica, Argentaria, etc.) aportaron a las arcas del estado aproximadamente cuatro billones de pesetas, permitiendo alcanzar la anhelada meta popular del déficit cero. Estos éxitos, simbolizados en la conocida muletilla presidencial «España va bien», permitirían al país cumplir con los criterios de convergencia exigidos por la Unión Europea y, por tanto, pasar a formar parte del grupo de once estados que integrarían la zona euro.

Las elecciones generales del 12 de marzo de 2000, ratificaron a Aznar en la presidencia con 183 escaños, es decir, la codiciada mayoría absoluta que permite gobernar sin necesidad de hacer pactos. El electorado premió la labor ges-

Reunión de José María Aznar con su homólogo británico, el laborista Tony Blair.

tora del PP, beneficiada indudablemente por una bonanza económica y la escasa presión socialista, ocupada en resolver los propios asuntos internos del partido. Coincidiendo con la campaña electoral, el presidente recordó su propósito de no cumplir más de dos legislaturas, abriendo una carrera sucesoria que culminaría con la designación del vicepresidente del gobierno Mariano Rajoy como el nuevo candidato a la presidencia del país por parte del PP.

Tras un año de tregua, el terrorismo etarra volvió de nuevo en 2000 a sacudir a la sociedad española. En la fotografía, secuelas de un atentado con coche bomba cometido en Madrid por la organización armada vasca.

El desafio nacionalista vasco. En 1998 el Partido Nacionalista Vasco (PNV), Eusko Alkartasuna (EA), Herri Batasuna (HB) y la sección vasca de IU firmaban el denominado «pacto de Estella». Con dicho pacto los partidos firmantes proponían entablar conversaciones con los terroristas sin la exigencia previa de abandonar la lucha armada. La respuesta del gobierno no podía ser otra que la condena sin paliativos de una plataforma que excluía a buena parte de la población vasca, otorgando además carta de naturaleza al grupo terrorista. La tregua unilateral anunciada por ETA en ese momento fue calificada de trampa por el gobierno, el cual se veía presionado por las teóricas propuestas de pacificación para el País Vasco. La ruptura de la tregua y la escalada de atentados dirigidos principalmente contra políticos municipales, populares y socialistas, provocaron el llamado pacto antiterrorista entre las dos fuerzas mayoritarias, el PP y el PSOE, el cual venía así a oponerse al «pacto de Estella». En junio de 2002, el PP, con el apoyo del PSOE, aprobó precisamente una ley por la que se declaraba ilegal a cualquier grupo político que apoyara expresa o tácitamente a los grupos terroristas. El planteamiento de la problemática política del País Vasco adquirió una nueva dimensión cuando, en septiembre de 2003, el lehendakari Juan José Ibarretxe presentó ante el parlamento de su comunidad un plan para promover un nuevo marco legal de relación entre España y la comunidad autónoma vasca según un modelo de estado libre asociado. La propuesta, que recibió el apoyo de diversas fuerzas políticas vascas, fue en cambio rechazada por la mayor parte de los integrantes del arco parlamentario español.

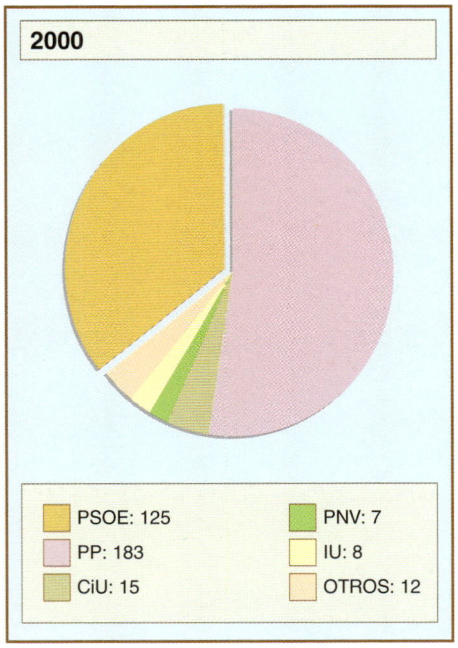

Comicios de 2000.

Política exterior. En general, los gobiernos populares continuaron la tarea de hacer presente a España en los escenarios que le son propios, como Iberoamérica, Europa y el Mediterráneo. La diferencia más obvia puede encontrarse en la sintonía ideológica que Aznar mantenía con la «tercera vía» de Tony Blair y las coincidencias de objetivos con los Estados Unidos, principalmente a partir de los atentados del 11 de septiembre de 2001. En este contexto cabe destacar el firme apoyo prestado por el gobierno de José María Aznar a la intervención armada angloestadounidense en Irak en marzo de 2003, que culminó con la caída del régimen de Sadam Hussein. Dicho apoyo fue refren-

Estado en que quedó uno de los vagones destruidos en las proximidades de la madrileña estación de Atocha en los atentados terroristas del 11 de marzo de 2004.

El candidato socialista, José Luis Rodríguez Zapatero, saluda a militantes y simpatizantes de su partido tras conocerse los resultados de las elecciones de marzo de 2004.

dado con el envío de un contingente de tropas españolas como fuerza de apoyo.

En el ámbito económico de la Unión Europea (UE), el gobierno popular demostró su capacidad de resistencia manteniendo una dura pugna con Alemania respecto al reparto de ayudas en el periodo 2000-2006. España anunció su veto a la ampliación de la UE si los países más ricos no aumentaban su contribución y, por ende, las subvenciones quedaban eliminadas en la zona euro. La intervención en contra de Francia restó fuerza a la propuesta española, que a pesar de no obtener resultados concretos se mostró satisfecha de los acuerdos obtenidos en la cumbre de Niza.

Los atentados del 11-M y las elecciones de 2004

Las elecciones de marzo de 2004 se vieron trágicamente condicionadas por los atentados con bomba que, el 11 de ese mes, perpetraron miembros de un grupo afín a la organización terrorista islámica Al-Qaeda en varios trenes de cercanías en la estación de Atocha de Madrid y en las de los barrios de El Pozo y Santa Eugenia, como consecuencia de los cuales se produjeron unas 190 víctimas mortales y más de 1.500 heridos. En las elecciones, celebradas apenas tres días después, los resultados señalaron un radical cambio, que determinó la victoria por mayoría relativa del PSOE, encabezado por su líder, José Luis Rodríguez Zapatero. La victoria socialista sorprendió en todos los medios, puesto que, apenas una semana antes de la jornada electoral, los sondeos otorgaban una cómoda mayoría al Partido Popular.

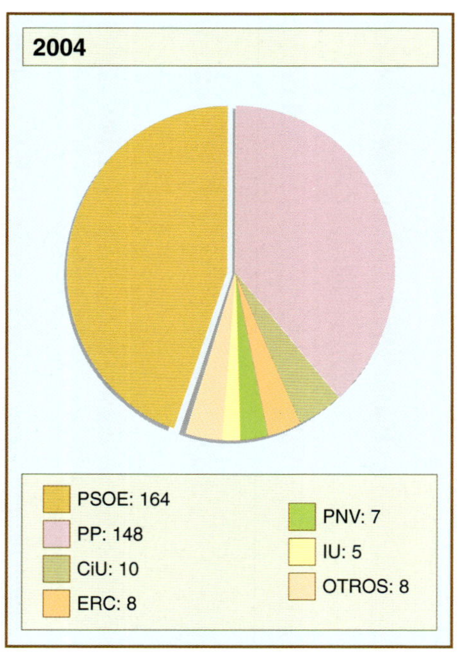

Comicios de 2004.

El gobierno de Rodríguez Zapatero inició su gestión sobre la línea de incrementar la cooperación internacional en materia de seguridad antiterrorista; definir el papel de España en la renovada UE, ampliada a 25 miembros en mayo de 2004; afrontar la problemática planteada por la cuestión vasca, y consolidar la evolución positiva de los indicadores económicos.

EL RESURGIR DEL INTEGRISMO ISLÁMICO

Escena de una manifestación proislámica en Pakistán.

El compacto sistema de creencias que ha favorecido la pervivencia del Islam a lo largo del tiempo, extendiéndose hasta convertirse en una de las principales religiones monoteístas de la humanidad, parece estar marcada en las últimas décadas del siglo XX por la oposición al mundo occidental. Desde el final de la segunda guerra mundial los países musulmanes han mantenido diversos conflictos con occidente: en Argelia, los colonos franceses fueron expulsados tras una cruenta guerra contra los nativos del país; Israel, considerado el mayor aliado estadounidense en oriente próximo, ha mantenido tres guerras contra sus vecinos árabes, etc. En un principio, estos enfrentamientos generaron una fuerte tendencia nacionalista en los países árabes, epítome del cual fue el panarabismo predicado por el presidente egipcio Nasser (m. en 1970). Sin embargo, a medida que los gobernantes de estos países se han ido acercando a occidente, sobre todo por cuestiones económicas, el nacionalismo de la población ha ido tendiendo hacia la radicalización de sus tradiciones y, en especial, de la religión.

Mitin en el sur del Líbano de la milicia chiíta proiraní Hezbolá.

El integrismo, fundamentalismo o radicalismo islámico, como quiera llamarse, no es una creación moderna pero sí ha cobrado una gran fuerza en los últimos años del siglo XX. La primera prueba de ello lo constituyó la revolución iraní (1979) encabezada por el *ayatollah* Jomeini y dirigida contra un dirigente, el sha Muhammad Reza, que había recurrido a Estados Unidos y Gran Bretaña para reprimir a la oposición (formada por moderados, izquierdistas y el clero tradicional) durante casi veinte años. Ese mismo año las tropas soviéticas invadían Afganistán, imponiendo una dictadura títere que, de acuerdo a los principios marxistas, inmediatamente hizo del laicismo una profesión de fe: como no podía ser de otra forma, la guerrilla adoptó el Islam como bandera, llamándose a sí misma los *mujahidin* (los que participan en la guerra santa). Finalmente, cuando los países árabes comenzaron a retirar su apoyo militar a la Organización para la Liberación de Palestina (OLP), reconociendo al estado de Israel (como Egipto) o expulsando a los palestinos refugiados de su territorio (Siria), la OLP acabaría organizando una resistencia a la ocupación israelí en forma de guerrilla y ataques terroristas. Éstos rápidamente contarían en sus filas con musulmanes radicales dispuestos a luchar contra Israel y sus aliados «en el nombre de Alá».

El jeque Ahmed Yasin, dirigente del grupo islamista palestino Hamás.

Simpatizantes del grupo fundamentalista argelino Frente Islámico de Salvación en una manifestación de apoyo al régimen de Irak durante la guerra del golfo de 1991.

Inevitablemente, el enfrentamiento entre musulmanes y «occidentales» ha originado una fuerte dicotomía de sus valores y sistemas culturales. Contra las democracias, los radicales afirman la supremacía de sus «líderes espirituales»; contra los sistemas legales igualitarios y laicos, se reafirma el valor de la *sharia* (ley coránica); contra la sociedad de consumo capitalista, la tradición, etc. El hecho de que occidente haya preferido anteponer sus intereses económicos a sus propios valores democráticos no ha sido sino un acicate más para que los extremistas islámicos rechacen palabras como «democracia», «derechos humanos universales» y otras, y hagan del terrorismo indiscriminado una forma legítima de lucha. En cualquier caso, también es cierto que en muchos países musulmanes, desde Marruecos a Irán, numerosos segmentos de la población están a favor de una «occidentalización» de la sociedad, entendiendo por esto la modernización y democratización de sus respectivos países. Estos deseos han sido escuchados a su vez por miembros de las castas políticas que intentan llevar a cabo reformas «progresistas». Sin embargo, su labor no resulta nada fácil: las presiones internas y determinados problemas internacionales que soliviantan a la opinión pública del mundo árabe les obligan a ir con pies de plomo si no quieren desestabilizar a sus países.

Israel y la intifada palestina

El primer ministro israelí, Ariel Sharon, saluda al ministro de exteriores, Simón Peres, en una sesión en 2002 de la Knesset (parlamento de Israel).

En 1947, la ONU daba el visto bueno a la partición de Palestina en dos zonas, una árabe y una hebrea, para así dar salida a las exigencias judías de crear el estado de Israel. La decisión nunca fue aceptada por los países árabes de la región, que intentaron expulsar al nuevo estado en numerosas ocasiones (guerra de 1948-49; guerra del Sinaí, 1956; guerra de los seis días, 1967; guerra del Yom Kippur, 1973), obteniendo como resultado desastrosas derrotas que no hicieron sino que Israel expandiera sus fronteras a costa principalmente de Egipto (península del Sinaí), Siria (altos del Golán) y, sobre todo, la zona árabe de Palestina («banco occidental» del río Jordán, Jerusalén Este, franja de Gaza). Dada la superioridad aplastante de los ejércitos israelíes, los países árabes tuvieron que valerse de la vía política: reconocimiento de la Autoridad Nacional Palestina, encarnada en la OLP; negación a Israel de cualquier tipo de reconocimiento internacional; propuestas para que la ONU condenara el sionismo (nacionalismo judío); embargos comerciales, especialmente de petróleo, a Israel y cualquiera de sus aliados, etc. Finalmente, los países árabes aceptaron los hechos como inevitables: Egipto acabaría firmando (1979) la paz con Israel – recuperando así el Sinaí– y Jordania, y Siria expulsaría de su territorio a la OLP por fomentar diversos disturbios internos en 1970 y 1975, respectivamente.

Los únicos que parecían dispuestos a continuar la lucha contra Israel fueron las numerosas milicias musulmanas que operaban en el Líbano. En la antigua «Suiza de oriente» había estallado desde principios de los 70 una guerra civil entre el gobierno, cristiano, y diversas organizaciones paramilitares musulmanas que exigían participar en política en régimen de igualdad. Estas organizaciones, de las que la más prominente era la Jihad Islámica, estaban a menudo financiadas por países como Siria o Irán y encontraban a muchos de sus miembros en los campos de refugiados palestinos en el propio Líbano. En 1982, tropas israelíes cruzarían la frontera libanesa intentando controlar a estas guerrillas, las cuales lanzaban continuamente ataques contra su territorio. La acción israelí tuvo éxito: la OLP fue expulsada de Beirut mientras que las milicias cristianas, operando con la connivencia de Israel, realizaban continuos ataques contra los campos de refugiados palestinos y provocaban las matanzas de Sabra y Shatila.

El dirigente palestino Yasir Arafat saluda a sus seguidores en la ciudad cisjordana de Ramala.

La sublevación palestina: la intifada

La incursión israelí en el Líbano tuvo sin embargo un efecto contrario al previsto. No sólo no se acabaron las actividades guerrilleras sino que grupos terroristas como Hezbollah o Hamás, esta última liderada por Ahmad Yasin, consiguieron un mayor predicamento entre los palestinos. Por otra parte, algunas milicias con fuertes conexiones con la OLP comenzaron a distanciarse del líder de ésta, Yasir Arafat, cuya propuesta moderada no era del

Escena de un enfrentamiento entre la población palestina y el ejército israelí en Cisjordania.

agrado de grupos como Abu Nidal, partidarios de continuar con la lucha armada. Finalmente, países árabes como Egipto y Jordania, los cuales se habían adueñado de los territorios palestinos en 1947, aceptaron reanudar sus conversaciones con Yasir Arafat siempre y cuando éste controlase a la fuerza armada palestina, al-Fatah.

Yasir Arafat supo combinar magistralmente todos estos elementos. Mientras avanzaba en sus negociaciones con el rey Hussein de Jordania para crear un estado palestino, la OLP llamaba a la «sublevación pacífica» contra las fuerzas israelíes asentadas en Cisjordania y la franja de Gaza. Así, en 1987 comenzaba la denominada intifada (sublevación) palestina, en la que huelguistas y manifestantes armados con piedras se enfrentaron en multitud de ocasiones a los tanques y soldados israelíes. Por otra parte, las organizaciones terroristas seguían actuando en Israel, quien acusaba a Arafat de apoyar en secreto a grupos como Hamás o la Jihad Islámica a través de la milicia «oficial» palestina: al-Fatah.

El político conservador israelí Yitzhak Shamir, primer ministro de su país durante varios periodos entre las décadas de 1980 y 1990.

La presión de todas estas fuerzas combinadas puso a Israel bajo una gran presión. En 1988, Jordania aceptó renunciar a los territorios del banco occidental del río Jordán, dando pie con ello a que la OLP declarara oficialmente el nacimiento del estado de Palestina, que contaría con Arafat como presidente y reconocería a Israel. El estado judío, a pesar de seguir siendo víctima de innumerables atentados, comenzaba a convertirse en el «malo de la película»: no sólo se negaba a reconocer al país liderado por el moderado Arafat sino que la desorbitada respuesta que hallaban las manifestaciones de la intifada, causando centenares de muertos entre los palestinos, se encontraba con una opinión pública horrorizada. Finalmente, cuando en diciembre de 1989 los Estados Unidos, el principal aliado israelí, entablaran negociaciones bilaterales con la OLP, Israel tendría que aceptar la nueva situación.

Las bases para el entendimiento entre los estados de Israel y Palestina se fijaron en la conferencia de Madrid de 1991, cita a la que acudieron delegaciones de 28 países, incluido por supuesto el primer ministro israelí Yitzhak Shamir, presionado por los EE.UU. bajo la amenaza de retirar parte de las jugosas aportaciones económicas que recibía el estado judío. Además de los acuerdos alcanzados, Madrid significó el comienzo de una nueva era en las relaciones árabe-israelíes, compuesta de encuentros bilaterales y multilaterales dentro del calificado «sincero interés en llegar a una situación estable en el marco de "paz por territorios"». La sucesión del conservador Shamir por el liberal Yitzhak Rabín en 1992 impulsó el acercamiento entre palestinos e israelíes: durante un año, Simón Peres, ministro de exteriores del gabinete Rabín, y los delegados palestinos mantendrían en Oslo diversas negociaciones secretas que debían acabar con las diferencias respecto a Jerusalén, los asentamientos de colonos judíos y la transferencia de competencias a la Autoridad Palestina.

Los acuerdos de Oslo serían ratificados finalmente el 13 de

El primer ministro laborista israelí Yitzhak Rabín (a la izquierda) junto al presidente egipcio Hosni Mubarak y al dirigente palestino Yasir Arafat en una reunión en El Cairo en 1994.

septiembre de 1993 en Washington, actuando el presidente Bill Clinton como anfitrión de Rabín y Arafat. El acuerdo de paz fue denominado de los «treces», debido al establecimiento del calendario que debía instaurar los puntos concretos que contenía: la transferencia de competencias debía comenzar el 13 de octubre de 1993 para quedar completado el 13 de diciembre de 1998, fecha en la que la autonomía palestina sería un hecho. La opinión internacional premió la voluntad pacificadora de los protagonistas concediendo el Premio Nobel de la paz a Yasir Arafat, Yitzhak Rabín y Simón Peres en 1994.

Llevar a cabo lo acordado no iba a resultarle fácil a ninguno de los protagonistas. La voluntad de los dos gobiernos estaba clara: en 1994 los palestinos obtuvieron la administración de Gaza y Jericó y, a cambio, el parlamento palestino reformaba su constitución, quitando cualquier mención a la lucha armada contra Israel. Sin embargo, los intransigentes de ambos bandos –los conservadores del Likud y los ultraortodoxos israelíes por un lado, las organizaciones terroristas y algunos miembros de la OLP por otro– consideraban el acuerdo como una traición. Los ataques terroristas seguían causando numerosas muertes, por lo que Israel siguió patrullando ambos lados de la frontera para evitar este tipo de incursiones.

Cuando el proceso de paz parecía estar consolidado, en la noche del 4 de noviembre de 1995 un estudiante ligado al grupo ultraderechista Eretz-Israel, asesinaba a Yitzhak Rabín, que acababa de pronunciar un discurso sobre su compromiso con la causa de la paz, ante más de cien mil personas. Unos días antes de su muerte había reconocido el hecho cierto de que «cuando llegamos a esta tierra, no estaba vacía». Al romperse el binomio Rabín-Peres, la confianza israelí en la capacidad de los laboristas de defender sus intereses quedó seriamente limitada.

Las elecciones de 1996 dieron como ganador al partido nacionalista Likud, con Benjamín Netanyahu al frente de un gobierno mucho menos convencido de continuar el proceso pacificador. Su discurso de investidura dejó poco espacio a las especulaciones: «No a negociar con Siria el territorio del Golán. No a la división de Jerusalén. No a la formación de un Estado palestino». La insistencia de Bill Clinton logró reunir en 1998 a Netanyahu y Arafat en Wye Plantation (Maryland) con el fin de desbloquear la situación. El incremento de acciones terroristas islámicas y los mutuos reproches sobre incumplimientos de los acuerdos anteriores dieron un pobre resultado que, a pesar de ser presentado como un cierto avance, única-

«Es muy fácil para cualquiera iniciar una guerra pero es difícil conseguir la paz».
Yasir Arafat

Benjamín Netanyahu, dirigente del partido conservador Likud, fue primer ministro de Israel entre 1996 y 1999.

El laborista Ehud Barak, primer ministro israelí desde 1999 hasta 2001, en una visita electoral a un mercado de Tel Aviv.

mente repetía lo ya acordado en Oslo. Netanyahu, obsesionado por la seguridad israelí, dedicó su mandato a condenar al enemigo árabe en un proceso de provocación continua, que llevaría incluso al fraccionamiento de su propio partido y a la convocatoria de nuevas elecciones.

En 1999 se celebraron nuevas elecciones en las que los laboristas fueron de nuevo vencedores; el nuevo primer ministro Ehud Barak representaba así una nueva esperanza de volver a la etapa de Rabín y conseguir finalmente un nuevo marco de entendimiento. Clinton, deseoso de pasar a la historia como artífice del proceso, promovió un encuentro en el balneario egipcio de Sharm el-Sheikh con el compromiso de desarrollar los incumplidos acuerdos de 1993. Como resultado de este encuentro se aceleró el proceso de transición: el gobierno israelí comenzó a retirar tropas y a demoler muchos de los asentamientos judíos en las tierras ocupadas para así poder devolvérselos a la Autoridad Nacional Palestina en la fecha clave del 13 de septiembre de 2000. Sin embargo, la oposición de los partidos ultraortodoxos israelíes, muy fortalecidos tras las elecciones anteriores, se iba a demostrar clave para el proceso de paz.

Tras solucionar el tema de los asentamientos, quedaban por resolver los asuntos más espinosos: el trazado definitivo de fronteras y el reparto político-religioso de Jerusalén. Bill Clinton invitó a Barak y Arafat a Camp David para solucionar estas cuestiones, aunque la reunión acabó sin acuerdos. Ehud Barak, fuertemente presionado por los ultraortodoxos, no pudo sino negarse a ceder a los palestinos la soberanía de la llamada «explanada de las mezquitas», lugar sagrado para los judíos al creerse que en ese sitio estuvo emplazado en la antigüedad el templo que mandó construir Salomón. El 13 de enero de 2000 Clinton renunció a seguir actuando como intermediario y se rompieron todas las negociaciones.

El político derechista Ariel Sharon provocó el estallido de la segunda intifada durante su visita en septiembre de 2000 a la explanada de las mezquitas de Jerusalén. Como candidato del partido Likud, fue elegido presidente de Israel un año más tarde.

La segunda intifada o de al-Aqsà

Para el Likud y los ultraortodoxos la ruptura de las negociaciones no era sino una viva muestra de la debilidad de Barak y los suyos, que se habían tenido que plegar a sus exigencias. Dispuestos a aprovecharse del momento, buscaron romper todo lo conseguido durante siete años de

Cumbre celebrada en octubre de 2000 en el balneario egipcio de Sharm el-Sheikh para intentar detener la violencia en oriente medio.

negociaciones. El 28 de septiembre de 2000 Ariel Sharon, líder del Likud acusado de haber permitido las matanzas de Sabra y Shatila, visitó la explanada de las mezquitas. Para los palestinos, la visita de su gran enemigo al lugar santo en el que se hallan la cúpula de la roca y la mezquita de al-Aqsà fue una provocación que requería respuesta. Comenzaba así la segunda intifada, llamada también de al-Aqsà por el templo situado en la explanada visitada por Sharon.

Ante los nuevos enfrentamientos, en diciembre de 2000 Barak anunció su dimisión. Los comicios dieron como sucesor al líder nacionalista Ariel Sharon, terminando con las escasas posibilidades de alcanzar un acuerdo. El extremismo del Likud crece ante las acciones terroristas, que refuerzan la imagen de Sharon como promotor de la línea dura, al mismo tiempo que la figura de Arafat se desprestigia, mostrándose incapaz o poco interesado en acabar con el terrorismo. Paradójicamente, la situación de inseguridad que vive Israel fortalece a los «halcones», creando entre la población actitudes mucho más racistas y ultranacionalistas que nunca. Los intentos por parte de algunos dirigentes palestinos de interrumpir la escalada de violencia y retomar el camino de la negociación son rápidamente desestimados, calificándolos de estrategias ante el mayor desgaste que sin duda sufren en el conflicto.

Con Arafat recluido en su ruinoso complejo de Ramala, temiendo que abandonarlo suponga otros 28 años de exilio, Sharon y su gabinete de coalición nacional (en el que están representados los laboristas y los ultraortodoxos) observan con regocijo las disensiones que se están creando en el seno del movimiento palestino. Los bombardeos y demoliciones que perpetra el ejército israelí, amparándose en su lucha contra el terrorismo, acaban con las infraestructuras de la región palestina e imposibilitan cualquier acción de la ANP contra las organizaciones terroristas. Esto a su vez es utilizado como excusa por Sharon, quien afirma que Arafat no tiene ningún interés en controlar a los líderes de Hamás o la Jihad Islámica y que incluso al-Fatah, el brazo armado de la OLP, colabora fervientemente con ellos. Si Arafat decide actuar contra las organizaciones terroristas, profundizará la división en las filas palestinas; si decide no hacerlo, legitimará los ataques israelíes.

Dos policías palestinos corren en plena refriega con las tropas israelíes.

Egipto: el primer integrismo islámico

El presidente egipcio Anwar al-Sadat, asesinado en 1981.

Egipto fue probablemente el primer país musulmán en tener que hacer frente al integrismo islámico moderno. El 6 de octubre de 1981 Anwar al-Sadat, el presidente de la república (1970-1981), moría asesinado por el joven teniente de artillería Khaled Islambuli, quien llevó así a efecto la *fatua* (condena) dictada por la Jihad Islámica. La causa: haber propiciado el acercamiento a Israel, olvidándose de sus «hermanos palestinos». Su sucesor en el cargo, Hosni Mubarak, ha tenido que hacer frente desde entonces al integrismo islámico egipcio.

El extremismo islámico puso contra las cuerdas a Mubarak. Aislado del mundo árabe (Egipto fue expulsado de la Liga Árabe por reconocer al estado de Israel), el país dependía totalmente de occidente para salvar su precaria situación económica, basada casi exclusivamente en la exportación de petróleo y en la afluencia de turismo. Esta conexión con el «demonio occidental» era justamente el argumento utilizado por los grupos terroristas islámicos para continuar con sus violentas actividades, haciendo de los extranjeros un objetivo permanente a partir de 1985.

La táctica de Mubarak para acabar con esta situación fue compleja. Por una parte, continuó la represión policial iniciada en 1981, deteniendo a numerosos activistas islámicos y actuando sin miramientos cuando los grupos terroristas atentaban contra intereses egipcios: así, en 1985, sus tropas asaltaron un avión egipcio que había secuestrado un grupo terrorista palestino sin pensar en las bajas que esto pudiera ocasionar. Por otra parte, Mubarak adoptó una actitud pasiva ante los terroristas que no actuaban dentro de su territorio o contra intereses egipcios: cuando los terroristas palestinos que habían secuestrado el crucero italiano *Achille Lauro* (1985) se rindieron a las autoridades egipcias, éstas los enviaron inmediatamente hacia Túnez para no tener que atender las peticiones de extradición de Estados Unidos, Italia e Israel. Finalmente, Mubarak buscó ganarse la amistad de otros países árabes al generar enfrentamientos de baja intensidad con occidente

Rueda de prensa conjunta de Hosni Mubarak y el primer ministro israelí, Simón Peres, tras una reunión mantenida a finales de 1995 en El Cairo.

Encuentro en septiembre de 1997 entre Hosni Mubarak y su homólogo sirio, Hafez al-Asad.

pero sin romper sus lazos de unión (como el caso de los judíos etíopes, los *falasha*). Gracias a esto, Egipto pudo poco a poco restablecer sus relaciones con países como Siria, sospechoso de financiar a grupos terroristas, y así lograr cierta calma en el interior del país.

La recuperación de la solidaridad árabe vino en un momento muy oportuno para Mubarak. Con el estallido de la crisis militar en el golfo Pérsico por la invasión iraquí de Kuwait, Egipto aportó, junto con Siria y Marruecos, 35.000 soldados a la fuerza panárabe para la protección de Arabia Saudí, confirmando la nueva amistad con el régimen de Damasco y las monarquías petroleras del golfo, y recibiendo la condonación de parte de su deuda con los EE.UU., en muestra de gratitud por su postura. Egipto había conseguido así volver a conciliar sus dos intereses –occidente y el mundo árabe– y convertirse en un elemento clave en la política de la región.

Desde entonces, Mubarak ha mostrado un comportamiento en cierta medida autoritario y poco proclive a democratizar la sociedad. Sus argumentos para mantener un sistema electoral poco representativo, que limita las posibilidades de victoria de algunas organizaciones islámicas moderadas, son la existencia de grupos como la Asamblea Islámica (al-Jama'a al-Islamiyya) y la Jihad Islámica (al-Jihad al-Islami), que pretenden convertir Egipto en un estado fundamentalista regido por el Corán y la *sharia*. Sin embargo, esta actitud ha servido como excusa para que los grupos terroristas sigan actuando en el país, especialmente a partir de 1992. De hecho, en 1995 el propio presidente tuvo suerte de salir ileso de un atentado y, dos años más tarde, 67 personas morían en Luxor en un ataque perpetrado contra turistas occidentales. Desde entonces, la eficacia policial consiguió disminuir el número de actos terroristas, aunque no los ha erradicado totalmente. El hecho de que Al-Qaeda cuente con numerosos egipcios en sus filas confirma, sin duda, este punto.

Restos de un atentado terrorista contra turistas alemanes en El Cairo que en 1997 causó la muerte de una decena de personas.

El integrismo islámico en Argelia

En 1991 se vivía una calma tensa en Argelia, dominada desde hace años por el Frente de Liberación Nacional (FLN). La guerra del golfo Pérsico había insuflado los ánimos entre la población, claramente partidaria de Irak, que aprovechaba las manifestaciones en relación con el conflicto para mostrar su claro rechazo al régimen de Chadi Benyedid (1979-1992).

Manifestación estudiantil en Argelia en favor de la democracia.

Ya en 1990 el FLN había sufrido una clara derrota en las elecciones municipales en favor del Frente Islámico de Salvación (FIS), una plataforma que proponía reformar la constitución para retornar a los ideales islámicos y dejar de ligar el futuro nacional a los intereses occidentales. La presión ejercida por el FIS llevó al régimen a considerar la convocatoria de unas elecciones legislativas a finales de año. Antes de ello, decidió modificar la ley electoral para evitar una nueva victoria del FIS, cosa que sin embargo no consiguió. El 26 de diciembre de 1991 se llevó a cabo la primera vuelta electoral, en la que el FIS obtuvo una contundente victoria. La cúpula militar, temiendo que este resultado se confirmase en la segunda vuelta, decidió suspender las elecciones y provocar la dimisión de Benyedid y su sustitución por Mohamed Boudiaf, al tiempo que declaraba el estado de excepción.

Liamin Zerual (a la izquierda) desempeñó la presidencia de Argelia desde 1994 hasta 1999.

Occidente no sólo no condenó el golpe de estado sino que respiró con alivio al ver cómo los militares controlaban la situación y aseguraban el suministro de gas natural. La represión iniciada contra el FIS, el cual fue declarado ilegal y casi 9.000 de sus miembros encarcelados en campos de concentración en el Sahara, parecía hasta cierto punto justificada debido a los numerosos atentados cometidos contra las fuerzas de seguridad y personajes prominentes del estado, entre ellos el propio Boudiaf, el cual fue asesinado en julio de 1992. La represión, en cualquier caso, no consiguió ningún avance en Argelia: aunque las autoridades continuaban achacando los atentados al FIS, era ya *vox populi* que la mayoría de atrocidades eran cometidas por otros grupos terroristas, principalmente el Grupo Islámico Armado (GIA) e incluso el propio régimen.

A partir de 1994 los militares parecieron apostar por políticos moderados como Liamin Zerual. El objetivo principal era volver a la legitimidad «democrática» y conseguir llegar a un acuerdo con el FIS para pacificar el país. Ambas cuestiones fueron solventadas en 1995 cuando Zerual comenzó a excarcelar a todos aquellos líderes del FIS que prometiesen respetar el multipartidismo y convocó elecciones para noviembre. Sin embargo, las maniobras militares y los continuos asesinatos perpetrados por el GIA dejaron estas elecciones en mera parodia: los ocho principales partidos de la oposición (incluidos el FIS y el FLN) decidieron no concurrir a ellas, permitiendo así la reelección del «hombre de paja» de los militares, Zerual.

Durante la presidencia de Zerual se demostró que las sospechas populares acerca de la autoría de los atentados tenían visos de ser realidad. El FIS había aceptado el juego democrático (aunque no participase en él) y su brazo armado se había desmovi-

Disturbios callejeros en la región argelina de la Cabilia, mayoritariamente beréber, tras el asesinato en 1998 por los fundamentalistas del popular cantante Lunes Matub.

lizado. Sin embargo, la campaña de terror continuaba: cada año morían miles de personas y, desde que Europa decidiese contribuir en las campañas policiales, los extranjeros se habían convertido también en víctimas potenciales. La democracia en «libertad vigilada» de Zerual había conseguido integrar a los musulmanes democráticos al mundo político argelino, pero no acabar con el terrorismo.

Ruinas de la sede del periódico argelino Le Soir d'Algerie, *destruida en 1996 por el estallido de un coche bomba colocado por fundamentalistas islámicos.*

En 1998, Zerual, cansado de las presiones de los militares más intransigentes y de la matanza indiscriminada de civiles (en enero de 1998 murieron más de mil personas), decidió convocar elecciones. Éstas fueron ganadas por Abdelaziz Buteflika, miembro del FLN con una amplia experiencia política. Su mensaje de reconciliación había calado hondo en una población cansada de siete años de guerra civil encubierta.

La voluntad pacificadora del nuevo presidente se tradujo en la oferta de paz a las guerrillas islámicas, dentro del denominado Plan de Concordia Nacional que incluía medidas de gracia a los prisioneros y la inserción social a los insurgentes que se acogieran a la amnistía. Buteflika sometió el proyecto de ley a un referéndum condicionando su permanencia en el cargo al positivo resultado de la consulta. El pueblo apoyó la reconciliación con el 98% de los votos favorables en una participación masiva del 85% de los argelinos con derecho a voto. En enero de 2000 se firmó la amnistía con los miembros del EIS (Ejército Islámico de Salvación), pero tanto el GIA como el Grupo Salafista de la Predicación y el Combate (GSPC) se negaron a adherirse a la Ley de Concordia Civil. La existencia de estos grupos fue alegada finalmente por Buteflika para no levantar el estado de excepción: la policía y el ejército siguieron contando con amplios poderes para luchar contra el terrorismo, consiguiendo numerosos éxitos pero no la erradicación de la violencia integrista.

Una seguidora de Abdelaziz Buteflika festeja su victoria en las elecciones presidenciales argelinas de 1999, celebradas con el único concurso del candidato oficial.

La moderación de Buteflika, quien ha mediado en el conflicto entre Etiopía y Eritrea y ha accedido a levantar muchas de las restricciones que pesaban sobre la etnia beréber de Argelia, ha sido recibida con agrado por occidente. Éste ha encontrado en Buteflika a una persona que no sólo asegura el mantenimiento de las relaciones comerciales (gas y petróleo principalmente) sino que también apoyó enormemente a Estados Unidos después de los atentados del 11 de septiembre de 2001. La aparente complicidad de los salafistas con la red de Al-Qaeda condena, sin duda, a Argelia y las potencias occidentales a entenderse, aunque este acercamiento siga siendo la excusa que necesita el GIA para continuar con sus matanzas indiscriminadas.

Marruecos: el amigo de occidente

Driss Jettu, primer ministro de Marruecos tras las elecciones legislativas de septiembre de 2002.

Hasta ahora, Marruecos ha conseguido evitar el fenómeno del integrismo islámico gracias a un conjunto de factores. Por una parte, ha mantenido en su sistema político algunas de las características tradicionales del Islam: su régimen no es republicano, como en el resto del Magreb, sino monárquico, afirmando su legitimidad en base a la ascendencia religiosa de su casa real (los alauíes o alauitas descienden del Profeta). Dado el peso que este factor tiene en el mundo árabe, hoy por hoy sería impensable un ataque terrorista contra Mohamed VI. Por otra parte, los problemas que la pobreza del país o las buenas relaciones marroquíes-estadounidenses pudieran ocasionar en el seno de la sociedad han sido acallados mediante la puesta en marcha de manifestaciones de claro carácter nacionalista que han ocasionado enfrentamientos de baja intensidad con España y Argelia. Estos dos factores han conseguido mantener la relativa estabilidad de un país que se considera el más occidental entre los árabes aunque, al mismo tiempo, han impedido que la llegada de Mohamed VI al trono en 1999, la cual creó numerosas expectativas, se haya traducido en una verdadera modernización.

La muerte del rey Hasán II el 23 de julio de 1999 convirtió a Mohamed VI en nuevo monarca, príncipe de los creyentes (Amir al-Mu'minin) y 36º descendiente directo del profeta Mahoma. Como soberano constitucional de derecho divino, Mohamed adquiría la suprema autoridad religiosa así como amplias prerrogativas políticas, entre ellas la de detentar el poder ejecutivo que le faculta para nombrar al primer ministro (y por tanto al gabinete) y disolver la asamblea legislativa unicameral. Este peculiar reparto de poderes hace que, aunque Marruecos sea aparentemente una democracia constitucional y multipartidista, el rey pueda decidir más o menos libremente las decisiones políticas a tomar.

Militares marroquíes rinden homenaje a Hasán II durante los funerales celebrados en honor del fallecido monarca en julio de 1999 en Rabat.

En época de Hasán II, la monarquía había hecho amplio uso de estas prerrogativas para emascular la aparente democracia marroquí, encarcelando a los opositores al régimen y lanzando una sórdida guerra contra el pueblo saharaui. Todo esto se esperaba que cambiase con la llegada de su primogénito Mohamed, cuya imagen internacional correspondía a la de un joven interesado en las nuevas tecnologías, sensible a la problemática social y religiosa del país, con una educación occidental que se interpretaba como renovadora. De hecho, su llegada al trono despertó gran entusiasmo popular, principalmente en la juventud marroquí, que esperaba cambios relevantes en el terreno social y laboral.

En los primeros meses de mandato, algunas actuaciones del nuevo monarca como el discurso ante el parlamento, donde anunció una serie de reformas en el sistema educativo y la creación de fondos para inversiones y equipamientos, parecieron confirmar las esperanzas en cuanto a la necesaria renovación. La amnistía concedida en julio de 2000 a los encarcelados por el régimen, la anulación del arresto domiciliario en vigor durante diez años sobre el jeque Abdessalam Yasin, líder del grupo funda-

Mohamed VI, coronado rey de Marruecos en 1999 tras la muerte de su padre, Hasán II.

El Sahara occidental, un problema pendiente

El conflicto del Sahara occidental sigue sin encontrar una solución tras la «Marcha verde», formidable marea humana de más de 350.000 marroquíes que en 1975 forzó la retirada de las fuerzas coloniales españolas y también de miles de saharauis, muchos de los cuales acabarían encontrando refugio en los campamentos del desértico paraje argelino de Tindouf. En 1976, el Frente Popular de Liberación de Saguia al-Hamra y Río de Oro, más conocido por su acrónimo de Frente Polisario, proclamó la República Árabe Saharaui Democrática (RASD), que contó con el inmediato reconocimiento de varios países. La guerra entre fuerzas marroquíes y del Polisario se extendería a lo largo de toda la década de 1980, obligando a las autoridades de Rabat a levantar un sistema de muros en el desierto para contener los ataques guerrilleros.

En 1991, el Consejo de Seguridad de la Organización de las Naciones Unidas (ONU) dio su aprobación a un plan de paz que contemplaba un alto el fuego y la creación de la Misión para la Organización de un Referéndum en el Sahara Occidental (Minurso). En el verano del año siguiente, el entonces secretario general de la ONU, Butros Ghali, informó al Consejo de Seguridad de que, pese al mantenimiento del alto el fuego, las negociaciones y la organización del referéndum no habían arrojado sus frutos. Lo cierto es que las discrepancias entre el gobierno de Rabat y el Polisario en torno al censo han imposibilitado hasta la fecha la realización del proyectado referéndum de autodeterminación en el Sahara occidental: mientras el Polisario pretendía que se utilizara como base el antiguo censo español, las autoridades marroquíes abogaban por incorporar al cuerpo electoral a los miles de colonos marroquíes establecidos en la zona tras la «Marcha verde».

La última propuesta de Naciones Unidas para poner fin al conflicto contemplaba la concesión de una autonomía a la región, en el seno del Reino de Marruecos, y la celebración de elecciones –conforme al censo restringido propugnado por el Polisario– para cubrir los escaños de una cámara legislativa autonómica con poderes significativos en numerosas materias; tras un periodo de cinco años, se celebraría el definitivo referéndum de autodeterminación –el censo para esta consulta sería teóricamente más favorable para los intereses de Marruecos, al comprender a buena parte de los colonos de origen marroquí– en el que los saharauis se pronunciarían a favor o en contra de constituirse como un nuevo estado independiente. Esta propuesta, a diferencia de otras como la autonomía pactada sin referéndum o la partición del territorio entre Marruecos y el Polisario –vista con buenos ojos por la vecina Argelia–, parecía contar en la primavera de 2003 con cierta aquiescencia de las dos partes en conflicto. La ONU había invertido ya 27 años, y cerca de 500 mil millones de dólares, en sus tareas de mediación y ayuda.

Mohamed Abdelaziz (derecha), dirigente del movimiento independentista saharaui Frente Polisario, en una entrevista en 1997 con el estadounidense James Baker, representante de Naciones Unidas para el Sahara occidental.

El conflicto de Perejil

Ocupación por tropas españolas del islote de Perejil en el verano de 2002.

En el mes de julio de 2002 se vivieron nueve días de tensión entre España y Marruecos a raíz del contencioso suscitado por el control del islote de Perejil (en árabe, Tura), un pequeño islote rocoso, habitado sólo por cabras, situado al oeste de Ceuta y casi a tiro de piedra de las costas magrebíes. Hasta entonces, Perejil era un accidente geográfico desconocido por la inmensa mayoría de los ciudadanos españoles y marroquíes.

El 11 de julio una docena de gendarmes marroquíes desembarcan en Perejil e izan sobre el islote la bandera de su país. Esta medida de fuerza coge por sorpresa al gobierno español, que al día siguiente ordena reforzar todas sus posiciones militares en el norte de África. De inmediato se inicia una frenética ronda de contactos diplomáticos. La Unión Europea (UE) exige el día 14 la retirada marroquí del peñón. Dos días más tarde, tras conocer la negativa de Marruecos –expresada a través de su ministro de asuntos exteriores, Mohamed Benaisa– a evacuar Perejil, España decide retirar a su embajador en Rabat. Por su parte, el gobierno marroquí reemplaza a los gendarmes por una dotación de infantes de marina.

El conflicto de Perejil toma un importante giro la madrugada del 17 de julio, cuando militares españoles pertenecientes a los tres ejércitos asaltan la isla y desalojan de manera incruenta a los infantes de marina marroquíes. Un grupo de legionarios permanece en el islote tras el asalto. Madrid ofrece a Rabat la retirada de los legionarios a cambio de retornar al *statu quo* inicial. Pero Marruecos se niega y califica el acto militar como «declaración de guerra». El 19 de julio, ante el temor al estallido de un conflicto militar hispano-marroquí, el Departamento de Estado de los Estados Unidos se implica activamente en la crisis: el secretario Colin Powell mantiene intensas conversaciones con el rey Mohamed VI y la ministra española de relaciones exteriores, Ana Palacio, que conducen a un acuerdo. Finalmente, españoles y marroquíes acuerdan regresar al *statu quo* anterior al 11 de julio, o sea, a la desmilitarización del islote. El 20 de julio los legionarios españoles abandonan Perejil. Dos días después, Ana Palacio y su homólogo marroquí, Mohamed Benaisa, se reúnen en Rabat durante más de cuatro horas para confirmar el trato.

Según ciertos historiadores, Perejil pertenece a España desde 1668. Otros estudiosos apuntan que, en virtud de los tratados establecidos entre España y Marruecos, el peñón no quedaba incluido en el territorio de las plazas de soberanía norteafricanas –léase, Ceuta y Melilla– sino en el del antiguo protectorado español; en este caso, al haber revertido los territorios del protectorado al reino de Marruecos en 1956, el islote pertenecería al país magrebí. Lo cierto es que la soberanía de Perejil sigue siendo todavía una cuestión irresuelta.

mentalista moderado Justicia y Caridad, y la autorización para regresar a Marruecos a Abraham Serfaty, el más conocido oponente político marroquí que vivía exiliado en Francia desde 1991, confirmaron en principio el comienzo de una nueva etapa en la que se trataría de superar el pasado reciente.

Sin embargo, bien pronto se pudo comprobar que el gobierno marroquí volvía a repetir vicios de su etapa anterior. Así, en 1999, Marruecos decidió no prorrogar el acuerdo pesquero que mantenía con la UE (y que beneficiaba especialmente a España) con el objeto de, según Rabat, potenciar ese sector de la economía marroquí. Como se comprobaría posteriormente, era en realidad parte de un proceso de más largo alcance en el que el joven rey pretendía mostrar su firmeza de carácter. En agosto de 1999, y aprovechando la resaca de las elecciones municipales en España, volvía a reclamar la soberanía marroquí de las ciudades de Ceuta y Melilla. Al mismo tiempo, frenaba el plan de la ONU para celebrar un referéndum en el Sahara occidental y exigía la inclusión en el censo de otros 65.000 habitantes, en su mayoría colonos marroquíes asentados en la región tras la cesión de ésta por parte de España a Marruecos en 1975. Esto sirvió además para devolver las agrias relaciones con Argelia a la primera plana de los periódicos locales afectos al régimen alauí.

En los años 2000 y 2001 las actuaciones de la monarquía marroquí continuaron por la misma senda. El rey visitó el Sahara occidental con la intención de darse un programado baño de masas al tiempo que criticaba duramente a la recién nacida Unión Africana por permitir la presencia de representantes saharauis en dicha organización. En España, se convocaron numerosas manifestaciones en apoyo del pueblo saharaui, lo que fue contestado por Marruecos con el bloqueo de múltiples cuestiones pendientes en los acuerdos entre el país magrebí y la UE, la retirada unilateral de su embajador en Madrid (octubre de 2001) y una mayor tendencia a favorecer los intereses estadounidenses en la zona (el enviado de la ONU para el Sahara es el antiguo secretario de estado estadounidense James Baker).

Multitudinaria manifestación de fundamentalistas islámicos en la ciudad de Casablanca.

Finalmente, en 2002 se produjo el conflicto del islote de Perejil. Las relaciones entre España y Marruecos desde la llegada al trono de Mohamed VI habían acabado degenerando en un verdadero conflicto diplomático: el bloqueo de las conversaciones UE-Marruecos, la postura española respecto al Sahara occidental, la aparente permisividad marroquí hacia el tráfico de inmigrantes en el estrecho de Gibraltar y la retirada del embajador habían provocado una escalada de tono en las manifestaciones del primer ministro marroquí Abderramán Yusufi y José María Aznar que no hacía presagiar una solución rápida al contencioso. Finalmente, en julio de 2002, un destacamento de gendarmes marroquíes desembarcaba en el islote de Perejil, teóricamente territorio español aunque situado a tan sólo 200 metros de la costa de Marruecos.

El socialista Abderramán Yusufi fue primer ministro de Marruecos entre 1998 y 2002.

Mohamed VI demostró de nuevo su ambigüedad al declarar, por una parte, que Perejil, «como Ceuta y Melilla», era marroquí; por otra parte, afirmaba que la ocupación del islote era tan sólo una medida temporal para luchar contra el tráfico de inmigrantes. Tras unos días de tensa espera, tropas españolas expulsaron a los policías marroquíes del islote y Madrid y Rabat llegaron a un acuerdo, alcanzado con la mediación de Estados Unidos, de respetar el *statu quo* de Perejil, es decir, dejarlo deshabitado y sin entrar a fondo en la cuestión de su soberanía.

Las medidas adoptadas por Mohamed VI desde 1999 probablemente estén destinadas al consumo interno, al intentar desviar la atención de problemas más serios del país. Desde su llegada al poder, Rabat ha tenido que hacer frente a dos posturas contrapuestas que amenazan con desestabilizar Marruecos. Por una parte, las expectativas generadas con su entronización alimentaron las esperanzas de una gran parte de los marroquíes, deseosos de que se produzca la definitiva modernización y democratización del país. Por otra parte, y como se pudo comprobar en las elecciones de 2002, el fundamentalismo islámico, aunque sea en su vertiente moderada, está consiguiendo conectar con una parte importante del pueblo marroquí, especialmente entre las clases más pobres. Las exaltaciones nacionalistas contra un país occidental como España sirven para desviar la atención de estos problemas.

En cualquier caso, Mohamed VI parece un claro partidario de la modernización del país y de establecer lazos más fuertes con occidente. Aunque debe hacer continuos guiños a los nacionalistas del Istiqal y a los fundamentalistas del Partido Justicia y Desarrollo, el régimen de Rabat ha seguido manteniendo unas fluidas relaciones con los Estados Unidos, especialmente en la colaboración policial contra Al-Qaeda, y ha firmado diversos convenios con la UE (acuerdo euromediterráneo de asociación, marzo de 2000). Finalmente, el nombramiento de Driss Jettu como primer ministro, en lugar de su compañero de partido Yusufi, ha sido interpretado por España como un intento de mejorar las relaciones entre los dos países, dado el talante moderado y abierto del nuevo jefe de gobierno marroquí. Esto no quita sin embargo que los ataques dialécticos sobre Ceuta y Melilla o el Sahara vuelvan a repetirse, especialmente cuando algún problema interno vuelva a amenazar la estabilidad de Marruecos.

Irán: lucha institucional entre moderados e integristas

Mohamed Jatami, elegido presidente de Irán en 1997 y reelecto en 2001, emprendió desde el comienzo de su mandato un programa de reforma y liberalización del régimen islámico.

Irán es una república islámica que combina tanto aspectos democráticos como fundamentalistas. En principio, existe una clara división de poderes encarnada en la figura del presidente del ejecutivo, en la asamblea parlamentaria, o *majlis,* y en los órganos judiciales. Los dos primeros son elegidos en las urnas cada cuatro años aunque no se puede hablar de una verdadera democratización al no existir el multipartidismo sino simplemente diversas tendencias dentro del movimiento revolucionario islámico. Por otra parte, estos poderes tampoco son verdaderamente independientes ya que su actuación está sujeta al líder religioso chiíta, el *ayatollah,* y al Consejo de Guardianes, los cuales velan por la «constitucionalidad» de las medidas adoptadas por el legislativo. El poder de estas dos instituciones religiosas es sumamente real y, de hecho, poseen una importante influencia en las fuerzas armadas al estar éstas constituidas, en una tercera parte, por los *pasdaran:* los guardianes de la religión.

El presidente iraní Akbar Hashemi Rafsanjani.

En un principio, cuando la revolución liderada por el *ayatollah* Jomeini consiguió expulsar al sha de Persia en 1979, el complejo sistema institucional crea-

Mohamed Jatami, símbolo del aperturismo iraní

La figura del político reformista Mohamed Jatami, presidente de Irán desde 1997, encarna las ansias de cambio de la inmensa mayoría de la población de su país, en particular de las mujeres y de los jóvenes, hartos de la rigidez del régimen islámico implantado en 1979 por el ayatolá Ruhola Jomeini tras el derrocamiento de la monarquía.

Encuentro en Madrid en octubre de 2002 entre el presidente de Irán, Mohamed Jatami, y el jefe del gobierno español, José María Aznar.

Mohamed Jatami nació en 1943 en la localidad iraní de Ardakán, hijo de una familia de tradición religiosa que podía proclamar su descendencia directa, a través de Fátima y Alí, del profeta Mahoma. En 1961 empezó a cursar estudios en la escuela de Teología de Qom, donde impartía enseñanza el mítico *ayatollah* Jomeini. Con posterioridad, el joven Jatami se graduó en filosofía en la Universidad de Ispahán y realizó estudios de posgrado en ciencias de la educación en la Universidad de Teherán. Luego retornó al seminario de Qom para ampliar allí su formación islámica. Su formación mixta, que combinaba la religión islámica con la filosofía occidental, le valdría para ascender al rango de *hoyatolesham* («autoridad del islam») en el escalafón religioso chií, y a la vez ser considerado un reputado intelectual.

La amistad de Jatami con el hijo de Ruhola Jomeini le permitió jugar un papel preponderante en los disturbios universitarios que llevaron en 1979 a la caída del régimen del *sha* Mohamed Reza Pahlavi. Tras el triunfo de la revolución islámica en su país, pasó a ocupar puestos de gobierno relacionados con la cultura y la educación, lo que le permitió ganarse una gran popularidad entre los jóvenes, las mujeres y los intelectuales. Éstos verían en su persona una alternativa a la severa ortodoxia del régimen. Como ministro de cultura y orientación islámica, Jatami promovió una cierta apertura en el ámbito de la prensa, tolerando incluso publicaciones de la oposición moderada. Esta actitud le granjeó la enemistad de los sectores más conservadores del régimen, que en 1993 lograron su cese como ministro y su traslado a un puesto de segunda fila: el de director de la Biblioteca Nacional.

Jatami se presentó en 1997 a las elecciones presidenciales como candidato de la reformista Sociedad de Ulemas Combatientes, con un programa político que ponía el acento en la libertad de expresión y en el respeto a los derechos humanos. Obtuvo un resonante triunfo en las urnas que le aupó a la presidencia de la nación. Al frente del gobierno iraní, Jatami intentó conciliar el islam con la libertad. Las elecciones municipales de febrero de 1999 supusieron un respaldo a su política aperturista, que apostaba por una aproximación a los países de occidente (los Estados Unidos inclusive). En las elecciones presidenciales de 2001 revalidó con una holgada mayoría su cargo de presidente de la República Islámica de Irán.

do por el clero chiíta no produjo apenas problemas. La mano de hierro con la que Jomeini gobernó el país, implantando la *sharia* y anulando las medidas prooccidentales del anterior régimen, apenas dejó margen de discusión. Sin embargo, tras su muerte en 1989 Irán comenzó a dar muestras de un ferviente deseo de modernización. Jomeini fue sustituido al frente de la república por el moderado Akbar Hashemi Rafsanjani, el cual lideró al

El presidente iraní Mohamed Jatami rodeado de un grupo de diplomáticos de su país.

Una mujer iraní cubierta con un chador saca una foto a un clérigo en el transcurso de una clase de ley islámica.

país sin soliviantar a los miembros más retrógrados del clero chiita. Los verdaderos problemas comenzarían con la elección de Mohamed Jatami en 1997 como presidente de la república. Su programa electoral basado en la libertad de expresión, el respeto a los derechos fundamentales y determinadas reformas sociales de talante liberal generó inmensas expectativas entre la población, pero al mismo tiempo se ganó la inquina del *ayatollah* Alí Jamenei y del Consejo de Guardianes.

Tras su triunfo en 1997, Jatami buscó ganarse las simpatías internacionales para contar, al menos en términos económicos, con cierto apoyo a su política reformista. Su actividad y resultados dentro de este contexto fueron espectaculares. En 1998, Jatami viajó a Nueva York para asistir a la 53 Asamblea General de la ONU y poco después recibió la visita del jefe de gobierno italiano, Romano Prodi, primer mandatario occidental en visitar Teherán desde 1979. Asimismo, la anulación de la *fatua* que condenaba a muerte al escritor Salman Rushdie le valió un aplauso internacional que se acabaría concretando en la firma de numerosos acuerdos comerciales con países miembros de la UE, así como en la posibilidad de establecer de nuevo relaciones con los Estados Unidos. De hecho, en el año 2000, mientras Aznar visitaba Teherán (Jatami devolvería la visita en 2002), la administración Clinton aceptaba levantar el embargo comercial que desde los años 80 pesaba sobre Irán.

En contraste con este éxito, Jatami vio cómo sus intenciones de reforma interior eran constantemente boicoteadas por Alí Jamenei y el Consejo. En 1998 su alocución en favor de un islamismo más abierto y afable fue contestada por los ultraortodoxos con la detención del alcalde de Teherán, Gholamhosein Karbachi, uno de los principales colaboradores del presidente. Karbachi sería finalmente liberado gracias a las numerosas manifestaciones estudiantiles de apoyo, pero el Consejo de Guardianes había lanzado ya su mensaje. Los problemas continuarían en 1999, cuando el Consejo decidiese cerrar algunos de los periódicos más liberales e incluso formase una guardia secreta que combatiese, con violencia de ser necesario, las reformas de Jatami. Las protestas estudiantiles en numerosas ciudades iraníes serían reprimidas con dureza por la policía. Jatami aceptó entonces moderar su lenguaje, afirmando que sólo bajo la ley y el orden podían conseguirse las reformas, un mensaje ambiguo que esperaba calmar los ánimos del Consejo pero al mismo tiempo reafirmar su deseo reformista.

Anotación de los resultados de las elecciones parlamentarias celebradas en 2000 en Irán, saldadas con la victoria de los reformistas.

Hoy en día siguen produciéndose las luchas internas entre los partidarios de Jatami y el Consejo de Guardianes liderado por Jamenei. A cada propuesta de ley de carácter reformista le siguen numerosas detenciones policiales, cierres de periódicos o derogaciones «constitucionales» llevadas a cabo por los ultraortodoxos o fundamentalistas chiítas. Esta lucha institucional no hace sino reflejar la profunda división popular del país: la población urbana y, en especial, los estudiantes y las mujeres se muestran claramente a favor de Jatami, mientras que en el medio rural la ortodoxia chiita sigue encontrando importantes apoyos. La propia sociedad iraní es consciente de esta división y de las trabas que encuentra Jatami para llevar a cabo su programa de reformas. Aunque no son pocos los liberales que critican al presidente la lentitud con la que está intentando implantar la democratización del país, siguen renovando su confianza en él, como lo demuestra el más del 78% de votos que recibió Jatami en las elecciones de 2001.

Afganistán y el régimen de los talibanes

Mujeres afganas cubiertas con el tradicional burka.

En 1988 Gorbachov firmaba un acuerdo de paz en Ginebra por el que se llevaba a cabo la retirada de las tropas soviéticas de Afganistán. Tras nueve años de ocupación, más de cinco millones de afganos habían sido desplazados de sus hogares, las víctimas mortales sobrepasaban el millón y el país se encontraba en una grave situación. El régimen prosoviético de Mohamed Nayibulá, sin la ayuda rusa, se preparaba a sucumbir ante los numerosos «señores de la guerra» que dominaban el país. Finalmente, en 1992, fecha en la que Nayibulá fue definitivamente derrocado, Afganistán se vio envuelto en una gran guerra civil en la que todos lucharían contra todos hasta la aparición de los talibanes dos años más tarde.

El movimiento de los talibán o «estudiantes del Islam» fue fundado por Mohamed Omar, un afgano refugiado en el Beluchistán paquistaní. Allí consiguió formar un grupo de fundamentalistas sunníes, en su mayoría de la etnia afgana de los pastún, asiduos de las madrazas o escuelas religiosas asociadas a las mezquitas. Financiados por Arabia Saudí y el propio régimen paquistaní, los talibanes participarían a partir de 1994 en las

El presidente afgano, Hamid Karzai, en una rueda de prensa conjunta a comienzos de 2002 con el primer ministro británico, Tony Blair.

Las sospechosas relaciones de Pakistán con el terrorismo

Desde la década de los 90, Pakistán se ha visto envuelto en una gran polémica debido al apoyo estatal a diversos grupos terroristas islámicos. A las ya viejas acusaciones de la India, acerca de la financiación y colaboración del régimen de Islamabad con los terroristas islámicos y sikhs que operaban en la península indostánica, se le unieron las de Estados Unidos, quien incluyó a Pakistán en la lista oficial de *rogue states* («gobiernos bandido»). Washington acusaba a Pakistán de estar apoyando a grupos como Harkat al-Ansar, al-Badr, Lashkar-e-Toiba, Tehreek al-Mujahidin o Jama'a al-Islam, todos ellos asociados, a su vez, de alguna u otra forma, con Osama Bin Laden. Sin duda, esta colaboración entre Pakistán y las organizaciones fundamentalistas estaba causada por la profunda inestabilidad que vivía el país: los constantes conflictos que se vivían allende sus fronteras (tanto en Cachemira como en Afganistán), habían llevado a numerosos refugiados al país. Muchos de estos apátridas acabarían tendiendo hacia el fundamentalismo y presionando al gobierno de Islamabad para que apoyara su causa. De hecho, el propio Pakistán experimentó un creciente número de atentados llevados a cabo por organizaciones terroristas, e intentó contrarrestarlas dando apoyo a otros grupos como los talibanes o la red de Al-Qaeda. Por otra parte, los continuos golpes de estado, el civil de Sharif contra Benazzir Bhuto (1995) y el militar de Pervez Musharraf contra el propio Sharif (1999), sumieron al gobierno en una inestabilidad que no ayudó a frenar la dinámica terrorista. Finalmente, tras los atentados del 11 de septiembre de 2001, Pervez Musharraf asumiría sus responsabilidades y decidiría apoyar a los Estados Unidos en su lucha contra el terrorismo. El cierre de las madrazas y de medios de comunicación fundamentalistas provocaría sin embargo numerosas manifestaciones callejeras que no pudieron ser sofocadas sino a través de la represión policial. Todavía está por ver si Musharraf conseguirá llevar a cabo sus propósitos de acabar con el terrorismo nacional.

El general paquistaní Pervez Musharraf anuncia en 1999 el derrocamiento del primer ministro Nawaz Sharif.

Manifestación fundamentalista celebrada en 2001 en Pakistán en apoyo de los talibanes.

Buda gigante esculpido en piedra en la localidad afgana de Bamiyán. Esta reliquia del pasado budista del país fue destruida en 2001 por los talibanes.

guerras civiles de su país natal, conquistando Kabul, la capital, en apenas dos años. A partir de ese momento extendieron sus conquistas a las provincias norteñas, controladas por una heterogénea alianza de tadzhikos (persas sunníes), uzbekos (sunníes), hazaras (chiítas) y otros grupos de pastunes, como los *mujahidin* de Gulbuddin Hekmatyar. La llamada Alianza del Norte, encerrada en las regiones más pobres de Afganistán, a duras penas pudo resistir los embates del régimen talibán, capaz de financiar sus ejércitos con el lucrativo cul-

Mensaje difundido por el terrorista Osama Bin Laden a través de la cadena televisiva árabe Al-Yazira.

tivo del opio. Finalmente, el 9 de septiembre de 2001 los talibanes parecieron dar el golpe definitivo al movimiento opositor al lograr asesinar a Ahmed Masud, «el león de Panjshir», el líder militar de la Alianza y uno de los héroes de la resistencia afgana contra la URSS.

Una vez controlada la capital, y con ella la mayor parte del país, los talibanes impusieron su propia interpretación de la *sharia* o ley islámica. Esta versión talibán de la *sharia* no sólo permitía las ejecuciones sumarias sino también la prohibición de todo símbolo de «decadencia occidental», como el cine o la televisión. Las mujeres, por su parte, perdieron casi todos sus derechos: no podían salir a la calle sin vestir el tradicional *burka* afgano, una vestimenta que tapa desde la cabellera hasta los pies, y sin compañía masculina; el acceso a la educación o al mercado laboral les estaba, por supuesto, totalmente vedado. La obsesión por eliminar cualquier vestigio cultural o religioso que no fuera estrictamente islámico condujo al régimen a destruir en 2001 las estatuas de los budas gigantes situados en el valle de Bamiyan y que databan del siglo IV. Las críticas internacionales o el intento de la UNESCO por incluir a las estatuas en la lista de monumentos patrimonio de la humanidad no consiguieron que los talibanes cejasen en su empeño.

Ahmed Masud, líder afgano antitalibán asesinado en septiembre de 2001.

El extremismo talibán aisló completamente al país, que sólo obtuvo reconocimiento diplomático por parte de Pakistán, Arabia Saudí y los Emiratos Árabes Unidos. Este aislamiento no sólo venía provocado por su fundamentalismo sino también por su actitud hacia el narcotráfico y el terrorismo. Desde la llegada de los talibanes al poder, Afganistán se había convertido en refugio y sede de una red terrorista, Al-Qaeda (la Base), dirigida por Osama Bin Laden, a la cual acudían numerosos musulmanes radicales, desde argelinos hasta chechenos, deseosos de aprender «el arte de la guerra y el terror». Precisamente, esta conexión provocaría el fin del régimen talibán: en octubre de 2001, como consecuencia de los atentados contra las torres gemelas de Nueva York, los Estados Unidos entraban en guerra contra el gobierno de Kabul. En diciembre de 2001, los talibanes eran definitivamente sustituidos al frente del gobierno afgano.

Desde el inicio de la guerra, la coalición internacional liderada por los Estados Unidos había estudiado el tema de qué hacer con Afganistán. Parecía evidente que la Alianza del Norte, la principal fuerza opositora, no contaba con el suficiente respaldo popular, máxime después de que su líder, Ahmed Masud hubiese sido asesinado. Siendo una fuerza que reunía a las principales minorías étnicas del país, la Alianza no podría contar con un fuerte apoyo de los pastún, la etnia mayoritaria del país, fuertemente enfrentada a otras como los hazaras chiitas. Por ello, desde el 1 de octubre,

Unidad militar de la Alianza del Norte, eje de la resistencia armada afgana al régimen talibán.

Hamid Karzai fue nombrado presidente de Afganistán en noviembre de 2001.

la coalición internacional mantuvo conversaciones no sólo con la Alianza sino también con la oposición pastún e incluso con el exiliado rey afgano, Mohamed Zahir Sha.

Fruto de esta ronda de negociaciones fue la formación de la *Loya Jirga* (asamblea multiétnica de ancianos y notables) para que decidiesen la elección del gobierno provisional afgano. Finalmente, el 29 de noviembre de 2001, los representantes de la Loya Jirga firmaban en Bonn los acuerdos por los que se nombraba a Hamid Karzai como jefe de un gobierno de transición en el que debían estar incluidos representantes de las diversas etnias nacionales. Este gobierno debía conducir al país hasta la celebración de las elecciones democráticas planeadas para 2004.

La misión gubernamental se está demostrando sin embargo difícil de cumplir. Por una parte, los talibanes perdieron el poder, pero aún siguen resistiendo en algunas regiones de Tora Bora, y lo escabroso del terreno, lleno de grutas en las que esconderse, hace pensar que la lucha continuará durante bastante tiempo. Por otra parte, muchos de los antiguos líderes guerrilleros se muestran muy recalcitrantes a la hora de ceder su parcela local de poder al gobierno provisional. Gente como el uzbeco general Abdul Rashid Dostum o el pastún Hekmatyar, sospechoso de haber colaborado con los talibanes, rechazan desmovilizar a sus tropas, convirtiéndose así en verdaderos «señores feudales». Este complejo panorama ha hecho que el terrorismo, lejos de haber sido erradicado en Afganistán, se haya acentuado. Prueba de ello son el intento de asesinato al que sobrevivió el propio Karzai o el atentado que costó la vida a su vicepresidente, Abdul Qadir.

El general afgano Abdul Rashid Dostum.

LA GUERRA GLOBAL CONTRA EL TERRORISMO: DEL 11 DE SEPTIEMBRE DE 2001 AL 11 DE MARZO DE 2004

Si bien el empleo del terror indiscriminado no es un arma nueva y ha sido utilizada repetidamente por individuos o grupos como sangriento altavoz para sus reivindicaciones, no puede negarse que el día 11 de septiembre de 2001 (11-S) comenzó una nueva etapa que algunos han denominado como «el duro despertar al nuevo siglo». Los atentados de aquel día contra las torres gemelas de Nueva York y el Pentágono no sólo tuvieron un importante impacto humano y material sino también simbólico: ni siquiera los corazones financiero y militar de la gran superpotencia mundial estaban a salvo. Desde entonces, el temor a sufrir atentados terroristas ha quebrado en el mundo occidental la sensación de seguridad, la confianza en los sistemas de defensa, convirtiendo en vulnerables tanto a las superpotencias como a los países más pequeños y haciendo peligrar la continuidad de la estabilidad y el desarrollo.

El 11 de septiembre de 2001 fue uno de los días más nefastos de la historia de los Estados Unidos. A la izquierda, imagen de las torres gemelas de Nueva York ardiendo tras los terribles atentados de esa mañana; a la derecha, daños causados por el impacto de uno de los aviones suicidas en el edificio del Pentágono en Washington.

11 de septiembre de 2001

El 11 de septiembre de 2001, los Estados Unidos de América sufrieron el peor ataque de su historia desde Pearl Harbour. A las 8:45 horas se produjo el primer impacto de un avión de pasajeros contra una de las torres gemelas del World Trade Center neoyorquino. Dieciocho minutos más tarde, cuando las cámaras de televisión habían acudido a filmar el suceso, un segundo avión de pasajeros se estrellaba contra la otra torre gemela, eliminando así la posibilidad de un accidente fortuito. Tanto la hora como el cálculo milimétrico de las acciones, secuenciadas como si de una película de ficción se tratase, mantuvieron a buena parte de la población mundial hipnotizada frente a las imágenes retransmitidas en directo por televisión. Una hora después, una tercera aeronave chocó contra el ala este del Pentágono, al mismo tiempo que las dos torres gemelas se desplomaban, alcanzando tanto a las personas que habían conseguido descender como a los bomberos y policías que habían acudido tras los impactos. A las 10:10 horas, un cuarto avión cayó en un bosque de Pennsylvania, en lo que se atribuyó a una rebelión de parte del pasaje, evitando con su acción que el avión llegara a su destino, probablemente la Casa Blanca o la residencia presidencial de Camp David. Los primeros cálculos estimaban que al menos 20.000 personas podían haber fallecido; sólo después de transcurridos unos meses pudo llegarse a la cifra oficial de aproximadamente tres mil víctimas.

Ciudadanos estadounidenses expresan su duelo por la tragedia terrorista del 11-S en Nueva York y Washington.

En los primeros momentos tras el múltiple atentado cundió el desconcierto. ¿Se habían producido más ataques?¿Dónde estaba el presidente? La Casa Blanca había sido desalojada en cuanto se conoció que el Pentágono, en Washington, había sido uno de los objetivos terroristas. El presidente de Estados Unidos, George W. Bush, se mantuvo todo el día 11 volando en el Air Force One, el avión presidencial, como medida de precaución. Poco después, en un mensaje televisado, el presidente se dirigiría a la nación afirmando que los ataques no se trataban de un acto terrorista sino de una verdadera declaración de guerra, de «una lucha sin cuartel entre el bien y el mal», y como tal sería tratada. Sus palabras tuvieron un efecto inmediato: rápidamente se levantó una oleada de patriotismo en el pueblo estadounidense, el cual se alineó junto a su presidente para iniciar la «guerra global» contra el terrorismo.

¿Pero quién exactamente era el culpable? En poco tiempo se consiguió desenredar la madeja de los atentados. Los aviones habían sido secuestrados en pleno vuelo por un grupo de personas, de religión musulmana, que habían entrado hacía tiempo en los Estados Unidos y habían seguido allí, en algunas de las numerosas academias de aviación existentes, cursos de pilotaje. Que todos estos secuestradores habían planeado la acción de forma coordinada no planteaba dudas: el hecho de que se hubiesen producido to-

11-S: cronología de un ataque terrorista sin precedentes

Los Estados Unidos de América, y en particular la ciudad de Nueva York, vivieron la mañana del 11 de septiembre de 2001 las que seguramente fueron las 2 horas de mayor horror de toda su historia como nación independiente. Ésta fue la fría secuencia de los acontecimientos que ese día convulsionaron al mundo, cobrándose la vida de más de tres mil personas:

8:45 horas: Un avión Boeing 767 de la compañía American Airlines, con 81 pasajeros y 11 tripulantes a bordo, que realizaba el trayecto Boston-Los Ángeles, impacta contra la torre norte del World Trade Center de Nueva York.

9:03 horas: Un avión Boeing 767 de la compañía United Airlines, con 56 pasajeros y 9 tripulantes a bordo, que cubría la ruta Boston-Los Ángeles, impacta contra la torre sur del World Trade Center neoyorquino ante la mirada de millones de personas de todo el planeta que siguen los sucesos en directo por la televisión.

9:40 horas: El presidente estadounidense, George W. Bush, ordena el cierre del espacio aéreo nacional a todo avión no militar. Desde la Casa Blanca se había reconocido 10 minutos antes la existencia de un ataque terrorista coordinado contra el país.

9:43 horas: Un avión Boeing 757 de la compañía American Airlines, con 58 pasajeros y 6 tripulantes a bordo, que realizaba el trayecto Dulles (Virginia)-Los Ángeles, impacta contra el edificio del Pentágono en Washington D.C.

9:45 horas: Se evacua la Casa Blanca ante el temor a ser objeto de otro ataque aéreo suicida.

10:05 horas: La torre sur del World Trade Center de Nueva York se derrumba.

10:10 horas: Un avión Boeing 757 de la compañía United Airlines, con 38 pasajeros y 7 tripulantes a bordo, que cubría la ruta Newark (Nueva Jersey)-San Francisco, se estrella en un bosque del estado de Pennsylvania. Este avión iba presuntamente dirigido contra el Capitolio o la Casa Blanca.

10:28 horas: La torre norte del World Trade Center neoyorquino se viene abajo.

Un grupo de personas huye de la zona cercana a las torres gemelas de Nueva York tras el impacto de uno de los aviones suicidas contra la torre sur.

La estatua de la libertad se perfila sobre el fondo de la densa nube de humo provocada por el hundimiento de las torres gemelas.

Un helicóptero sobrevuela el 11 de septiembre de 2001 el edificio del Pentágono, en Washington, envuelto en una densa humareda.

Al-Qaeda: ¿quién es quién?

Osama Bin Laden, jefe de la red terrorista islámica Al-Qaeda.

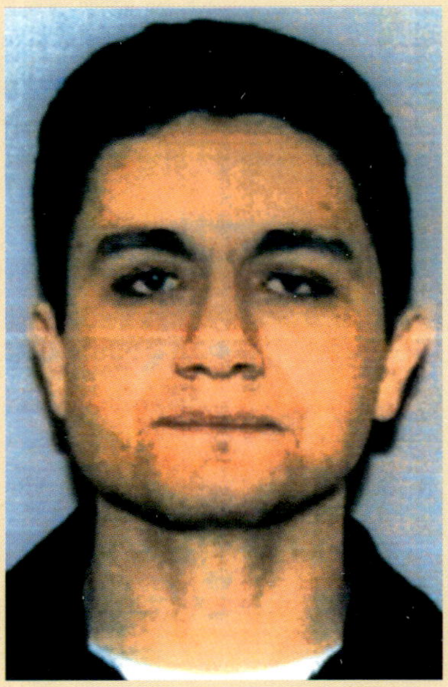

El egipcio Mohamed Atta fue uno de los cerebros de los atentados suicidas del 11-S.

Al-Qaeda (la Base) es una organización terrorista de ideología fundamentalista islámica, surgida con motivo de la guerra del golfo Pérsico (1990). Según los servicios de inteligencia estadounidenses, Al-Qaeda cuenta con una organización muy compleja en la que el órgano de poder está formado por el *majlis al-shura*, o asamblea. Ésta dirige a diversas células terroristas, inconexas entre sí para que la caída de una no lleve a la de la otra, con las que se comunican a través de mensajeros propios o miembros de otros grupos terroristas afines como los salafistas argelinos. Según parece, la mayoría de los miembros de Al-Qaeda serían de nacionalidad saudí y egipcia, los dos países musulmanes que han sido los mayores aliados de Estados Unidos.

Osama Bin Laden. Líder indiscutible de Al-Qaeda, este multimillonario saudí nacido en 1957, comenzó a ser conocido en los años 80 por reclutar guerrilleros, con ayuda de la CIA, que se opusieran a la invasión soviética de Afganistán. Esta labor le puso en contacto con numerosos grupos terroristas y guerrilleros de ideología fundamentalista. En 1990, Bin Laden rompió sus vínculos con la CIA al considerar un sacrilegio la presencia de tropas estadounidenses en Arabia Saudí durante la guerra del golfo y fundó Al-Qaeda. Tras escapar a la detención de las autoridades, se refugió en Sudán y otros países, financiando a grupos terroristas como Jihad Islámica o el GIA argelino. Expulsado de Sudán en 1996 debido a la orden de busca y captura dictada por los Estados Unidos, se refugió en Afganistán, donde halló la protección del régimen talibán. En la actualidad se desconoce su paradero.

Mohamed Atef. Cofundador de Al-Qaeda y consuegro de Bin Laden, siguió a éste tanto a Sudán como a Afganistán. Considerado uno de los organizadores de los atentados del 11 de septiembre, fue acusado con anterioridad de haber participado en los ataques contra las embajadas de Tanzania y Kenia. Se cree que murió en noviembre de 2001, víctima de los bombardeos sobre Kabul.

Ayman al-Zawahiri. Procedente de la Jihad Islámica egipcia, grupo al que se le atribuye el asesinato del presidente Sadat. Considerado el verdadero «cerebro» de la organización, es al mismo tiempo número dos de ésta, médico personal y hombre de confianza de Bin Laden.

Abu Zubaydah. Saudí nacido en 1973, forma parte de las nuevas generaciones de la organización. Su labor consiste en reclutar, examinar y entrenar a los aspirantes a entrar en la organización.

Saif al-Adel. Considerado el responsable de logística, dota a los comandos de los medios materiales necesarios para llevar a cabo los atentados.

Abdullah Ahmed. Egipcio, utilizó diversos alias para poder salir de Afganistán y comprobar sobre el terreno la posibilidad de llevar a cabo los planes de los atentados. Se cree que murió en 2001 como consecuencia del estallido de una granada que transportaba en Jalalabad (Afganistán).

dos en el mismo día, en apenas hora y media, en horario laboral –lo que aseguraba un gran número de víctimas y su cobertura mediática– y la cuidadosa preparación, requería una planificación concienzuda. Todo ello sólo podía apuntar a una organización, Al-Qaeda (la Base), y a un hombre, su líder Osama Bin Laden, implicado anteriormente en numerosos ataques contra intereses estadounidenses (World Trade Center, 1993; base saudí-estadounidense de Dahrán, 1996; embajadas estadounidenses de Kenia y Tanzania, 1998; acorazado Cole, 2000).

Las acusaciones lanzadas contra la organización fundamentalista islámica provocaron en los Estados Unidos una fuerte reacción contra la importante comunidad musulmana allí establecida. Muchos de sus miembros se vieron sometidos a insultos y amenazas o se destrozaron sus negocios, otros fueron agredidos e incluso se produjeron algunas víctimas. Esto llevó a la

Casa Blanca a enfatizar que los musulmanes no eran los culpables sino Al-Qaeda, y tuvo que llevar a cabo diversas actividades (discursos presidenciales, entrevistas con líderes musulmanes, etc.) para calmar los ánimos no sólo de los propios estadounidenses sino también de aquellos extranjeros que profesaban la religión islámica.

Pero pedir la calma a la sociedad estadounidense era difícil. El 25 de septiembre una empleada de la cadena de televisión NBC abría un paquete con un extraño polvo blanco en su interior. A los pocos días se confirma que está contagiada de carbunco (ántrax), una enfermedad bacteriana de carácter mortal si no es tratada inmediatamente. En apenas dos meses se detectaron numerosos envíos más, generalmente contra oficinas gubernamentales y medios de comunicación. Se registró el fallecimiento de cinco personas, y fueron ingresadas varias decenas más. La gente no se atrevía a abrir su correo o beber agua del grifo y las caretas antigás se agotaron rápidamente. De nuevo se desató la histeria antimusulmana, pero el 10 de noviembre el FBI ya había descartado la posibilidad de un nuevo atentado de Al-Qaeda: el autor de los envíos, nunca identificado plenamente, parecía estar relacionado con la extrema derecha estadounidense y sólo había buscado aprovecharse del clima de inseguridad reinante en el país.

El pánico colectivo que se desató, no sólo en Estados Unidos sino en todo occidente, trajo consigo una fuerte reacción gubernamental. Se impusieron extraordinarias medidas de seguridad en edificios públicos y gubernamentales, se invirtió en costosos equipos de detección de metales o de rayos X para inspeccionar los envíos de correo, se crearon firmes controles en los aeropuertos y se estableció que guardias armados viajaran en los vuelos comerciales. Los atentados también trajeron consigo una preocupante pérdida de libertades, aceptada por las sociedades occidentales a cambio de obtener cierta seguridad. Se impuso una férrea censura, generalmente de forma indirecta (autocensura), y el gobierno estadounidense incluso se planteó crear una agencia de

George W. Bush con Saud al-Faisal, ministro de asuntos exteriores de Arabia Saudí, días después de los atentados suicidas del 11-S.

Una musulmana estadounidense porta la bandera de su país en un homenaje a las víctimas del 11 de septiembre. La comunidad islámica de los Estados Unidos tuvo que afrontar un fuerte rechazo de buena parte de sus compatriotas tras los sucesos del 11-S.

La reapertura de la bolsa de Nueva York el 17 de septiembre de 2001, tras una semana de cierre por los atentados terroristas del 11-S, se convirtió en un acto de reafirmación nacional estadounidense.

«desinformación». Más grave aún, Washington suspendió algunos derechos constitucionales: se podría detener a sospechosos sin necesidad de presentar cargos contra ellos, se anulaba el derecho de privacidad en las comunicaciones entre los detenidos por terrorismo y sus abogados, se creaban tribunales militares para juzgar a los culpables, etc. Afortunadamente, una vez pasado el primer momento, y especialmente tras la fuerte polémica suscitada por la condición de los prisioneros afganos de Guantánamo, como se verá posteriormente, Estados Unidos decidió dar marcha atrás a la mayoría de sus planes, al menos de forma oficial.

La guerra contra el terrorismo: Afganistán

Mientras el pueblo estadounidense seguía viviendo bajo el impacto de los atentados, el gobierno de Washington se puso manos a la obra. En apenas unos días se movilizaron 50.000 reservistas y el Congreso estadounidense aprobó una partida adicional de 40.000 millones de dólares para la «protección» del país contra nuevos ataques. La guerra contra Al-Qaeda y sus anfitriones, los talibanes afganos, parecía cercana, aunque al mismo tiempo la diplo-

Convoy de refugiados afganos.

Aspecto de una sesión en 2001 de la Organización del Tratado del Atlántico Norte, en la que se guardó un minuto de silencio por las víctimas del terrorismo en los Estados Unidos.

macia estadounidense intentaba conseguir la extradición de Bin Laden y sus colaboradores. Sin embargo, los talibanes se negarían a entregar al culpable argumentando falta de pruebas, aunque el propio Bin Laden, a través de sus mensajes por la televisión árabe al-Jazira, no negaba precisamente su implicación en los hechos. El mundo se preparaba para la guerra.

A mediados de septiembre, EE.UU. había conseguido ya el apoyo internacional para llevar a cabo sus planes. Sus socios en la OTAN se avinieron a modificar el artículo 5 de sus estatutos, el cual versa sobre la «defensa mutua», para homologar los atentados terroristas a una agresión armada a un país miembro. Más sorprendente resultó que lo hiciera Rusia, apenas una década después de finalizar la «guerra fría». El apoyo del presidente Vladimir Putin se interpretó como el deseo de Moscú de mejorar sus relaciones económicas con Washington, y la posibilidad de justificar un endurecimiento contra los separatistas chechenos utilizando similares argumentos.

> **«Si ustedes no están con nosotros, están con los terroristas.»**
> **George W. Bush**

Quedaba por conocer la respuesta del mundo árabe. Sus líderes habían mostrado sus condolencias al pueblo estadounidense nada más producirse el atentado (Arafat en un gesto publicitario incluso donaría sangre para las víctimas), pero algunos sectores de la población, no sólo en Palestina sino también en países «occidentalizados» como Túnez, habían celebrado el ataque como una victoria contra el gran enemigo estadounidense. Las dudas acerca de la respuesta de estos países fueron, sin embargo, rápidamente solventadas. Dos de los tres países que reconocían al régimen talibán, Arabia Saudí y los Emiratos Árabes Unidos, retiraron inmediatamente su apoyo al gobierno de Kabul, mientras que Pakistán, el más reticente a abandonar su alianza con los talibanes, cedía finalmente su territorio a las tropas estadounidenses en caso de que se llegase a la guerra. La reacción estadouni-

Los atentados del 11-S supusieron un estrechamiento de las relaciones entre los Estados Unidos y Rusia. En la foto, George W. Bush con su homólogo ruso, Vladimir Putin, en una reunión sostenida en Eslovenia meses antes del ataque terrorista contra Nueva York y Washington.

El general paquistaní Pervez Musharraf en la Asamblea General de Naciones Unidas.

dense había acabado por acallar cualquier oposición internacional a sus planes.

Al mismo tiempo, Washington promovió una campaña internacional, de carácter policial, contra el terrorismo. Estados Unidos ordenó la congelación de las cuentas bancarias de los sospechosos de apoyar el terrorismo y convenció a la ONU para que, a finales de septiembre, se aprobase por unanimidad una resolución que obligara a los estados miembros a luchar contra el terrorismo y cortar sus posibles vías de financiación. Por todo el mundo, especialmente en Europa, se producirían decenas de detenciones de sospechosos de colaborar con el terrorismo, algunos de ellos acusados por pruebas contundentes, otros con indicios de menor calado. En cualquier caso, la campaña estadounidense contra las organizaciones del terror sacaría a la luz datos bastante desagradables para Washington: miembros de la casa real de Arabia Saudí, el principal aliado de Estados Unidos en el golfo Pérsico, parecían estar implicados en la financiación de Al-Qaeda.

Miliciano de la Alianza del Norte en una base en las montañas de Afganistán. Este grupo armado antitalibán fue clave en la ofensiva de los Estados Unidos para derrocar al régimen fundamentalista afgano.

Poco después de que la ONU aprobase su resolución contra el terrorismo, los preparativos para lanzar la operación militar *Enduring Freedom* (Libertad duradera) habían finalizado. Aparte de las tropas estadounidenses e inglesas que se hallaban en la región desde la guerra del golfo, Estados Unidos había ido acumulando hombres y medios en otros países de la región. Putin dio permiso al Pentágono para utilizar como bases las ex repúblicas soviéticas de Kirguizistán y Uzbekistán, en la frontera norte de Afganistán. Pakistán también cedió, como ya había prometido, su territorio. El antiguo enemigo estadounidense, Irán, se negó a participar militarmente, pero jugó un importante papel diplomático a través de sus conexiones con la Alianza del Norte, los rebeldes afganos, los cuales debían convertirse en las tropas terrestres que «liberasen» Afganistán.

En los primeros días de octubre, el primer ministro inglés Tony Blair lanzó el ultimátum a los talibanes. La negativa de Kabul a entregar a Osama Bin Laden dio paso a las primeras operaciones militares. Comandos estadounidenses y británicos, en estrecha colaboración con los guerrilleros de la Alianza del Norte, comenzaron a señalar objetivos a la aviación estadounidense, la cual bombardeó masivamente posiciones talibanes, bases de Al-Qaeda y algunas infraestructuras. Con el importante apoyo aéreo (en total, se lanzaron más de 18.000 bombas), el avance de las tropas de la Alianza fue relativamente fácil. A mediados de noviembre conquistaban Mazar-i Sharif, la llave que abría el norte del país, y poco después Kabul, la capital. Los talibanes sólo pudieron refugiarse en su feudo de Kandahar y en las montañas de Tora Bora. En diciembre, Kandahar había caído sin lucha y la guerra se reducía tan sólo a las montañas, una tarea difícil y complicada debido a las numerosas grutas que se hallaban en la región. Tras numerosos bombardeos de precisión y operaciones especiales, el gobierno estadounidense tuvo que constatar una triste realidad: el régimen talibán había caído, pero su líder, el *mulá* Omar, y Bin Laden parecían haber escapado.

Un avión estadounidense bombardea en octubre de 2001 posiciones de los talibanes en Afganistán.

En cualquier caso, entre los numerosos prisioneros que habían caído en manos de la coalición internacional se hallaban miembros de Al-Qaeda así como altos funcionarios del régimen talibán. Los Estados Unidos podían obtener importante información a través de ellos, aunque antes deberían distinguir quién era quién, una tarea inmensa debido al escaso conocimiento que se tenía sobre las jerarquías de Al-Qaeda y del régimen talibán. Dadas las escasas infraestructuras de Afganistán y el exacerbado odio entre las etnias, mantener a tal número de prisioneros durante las investigaciones resultaba prácticamente imposible. Cuando en los momentos finales de la guerra se produjese la «rebelión» en la cárcel de Mazar-i Sharif, en la que murieron cientos de talibanes y sus guardianes, los Estados Unidos decidieron trasladar a los principales sospechosos a un lugar más seguro.

La base militar estadounidense de Guantánamo, situada en el extremo oriental de Cuba, fue el lugar elegido para encarcelar a medio millar de presos considerados talibanes y posibles miembros de Al-Qaeda. La elección de Guantánamo respondía a los intereses de Washington de llevar a cabo sesudos interrogatorios que permitiesen identificar a los detenidos, determinar su posición y hallar nuevas pistas sobre Bin Laden y el *mulá* Omar. Dado que la base militar estadounidense tiene una consideración «extraterritorial» y no pesan sobre ella los derechos constitucionales de Estados Unidos, la administración

Prisioneros talibanes en la base estadounidense de Guantánamo, en la isla de Cuba.

Los ataques terroristas de septiembre de 2001 supusieron un extraordinario reforzamiento de las medidas de seguridad en los aeropuertos. En la imagen, un mostrador del aeropuerto de Washington.

Bush evitaba así las interferencias legales: los prisioneros podrían permanecer encerrados el tiempo que fuera necesario, aunque no pesase sobre ellos cargo alguno, y durante los interrogatorios no tendrían derecho a un abogado.

Esta situación causó una gran polémica internacional. Los Estados Unidos fueron duramente criticados por negar tanto sus propios derechos constitucionales a los allí prisioneros como los términos del tratado de Ginebra sobre prisioneros de guerra. Washington, sin embargo, hizo oídos sordos –para ellos, los encarcelados no eran ni prisioneros civiles ni de guerra– y se limitó a concederles algunos derechos básicos como la posibilidad de cumplir con sus preceptos religiosos. La actitud del gobierno estadounidense enrareció en cierta medida las relaciones con sus aliados hasta tal punto que numerosos países, especialmente los europeos, se negarían a extraditar a los sospechosos de haber colaborado con Al-Qaeda.

Con el paso del tiempo, los interrogatorios han permitido sacar dos conclusiones. Por una parte, y a pesar del éxito militar de la guerra, el desmantelamiento de Al-Qaeda está lejos de haberse conseguido. Las detenciones llevadas a cabo de la docena de líderes incluidos en la lista de terroristas más buscados publicada por la CIA quedaron reducidas a unos cuantos individuos como Ibn al Shaykh al Libi, supuestamente el instructor militar jefe de los campamentos terroristas, o el franco-marroquí Zacarías Moussaoui, acusado directamente de los atentados de septiembre. Los miembros de la cúpula de Al-Qaeda, especialmente Osama Bin Laden, se hallan en la actualidad en paradero desconocido y aunque algunos han sido dados por muertos, el caso de Abdullah Ahmed, no existen pruebas fehacientes sobre ello. Por otra parte, parece evidente que el terrorismo no es un problema exclusivamente árabe. Varios de los detenidos no sólo poseían la nacionalidad de un país occidental sino que, en algunos casos, eran personas nacidas y crecidas en Estados Unidos y que posteriormente se habían convertido al Islam y se habían unido al régimen talibán. A esto se añade el hecho de que la campaña policial contra al-Qaeda ha demostrado que existen numerosas «células durmientes» (a la espera de ser activadas por sus líderes) en países como Francia, Alemania, Inglaterra o España, de tal forma que se puede realmente hablar de un «terrorismo globalizado».

Pakistán es uno de los países islámicos en el que Osama Bin Laden cuenta con un mayor apoyo popular. En la imagen, musulmanes rezando en una mezquita de la ciudad paquistaní de Lahore.

El «nuevo orden mundial» de Bush

El relativo fracaso estadounidense en Afganistán llevaba inmediatamente a la pregunta de qué debía hacer ahora Washington contra la amenaza latente del terrorismo. Bush se encargó de despejar las dudas en el debate sobre el estado de la nación celebrado en enero de 2002. Desdiciéndose de las promesas electorales realizadas en 2000, Bush aceptó convertir a los Estados Unidos en el policía del mundo y salvaguarda de los valores occidentales. A partir de entonces, la política internacional estadounidense estaría encaminada a erradicar el terrorismo y, sobre todo, a los países que financiaban y ocultaban a las organizaciones terroristas. En concreto mencionó a tres estados que conformaban lo que Bush denominó como «eje del mal»: Irak, Irán y Corea del Norte. Aunque éstos eran los principales, otros países como Sudán y Yemen también podían ser incluidos en la lista.

Esta declaración de intenciones comenzó a concretarse a finales del verano de 2002, cuando la administración Bush, y sobre todo sus componentes más belicistas, precisaron la nueva doctrina militar estadounidense. A partir de entonces, los Estados Unidos buscarían acabar con aquellos regímenes que reuniesen dos condiciones: poseer armamento de destrucción masiva y apoyar o dar cobijo a organizaciones terroristas. El método sería en principio el mismo que el empleado en Afganistán, los ataques aéreos y el apoyo a fuerzas opositoras decididas a acabar con el gobierno nacional e implantar uno nuevo de carácter democrático, aunque no se descartaba que ante la ausencia de estas fuerzas opositoras los Estados Unidos y sus aliados llevasen el peso de la acción.

La contundencia del mensaje presidencial levantó sin embargo numerosas ampollas entre esos «aliados». Las imágenes de destrucción en lugares como Kunduz, Kabul y Kandahar conmovieron a la opinión internacio-

Un bombero de Nueva York observa los restos de las antiguas torres gemelas.

«Estados Unidos no permitirá que los regímenes más peligrosos del planeta nos puedan amenazar con las armas más destructivas.»

George W. Bush

Panorámica de la llamada «zona cero» de Nueva York en la conmemoración del primer aniversario de los atentados del 11-S.

El secretario de estado norteamericano, Colin Powell, escucha atentamente a la consejera de seguridad nacional, Condoleezza Rice.

nal como meses antes lo habían hecho las ruinas de Nueva York. Países como Arabia Saudí, Kuwait o Irán (incluido en el «eje del mal» pese a su labor diplomática durante la guerra de Afganistán), consideraban desmedida la reacción estadounidense, especialmente porque a nadie se le escapaba que las acusaciones de Bush iban dirigidas especialmente contra países musulmanes. Por otra parte, organizaciones de defensa de los derechos humanos elevaron su voz ante las extremadamente duras condiciones impuestas a los prisioneros recluidos en la base cubana de Guantánamo, presionando con ello a numerosos gobiernos occidentales que hasta entonces habían apoyado sin reservas a los Estados Unidos.

La división de la coalición internacional surgida en relación con Afganistán fue patente cuando los Estados Unidos señalaron a su próximo objetivo militar: Irak. Muchos países eran conscientes de que la cuestión iraquí no había sido zanjada con la guerra del golfo, en parte debido a los deseos estadounidenses de no deponer a Sadam Hussein para no desestabilizar la región. Sin embargo, el caso iraquí parecía muy diferente al de Afganistán. Por una parte, la situación en el país parecía más o menos controlada gracias a la creación de zonas de exclusión, bombardeos selectivos y el embargo económico. Pocas pruebas existían de que Irak colaborase con grupos terroristas o poseyera armas de destrucción masiva. La mayoría de países comprendía la ira estadounidense, e incluso la posibilidad de reanudar las inspecciones sobre el arsenal iraquí, pero muchos no parecían estar convencidos de la necesidad de una guerra. En cualquier caso, Bush consiguió efectivamente que la ONU aprobara una resolución, la 1.441, el 8 de noviembre de 2002, que exigía a Irak dar vía libre a la comisión encargada de inspeccionar sus arsenales bajo amenaza de una intervención militar. Sadam, a regañadientes, volvió a aceptar a los inspectores.

Una mujer observa los efectos de una bomba lanzada en 2001 por aviones estadounidenses sobre un objetivo supuestamente militar en Irak.

Tras varias alternativas, se suceden las reuniones del Consejo de Seguridad de las Naciones Unidas para abordar la crisis de Irak, mientras el gobierno de los Estados Unidos inicia los preparativos para una intervención armada, aún sin el apoyo de la ONU. Finalmente, en marzo de 2003, los ejércitos estadounidense y británico desencadenan un intenso bombardeo sobre la capital iraquí, Bagdad, con lo que se inicia la segunda guerra del golfo. Tras una fase inicial en la que las tropas iraquíes mantienen cierta resistencia, en apenas unas semanas las fuerzas aliadas toman Bagdad y, poco después, Tikrit, ciudad natal de Sadam Hussein y bastión de sus partidarios, con lo que se pone fin a la campaña bélica.

Entrenamiento de comandos especiales iraquíes.

El derrocado mandatario iraquí huye, quedando en paradero desconocido, mientras se crea un gobierno provisional tutelado por estadounidenses y británicos que intenta agrupar a los distintos elementos étnicos y religiosos de Irak. A lo largo de los meses siguientes son capturados o mueren en combate muchos de los colaboradores más estrechos de Sadam, entre ellos sus hijos Uday y Qusay, abatidos en un enfrentamiento armado. A pesar del inicio de los programas de reconstrucción, la posguerra se caracteriza por los continuos atentados con bomba dirigidos contra las fuerzas y las instituciones aliadas. En uno de los más significativos –producido en agosto contra la sede de las Naciones Unidas– fallecen 24 personas, entre ellas el Alto Comisionado de la organización para los derechos humanos, el brasileño Sergio Vieira de Mello.

Fotografía tomada por un satélite estadounidense de un palacio de Sadam Hussein en Bagdad.

Uno de los principales objetivos de las fuerzas ocupantes, la captura de Sadam Hussein, se alcanza en diciembre de 2003, cuando un comando estadounidense encuentra al ex mandatario iraquí oculto en un pequeño refugio subterráneo en las afueras de Tikrit, su ciudad natal. Fatigado y desorientado, Sadam se entrega sin resistencia y queda en espera de ser sometido a juicio.

La ocupación angloestadounidense había venido siendo complementada por la presencia de fuerzas de otros países destinadas a misiones de apoyo, hasta constituir una coalición de más de veinte países, entre los cuales los efectivos más numerosos eran los de Polonia, Italia y España. En este contexto parecía, pues, que la guerra contra el terrorismo propugnada por el presidente de Estados Unidos recuperaba su carácter globalizador, en una situación en la que, por otra parte, los diferentes movimientos terroristas islámicos, aglutinados en torno a la organización de Bin Laden, Al-Qaeda, no habían cejado en su empeño de atacar en diferentes partes del mundo los intereses de los países occidentales. En el propio Irak, donde la posguerra se caracterizó por la proliferación de atentados y por una importante inestabilidad social, a lo largo de 2003 y 2004 se sucedieron los golpes dirigidos contra las fuerzas de ocupación. A reseñar los ataques contra el cuartel general de la Cruz Roja, contra el cuartel de los *carabinieri* italianos y contra una unidad del servicio de inteligencia español. Al-Qaeda también fue considerada la responsable de otros sangrientos atentados, como el perpetrado en la isla indonesia de Bali, donde, en octubre de 2002, murieron

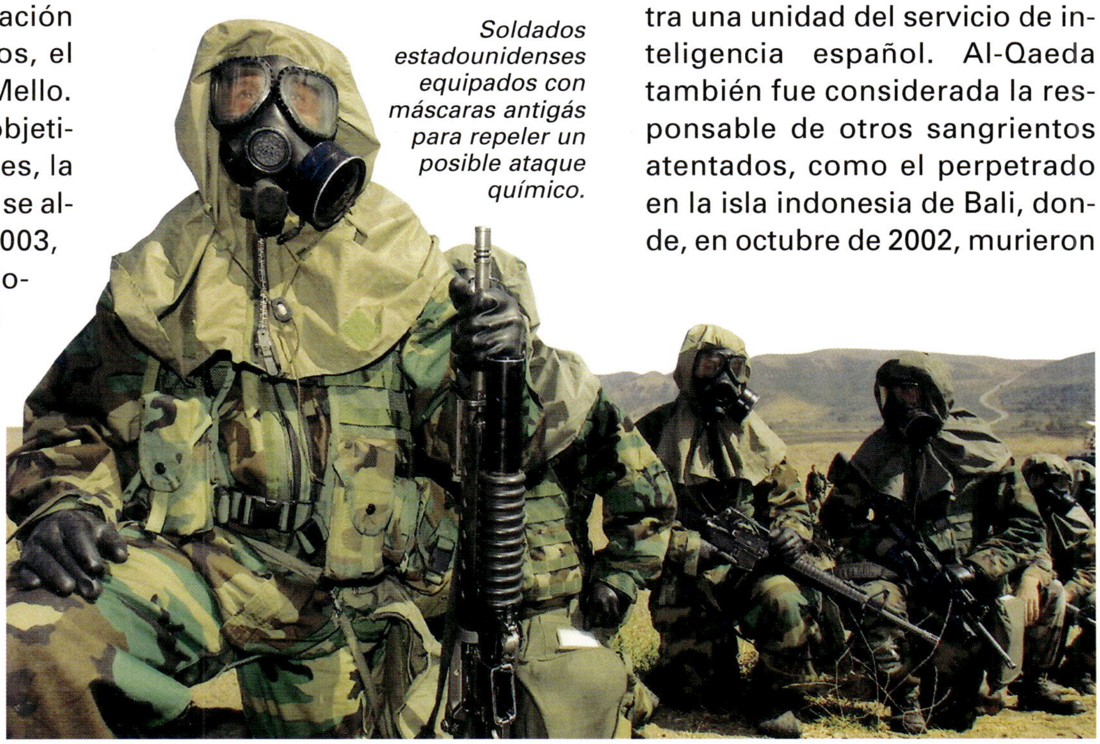

Soldados estadounidenses equipados con máscaras antigás para repeler un posible ataque químico.

11-M de 2004: el mayor atentado terrorista en Europa

Madrid fue escenario el 11 de marzo de 2004 del mayor atentado terrorista acontecido en Europa en toda su historia. Unas 190 personas murieron tras la explosión de diez bombas en cuatro trenes de cercanías que, a primeras horas de la mañana, transportaban a cientos de personas de camino a sus centros de trabajo en la capital española.

A las 7.39 horas, tres bombas explotaron en un tren procedente de Alcalá de Henares cuando se hallaba apenas a 500 metros de la estación de Atocha, en la que convergen buena parte de las líneas de cercanías de la ciudad. Instantes después, otros cuatro artefactos produjeron otras tantas explosiones en otro tren que ya había entrado en la vía 2 de la misma estación. Casi al mismo tiempo, otras dos deflagraciones causaron el caos en un tren situado en la estación de El Pozo, en las proximidades de Madrid. La última bomba explotó en la estación de Santa Eugenia, en la misma línea que la anterior, en un convoy que se encontraba detenido en el andén.

La detonación de diez mochilas bomba en un intervalo de apenas unos minutos provocó una masacre entre la multitud de trabajadores y estudiantes que a esa hora acudían al centro urbano desde la zona próxima del Corredor del Henares, populosa área situada al este de la capital. El balance del mayor atentado terrorista de la historia de España fue de cerca de 190 muertos y alrededor de 1.500 heridos.

En un primer momento, el gobierno español apuntó a la organización terrorista ETA como autora material de los hechos. Sin embargo, el hallazgo en Alcalá de Henares –punto de partida de dos de los trenes– de una furgoneta con varios detonadores iguales a los utilizados en la masacre y una cinta con versículos del Corán hicieron que se orientaran las investigaciones hacia la posible autoría de algún grupo integrista islámico relacionado con la red Al-Qaeda dirigida por Osama Bin Laden, extremo que posteriormente se vería confirmado.

Imagen de uno de los trenes en los que explotaron las bombas de los atentados terroristas del 11 de marzo.

más de doscientas personas –en su mayor parte australianas– cuando dos bombas estallaron frente a una discoteca y un restaurante, o el producido en mayo de 2003 contra la casa de España en Casablanca, Marruecos, con más de cuarenta víctimas mortales. La barbarie terrorista actuó de nuevo en 2003 en Arabia Saudí, en cuya capital, Riad, se produjeron dos ataques con bomba que causaron más de cincuenta muertos, y en Turquía, en cuya principal urbe, Estambul, se sucedieron varios atentados, que registraron un número similar de víctimas. No obstante, el ataque que mayor conmoción suscitó a escala mundial después del 11-S fue el perpetrado en la capital de España, Madrid, el 11 de marzo de 2004, fecha en la que se produjeron hasta diez violentas explosiones en varios trenes de cercanías a primeras horas de la mañana, cuando un gran número de personas se dirigía a sus centros de trabajo. Los atentados, que causaron unas 190 víctimas mortales y más de 1.500 heridos, suponían la primera acción del terrorismo islámico en territorio europeo y constituían un trágico paso adelante en la globalización del terror. En tan violento contexto, los gobiernos occidentales, con el apoyo manifiesto de muchos otros –y, explícitamente, el de numerosos países de confesión islámica–, renovaron su compromiso de unidad y mejora de los mecanismos de investigación y seguridad, orientados a erradicar el que sin duda se había constituido en el más grave problema a escala mundial en los primeros años del siglo XXI.

LA EMERGENCIA DEL CONTINENTE ASIÁTICO

India: potencia emergente

Tipo humano de Madhya Pradesh, en el centro de la India, con un atuendo festivo tradicional.

Con una extensión territorial de 3,28 millones de kilómetros cuadrados, más de mil millones de habitantes (casi la quinta parte de la humanidad) y 15.168 kilómetros de fronteras, la India es un país de contrastes difícil de comprender en su totalidad. La diversidad étnica de su población, heredera de los invasores arios, griegos, partos, escitas, mongoles, hunos, etc., es sólo comparable al puzzle idiomático (cuenta con 18 idiomas y más de 5.000 dialectos) y religioso que conforma el conjunto del país. A estas diferencias étnicas y culturales hay que sumarle las profundas diferencias socioeconómicas de un país en el que es posible encontrar desde los mejores expertos mundiales en nuevas tecnologías hasta grandes bolsas de pobreza alrededor de las principales ciudades del país. Todo ello ha hecho que la historia reciente de la India haya sido rica en conflictos, tanto internos como externos, que han convertido a la península indostánica en una de las zonas «más calientes» del mundo. La habilidad de los dirigentes nacionales para superar estos conflictos y aprovechar el enorme poten-

Bullicio callejero en Nueva Delhi, una de las ciudades que mejor representan a la India moderna.

cial de la sociedad india son aspectos claves para comprender qué futuro le espera al gigante asiático.

El fin de la dinastía política de los Gandhi

Tras la muerte de los dos líderes del movimiento independentista hindú, el *Mahatma* Gandhi (1948) y Jawaharlal Nehru (1964), el apellido Gandhi siguió resonando con fuerza en la política india. Indira Nehru, más conocida como Indira Gandhi, se convirtió en la líder del principal partido hindú, el Partido del Congreso Nacional Indio (PCNI o PCI), con el que dominaría la política nacional durante los años 70 y principios de los 80. Estos son unos años convulsos en la historia del país, marcada por una guerra con Pakistán (1971) por el control de la región de Cachemira, las revueltas de la comunidad sikh en la región del Punjab (el principal granero de la India) o las relaciones tirantes con los Estados Unidos debido a las fuertes relaciones del gobierno de Nueva Delhi con la URSS y el desarrollo de armas nucleares (1974). Sin embargo, el principal conflicto que vivió el país fue el institucional, enfrentando a Indira con una de las facciones de su propio partido y con una coalición de partidos conservadores que incluso llegó a echarla de la jefatura del gobierno entre 1977 y 1980, promoviendo una campaña judicial contra ella. A pesar de estos problemas, Indira consiguió mantenerse como una de las políticas más apreciadas entre la comunidad hindú debido a su fuerte carácter y a su lucha por convertir a la India en el líder de los países no alinea-

La importancia estratégica de Asia en el nuevo orden mundial

El centro estratégico del mundo ha experimentado un desplazamiento desde el oeste de Europa, núcleo de la pugna entre los Estados Unidos y la Unión Soviética durante la «guerra fría», hacia el continente asiático. Este movimiento obedece no sólo a la pujanza económica de Asia, que cuenta en su extremo oriental con uno de los grandes polos de desarrollo del planeta, y a su redoblado valor estratégico –a la riqueza petrolífera de oriente medio se han sumado en la década de 1990 las ingentes reservas de hidrocarburos halladas en el mar Caspio–, sino también a la presencia en esta región de las principales amenazas a la seguridad de los Estados Unidos (radicalismo islámico, regímenes hostiles, proliferación de armas de destrucción masiva) y de los potenciales rivales a desafiar su hegemonía en el siglo XXI (con China a la cabeza).

El presidente de los Estados Unidos, George W. Bush, con su homólogo chino, Jiang Zemin, en una visita del primero a China en 2002.

Este desplazamiento del centro de gravitación mundial hacia el continente asiático se vería reforzado tras los atentados terroristas del 11 de septiembre de 2001 en Nueva York y Washington. La guerra librada semanas más tarde por los Estados Unidos en Afganistán para derrocar a los fundamentalistas talibanes que habían dado cobijo al supuesto responsable de los ataques suicidas del 11-S (el terrorista saudí Osama Bin Laden) fue el primer episodio de un intento de los estadounidenses por reconfigurar el mapa político de esa región conforme a sus intereses. En esta línea, los Estados Unidos emprendieron una aproximación diplomática hacia las ex repúblicas centroasiáticas de la Unión Soviética, codiciadas piezas en el tablero geopolítico mundial tras el desplome del gigante comunista: potencias regionales como Turquía, Irán y Pakistán, así como los movimientos fundamentalistas islámicos, habían dirigido su atención en los últimos años hacia esa zona. Despertando las naturales suspicacias en la vecina Federación Rusa, los estadounidenses conseguirían asegurarse una presencia militar permanente en países como Uzbekistán y Tadzhikistán, otrora partes integrantes del etiquetado en la década de 1980 por el presidente estadounidense Ronald Reagan como «imperio del mal».

Tras la caída de los talibanes y la puesta en fuga de Bin Laden y sus seguidores, los Estados Unidos apuntaron hacia Irak. El derrocamiento de Sadam Hussein abriría las puertas a un régimen pronorteamericano en Bagdad y tendría, de acuerdo a los planteamientos de Washington, dos efectos saludables: por una parte, generar presión sobre los vecinos regímenes enemigos de Irán y Siria; por otra, reducir la dependencia energética respecto de Arabia Saudí, país de origen de Bin Laden y de buena parte de los miembros de su organización terrorista internacional. La caída de Hussein reforzaría además la seguridad de Israel, principal aliado estadounidense en oriente medio. Todas estas consideraciones tuvieron un importante peso a la hora de lanzar la invasión de Irak en la primavera de 2003.

División administrativa de la India. El recuadro indica las zonas conflictivas en litigio con los países vecinos.

dos. Sin embargo, ese carácter le causaría la muerte.

En 1982, sikhs radicales, como forma de presionar al gobierno para obtener la autonomía del Punjab, llevaron a cabo una fuerte campaña terrorista. La escalada de terror se extendió por todo el país durante dos años hasta que, en 1984, el gobierno decidió actuar con mano dura contra el movimiento sikh. Ese año, tropas armadas entraban en el templo dorado de Amritsar, lugar sagrado del culto sikh, con el objetivo de realizar detenciones que acabaron con la muerte de unas 500 personas. La «profanación» del templo fue inmediatamente contestada. En octubre de ese mismo año, Indira Gandhi era asesinada por dos soldados sikhs de su guardia personal.

A raíz de la violencia religiosa surgida por este motivo, el parlamento decidió conferir la jefatura del gobierno a Rajiv Gandhi. Su principal objetivo era acabar con el conflicto que enfrentaba a hindúes y sikhs imponiendo una política de pacificación que, en este caso en concreto, tuvo bastante éxito. Su mandato se vio sin embargo sumido en numerosos problemas. El 3 de diciembre de 1984, una fuga química en una fábrica de pesticidas situada en Bhopal acababa en apenas una semana con la vida de unas dos mil personas. Las investigaciones demostraron posteriormente que la compañía estadounidense Unión Carbide, propietaria de la fábrica, había aprovechado el vacío legal para ahorrar gastos en medidas de seguridad. Por otra parte, la actitud conciliatoria de Rajiv Gandhi con respecto a los sikhs contrastó con las medidas adoptadas para acabar con otros conflictos: los cinco años de mandato de Rajiv Gandhi se caracterizaron por los continuos problemas fronterizos con Bangladesh, la violencia religiosa en Assam y por la invasión temporal (1987-1990) del norte de Sri Lanka para poner fin al movimiento separatista tamil. En definitiva, demasiados conflictos para que Rajiv Gandhi pudiera vivir tranquilamente: tras haber perdido las elecciones de 1989 ante una coalición laica, y mientras preparaba las siguientes, Rajiv Gandhi fue asesinado en 1991.

Con él acababan 45 años de la historia de la India dominados

Indira Gandhi, primera ministra de la India en diversos periodos entre las décadas de 1960 y 1980.

por miembros de la dinastía Nehru-Gandhi. Sin embargo, el peso del apellido Gandhi en el mundo político hindú no puede ser desdeñado. El mismo año de la muerte de Rajiv, su esposa Sonia era nombrada, sin tan siquiera haber sido consultada, como presidenta del PCI. Aunque en un primer momento rechazó el cargo, en 1998 aceptó apoyar al partido en sus campañas electorales. Aunque el PCI volvió a perder las elecciones, su mejoría con respecto a los comicios del 96 demostró el prestigio adquirido por los Gandhi. Los dos hijos de Sonia, Rahul, y especialmente Prianka, podrían reanudar la tradición política familiar en un futuro no muy lejano.

Un grupo de musulmanes indios conduce el féretro con los restos de un líder islámico presuntamente asesinado por activistas hindúes.

El ascenso nacionalista: el gobierno Vajpayee

La derrota electoral de Rajiv Gandhi en 1989 abrió un periodo de incertidumbre en la política india. Sus sucesores en el cargo, Vishwanath Pratap Singh del partido Janata Dal, y Narasimha Rao, del PCI, no consiguieron controlar la explosiva situación del país. En diciembre de 1992 unos 200.000 hindúes asaltaban la conflictiva mezquita de Ayodhya y la destruían por completo, matando a numerosos musulmanes que se habían congregado frente a sus muros decididos a defender el templo. La violencia se extendió por todo el país y alcanzó incluso a Pakistán, lo que llevó a temer por un nuevo conflicto fronterizo. Sin embargo, la decidida actuación de Rao, quien ordenó detener a numerosos miembros del partido nacionalista Bharatiya Janata (PBJ), considerados los instigadores del fanatismo hindú, frenó la «marcha popular» sobre la frontera con Pakistán y consiguió imponer cierto orden en el conjunto de la nación.

Rao también fue el artífice de una profunda reforma económica que acabó con uno de los símbolos ideológicos de la dinastía Gandhi: el control planificado de la economía. Durante los cinco años en los que fue primer ministro (1991-1996), Rao impulsó la liberalización de los precios, apoyó la entrada de capital extranjero y levantó las restricciones y controles gubernamentales que pesaban sobre diversos sectores industriales. A pesar de la mala situación económica a nivel mundial, las medidas adoptadas por Rao se mostraron como sumamente eficaces: la economía de la India comenzaba a crecer a un ritmo del 5% gracias al considerable aumento de las exportaciones, mientras que se conseguía mantener la inflación en torno al 9%.

Estos éxitos no le valieron sin embargo la reelección en 1996.

El primer ministro saliente indio, Rajiv Gandhi (izquierda), saluda a su sucesor en el cargo, Vishwanath Pratap Singh, en la ceremonia de traspaso de poder tras las elecciones generales de 1989.

Militantes del partido nacionalista hindú Bharatiya Janata.

El presidente de los intocables: Kocheril Raman Narayanan

Kocheril Raman Narayanan se dirige al parlamento indio tras su investidura en 1997 como presidente de la nación.

Presidente del país desde 1997, Cocheril Raman Narayanan nació el 27 de octubre de 1921 en Ozhavoor (Kerala), en el seno de una familia perteneciente a la clase social de los «sin casta», los famosos intocables. A pesar de su baja extracción social, se aprovechó de los programas de integración social de su provincia para cursar estudios superiores en la India y obtener una beca que le permitió acudir a la prestigiosa London School of Economics (Reino Unido). Tras trabajar como corresponsal de diversas publicaciones indias, a los 29 años se unió al Servicio Exterior Indio, gracias al dominio del inglés y la experiencia adquirida en el extranjero. Durante estos años representó a su país en dos de los puestos más complicados: las embajadas de China y de los EE.UU. Su habilidad como diplomático finalmente le valdría para representar a la India en la cumbre de Países No Alineados celebrada en 1986. De ahí daría el salto a la política, siendo premiado no sólo con un escaño en la cámara baja sino también con diversos cargos ministeriales, entre ellos el de ministro de asuntos exteriores y el de ciencia y tecnología. Su enorme prestigio y su neutralidad política le beneficiarían finalmente en el convulso periodo político de 1996-1998 para ser elegido como presidente de la nación, un cargo en cierta medida simbólico (el poder reside en la jefatura de gobierno) pero que viene a demostrar el peso que los intocables comienzan a tener en la política nacional.

Un grave caso de corrupción que implicaba a numerosos miembros del gobierno y el intento de no beneficiar ni a musulmanes ni a hindúes en los conflictos que asediaban el país restó numerosos votos al PCI, el cual sufrió la mayor debacle electoral de su historia. Aunque consiguió mantener cierta influencia a través de su participación en la coalición gobernante, el PCI ya no sería capaz de resistir el empuje de dos nuevas fuerzas políticas: el partido nacionalista hindú Bharatiya Janata y el ascenso de los intocables al poder.

La inestabilidad política del periodo entre 1996 y 1998, marcada por continuos cambios gubernamentales con apenas fuerza para resistir los embates de la oposición, acabó con el ascenso de Atal Bihari Vajpayee, del partido nacionalista hindú PBJ, a la jefatura de gobierno. La llegada de Vajpayee al gobierno nacional provocó un gran temor entre las principales minorías religiosas del país: aunque Vajpayee había aceptado retirar de su programa electoral propuestas tales como la construcción de un templo hindú sobre las ruinas de la mezquita de Ayodhya o la supresión del estado autonómico de Cachemira, su reputación ultranacionalista le perseguía.

Los temores que su posible actuación habían suscitado entre la opinión pública internacional se confirmaron en 1998. Dicho año la India realizaba cinco pruebas nucleares subterráneas, demostrando no sólo a sus principales enemigos, Pakistán y China, sino a todo el mundo su capacidad armamentística. A pesar de las protestas internacionales, el gobierno de Nueva Delhi autorizó en 1999 nuevas pruebas balísticas que llevaron a países como los Estados Unidos a imponer fuertes sanciones económicas a la India.

Por otra parte, ese mismo año se produjeron varios pogromos anticristianos ante la aparente pasividad gubernamental,

El nacionalista hindú Atal Bihari Vajpayee, elegido primer ministro en 1998.

muy criticada a nivel diplomático y por parte de diversas ONG.

Las sanciones económicas impuestas por occidente parecieron surtir efecto. A partir del año 2000, el gobierno de Vajpayee pareció adoptar una política más moderada, aceptando iniciar conversaciones sobre la moratoria nuclear a cambio del levantamiento del embargo. Aunque las tensiones indopaquistaníes en la frontera de Cachemira continuaron, produciéndose innumerables intercambios de disparos entre tropas de ambos países, las entrevistas mantenidas por Vajpayee con su homólogo pakistaní, Pervez Musharraf, han ayudado al menos a descartar la posibilidad de que dicho conflicto se resuelva por medio de una guerra abierta. Por otra parte, Vajpayee llegó a un acuerdo con China para proceder a la desmilitarización de la frontera común en la cordillera del Himalaya. Finalmente, la India ha seguido demostrando, a pesar de las sanciones, su capacidad económica, lanzando en 1999 con gran éxito su primer satélite comercial.

Soldados paquistaníes en la frontera entre la India y Pakistán.

Apoyado por la India, el Pakistán oriental se independizó en 1971 con el nombre de Bangladesh. En la imagen, mezquita de Chandapura, en la ciudad bangladeshí de Chittagong.

Incendio provocado en un santuario hindú en Cachemira, causante de graves enfrentamientos a lo largo de 1995.

El conflicto indopaquistaní

Desde que el gobierno británico comenzó a pensar en otorgar la independencia a la India, surgieron los primeros conflictos religiosos en la región. La organización islámica denominada Liga Musulmana se oponía a vivir en un país bajo dominio del mayoritariamente hindú Congreso Nacional Indio, exigiendo la creación de un estado independiente. A pesar de la oposición de *Mahatma* Gandhi, que se negaba a dividir los territorios de la India histórica, Londres aceptó la propuesta: en 1947, Gran Bretaña concedía la independencia a la India y a Pakistán, dividiendo éste a su vez en dos regiones, una occidental (Punjab, Sind y Beluchistán) y otra oriental (Bengala). La región fronteriza de Cachemira debería unirse a uno de los dos estados tras la celebración de un referéndum. Los conflictos armados entre las dos naciones no tardarían en surgir.

Guerra indopaquistaní de 1947. A la espera de que se convocase el referéndum, hindúes y musulmanes comenzaron a atacarse mutuamente. La expulsión violenta por motivos religiosos de diez millones de personas a uno u otro territorio causó más de un millón de muertos y una escalada dialéctica que finalmente degeneró en conflicto. El establecimiento de numerosos musulmanes en Cachemira llevó finalmente al maharajá de la región a pedir ayuda a la India, la cual envió rápidamente a su ejército. Los combates entre paquistaníes e hindúes se prolongaron durante cuatro años, momento en el que la ONU consiguió mediar en el conflicto. Las negociaciones de 1949 otorgarían a Pakistán las provincias de Mirpur y Punch, pero no conseguirían que la India evacuase Cachemira ni que permitiese la celebración del referéndum prometido en 1947. Para el gobierno de Nueva Delhi, la región del «valle feliz» era parte integrante de la recién nacida Unión India.

Paisaje de la montañosa región de Cachemira, al pie del Himalaya.

Guerra indopaquistaní de 1965. En 1965 la cuestión de Cachemira volvió a primera plana de los periódicos. Tres años antes, la política expansionista de Nueva Delhi llevó a China, con intereses en la región tras haberse anexionado el Tíbet, a ocupar de forma unilateral la Cachemira oriental y la provincia de Ladakh. Pakistán vio en la actuación china una posibilidad de hallar un aliado en el conflicto por Cachemira, así que firmaría un tratado de colaboración con Pekín, reconociendo mutuamente sus fronteras. Envalentonados por este hecho, en 1965 los ejércitos paquistaníes intentarían la invasión de la parte india de Cachemira. Sus esfuerzos fueron sin embargo en vano: aunque Pakistán contaba con el apoyo diplomático de China, la postura de la India era defendida por la URSS. Tras numerosos combates, Pakistán y la India llegaban ese mismo año a un acuerdo de alto el fuego que creaba una línea divisoria provisional que debía servir de base para futuras conversaciones sobre la frontera indopaquistaní.

Guerra indopaquistaní de 1971: independencia de Bangladesh. En 1971, Pakistán sufrió una gran crisis interna. La convocatoria de unas elecciones legislativas en la provincia de Bengala dio la victoria a un movimiento nacionalista bengalí que propugnaba la independencia de la región. El dictador paquistaní Agha Muhammad Yahyà disolvió la cámara y envió numerosas tropas a la provincia para controlar a los disidentes. Estalló así una guerra civil que llevó a los nacionalistas bengalíes a declarar la independencia y formar un gobierno en el exilio. El hecho de que eligieran Calcuta como sede provisional de su gobierno acentuó ya de por sí las tensiones indopaquistaníes. El bombardeo de ocho bases indias por parte de Pakistán acabó con la declaración formal de guerra: en sólo un año la India consiguió derrotar por tercera vez a su vecino occidental. El régimen de Islamabad tuvo que reconocer la independencia del nuevo estado de Bangladesh y ceder a la India los sectores de Punch, Tithwal y Kargil, obteniendo a cambio Chhamb.

Escolares custodiados por un soldado indio en Cachemira.

Cronología

1947	La India y Pakistán obtienen la independencia.
1947-1949	Conflicto bélico entre ambas naciones por el control de Cachemira.
1947-1964	Jawaharlal Nehru gobierna la India.
1948	La isla de Ceilán (Sri Lanka) se independiza. Es asesinado el *Mahatma* Gandhi
1962	India y China inician una guerra de corta duración debido a la ocupación china de algunos sectores de Cachemira.
1965	Segunda contienda entre la India y Pakistán.
1966-1967	Primera etapa de gobierno indio de Indira Ghandi.
1971	India apoya a Bangladesh en su secesión de Pakistán.
1980	Segundo mandato de Indira Ghandi.
1981	Comienza la rebelión tamil en Sri Lanka. Conflicto indopaquistaní.
1982	Los sikhs del Punjab se rebelan contra el gobierno central, exigiendo su estatus autonómico.
1984	Indira Gandhi es asesinada por dos sikhs. Su hijo, Rajiv Gandhi es nombrado primer ministro de la India.
1990	Rebelión musulmana en Cachemira.
1991	Narasimha Rao gobierna la India, iniciándose una etapa de liberalización económica. Asesinato de Rajiv Gandhi.
1996-97	Periodo de gran inestabilidad gubernamental. Ascenso del partido nacionalista BJP.
1998	El nacionalista hindú Vajpayee consigue la victoria en las elecciones de dicho año. La India realiza cinco pruebas nucleares, siendo inmediatamente imitada por Pakistán.
2000	El primer ministro Vajpayee anuncia una moratoria nuclear.
2001	Un grupo armado ataca el edificio de la asamblea de Cachemira. Poco después se produce otro ataque contra el parlamento de Nueva Delhi. Tensiones entre India y Pakistán.

Línea de alto el fuego de 1949 entre la India y Pakistán sobre el estado de Jammu y Cachemira.

La situación actual. Desde entonces, Pakistán y la India han conseguido mantener la paz al menos de forma oficial. El manido referéndum y la línea de demarcación provisional constituyen todavía motivos de disputa entre ambos países, enfrentamiento que a menudo ha derivado en incursiones militares de pequeña escala. El caso más grave se produjo a principios de los años 80, cuando una nueva esca-

Manifestantes indias celebran las pruebas nucleares realizadas por su país en 1998.

lada en el conflicto transfronterizo puso en alerta a la opinión internacional debido a las recientes pruebas nucleares realizadas por la India. Tras este tenso momento las relaciones entre ambos países parecieron relajarse. Sin embargo, el aumento de la conflictividad entre hindúes y musulmanes desde los años 90 ha devuelto el problema de la frontera de Cachemira a la actualidad.

La llegada de Vajpayee al gobierno en 1998 fue considerada como muy peligrosa por parte de la comunidad musulmana en la península indostánica. Al fin y al cabo, Vajpayee representaba al partido que había apoyado la demolición de la mezquita de Ayodhya y el levantamiento de un templo hindú en su lugar. Desde entonces, las actividades terroristas llevadas a cabo por radicales musulmanes se sucedieron. En 1999 la India acusó al gobierno de Pakistán de haber permitido la entrada en su porción de Cachemira de *mujahidines* islámicos y de financiar indirectamente a organizaciones relacionadas con estos actos de terrorismo.

Aunque la India consiguió rechazar a la guerrilla islámica en el verano de ese mismo año, no pudo frenar las actividades terroristas. En octubre de 2001 un atentado suicida devastó el edificio del parlamento de Cachemira y, poco después, en diciembre de ese mismo año, un grupo armado atacaba el parlamento en Nueva Delhi ocasionando ocho muertos. Vajpayee responsabilizó de estos ataques a la colaboración de dos grupos armados musulmanes, el Lashkar-e-Tiaba y el Jaish-e-Muhammed, ambos sitos en Pakistán. Aunque su acusación parecía tener poca base (ambos grupos han luchado a menudo entre sí, lo que parece descartar su colaboración), la opinión pública internacional, todavía impresionada por los atentados del 11 de septiembre en Estados Unidos, pareció escuchar sus demandas. Los enfrentamientos fronterizos se agudizaron, causando numerosos muertos en ambos bandos, pero sin que se declarase la guerra. Finalmente, los Estados Unidos, interesados en contar con el apoyo paquistaní en la guerra de Afganistán, consiguieron mediar en la situación. Lashkar-e-Tiaba pasó a engrosar la lista de organizaciones terroristas publicada por Washington y el presidente paquistaní, Musharraf, proclamó que ninguna organización de ese tipo hallaría cobijo dentro de las fronteras de su país. Con estas dos actuaciones, el tenso clima entre las dos potencias nucleares del sur asiático se relajó, aunque probablemente sólo de forma temporal. La cuestión de Cachemira parece hoy día lejos de solucionarse.

Detención por policías indios de un militante independentista cachemir en Srinagar.

Manifestación pacifista en la Cachemira paquistaní.

La nueva China

Ciudadanos chinos asistentes a los funerales en honor de Deng Xiaoping.

La muerte de Mao en 1976 abrió un periodo de disputas entre las facciones radical y moderada del Partido Comunista Chino (PCCh). El grupo radical, encabezado por la llamada «banda de los cuatro», cuya figura más prominente era la viuda del propio Mao, Jiang Qing, intentó dar un golpe de mano dentro de la cúpula del partido para poder purgar a los moderados. La intentona radical fue sin embargo un fracaso: la «banda de los cuatro» fue arrestada y encarcelada, dejando solos en el poder a los moderados. Su líder en la sombra, el «pequeño timonel» o «enano inteligente», Deng Xiaoping, ya había demostrado su capacidad para sobrevivir a las continuas purgas dictadas por Mao y la influyente facción radical. Ahora, con el partido a su disposición, Deng Xiaoping podría designar a los cargos más importantes de la nueva China e imponer las reformas «capitalistas» que le habían llevado al exilio interior en tres ocasiones.

La primavera de Pekín

En 1978, Deng Xiaoping había conseguido situar a sus principales colaboradores en los puestos más importantes del PCCh y del gobierno chino. Gracias a este control del aparato maoísta, Deng apenas tuvo problemas para lanzar a finales de ese mismo año un programa reformista que él no dudó en calificar como «la primavera de Pekín». Para Deng, el mayor problema del país era la inmensa pobreza en la que vivían las principales comunidades rurales, convertidas por Mao en el pilar básico de la economía nacional, pero sin apenas medios con los que alimentar al país más poblado del mundo (en 1949 contaba con casi 600 millones de habitantes, una cifra que en el año 2000 ha sido ya doblada). El nuevo líder chino consideraba que para incrementar la riqueza nacional era necesario permitir la capitalización de sus fuerzas productivas. Para Deng, en la nueva China debía primar, a partir de entonces, la economía sobre la ideología, es decir, se impondría una «economía socialista de mercado».

Un aspecto del juicio a la llamada «banda de los cuatro», facción ultraizquierdista liderada por la viuda de Mao.

Las reformas económicas de Deng Xiaoping se concentraron en dos sectores: el agrícola y el industrial. En el primero, el gobierno chino desmanteló las granjas colectivas y las comunas que tan desastrosas se habían mostrado para la economía del país, devolviendo la tierra a los campesinos y permitiéndoles que decidieran libremente qué productos cultivar en ellas y dónde y a quién vender sus cosechas. En el sector industrial, Deng buscó centrarse en la construcción de un mínimo capital: se compraron numerosas industrias extranjeras y se trasladaron a territorio chino. A las empresas estatales se les exigió que se concentraran en la búsqueda de «productividad y rentabilidad»; se abandonaron los programas que favorecían a la industria pesada (en gran parte pertenecientes al ejército) y se apoyaron aquellos basados en la producción de bienes de consumo, etc. Finalmente, a partir de la década de los 80, el país se abrió a la inversión extranjera, la cual, ante la expectativa de hacerse con un mercado tan importante, no tardó en acudir en masa a la llamada de las autoridades chinas.

La política reformista de Deng tuvo importantísimas consecuencias para el país. La China acostumbrada a las hambrunas que diezmaban a la población se convirtió en una nación en la que los liberados campesinos no sólo producían para mantener a los habitantes de las grandes ciudades costeras sino incluso para la exportación. En estos núcleos urbanos aparecieron pequeñas empresas familiares desvinculadas del estado, y en ciertos enclaves como Shangai se produjo una importante inversión extranjera que favoreció la aparición de hoteles, villas residenciales y hasta campos de golf. El propósito de Deng se cumplió durante toda la década de los 80: el PIB que bajo Mao sólo conseguía crecer apenas un 2% anual, pasó a aumentar a un ritmo del 9%, hasta convertir a China en la tercera potencia económica mundial.

Monumento revolucionario en la plaza pequinesa de Tiananmen.

Como acompañamiento a estos éxitos económicos, China buscó reforzar su presencia en el exterior mediante el afianzamiento de las relaciones diplomáticas con las principales potencias occidentales. Este paso era fundamental para la cúpula del PCCh si quería conseguir financiación para sus proyectos económicos y que los inversores extranjeros acudieran al país. La política de acercamiento a los Estados Unidos, iniciada ya en los tempranos años 70, se mostró en este sentido determinante. Tras la apertura de una embajada en Washington, medida correspondida por el gobierno estadounidense, China pudo solicitar su entrada en los organismos financieros internacionales. En 1980 los Estados Unidos apoyaban la entrada de China en el Fondo Monetario Internacional (FMI) y el Banco Mundial (BM): Taiwán perdía su asiento en ambos organismos.

A pesar de estos éxitos, las reformas propuestas por Deng también trajeron numerosos problemas. En primer lugar, junto al rápido crecimiento económico llegó la inflación, la cual a finales de los 80 había alcanzado un ritmo del 20 al 30% anual. Indudablemente, esto provocó la aparición de numerosos pobres que debían acogerse a la beneficencia estatal para sobrevivir. La presión que esto ocasionó sobre las arcas estatales fue parcialmente compensada por la reducción del ejército y la administración, pero al mismo tiempo consumió el dinero necesario para apoyar las inversiones estructurales que requería el país para seguir creciendo. Tanto la industria como la agricultura comenzaron a dar muestras de estancamiento y buscaron otras vías aparte de las oficiales para llegar a los consumidores.

Deng Xiaoping, artífice de las reformas económicas iniciadas en China en la década de 1980.

Estudiantes chinos leen propaganda oficial en los muros de la Universidad de Pekín.

Un floreciente mercado negro, a menudo controlado por miembros de las jerarquías gubernamentales, apareció en el país. En 1988, y a la vista de estos problemas, los dirigentes del PCCh pidieron que se frenase la reforma para permitir al país acomodarse a los nuevos tiempos.

Las tensiones ideológicas: comunismo frente a democracia

Las reformas impulsadas durante la década de los 80 se concentraron, tal y como había pedido Deng Xiaoping, en el ámbito económico. Ideológicamente, el régimen seguía permaneciendo fiel a la teoría maoísta. Las rehabilitaciones que siguieron a la reorganización del partido y del gobierno a principios de los 80 no estaban destinadas a poner en duda las consignas doctrinarias lanzadas en su época por el padre de la China comunista. China impulsó su propia «perestroika», pero no vivió una «glasnost»: el control al que se veían sometidos los intelectuales y las universidades se relajó, pero en ningún caso se les permitió romper con la rigidez impuesta en China desde la llamada «revolución cultural».

Sin embargo, el progreso económico vivido por China en la década de los 80 alimentó las expectativas que cierta parte de la población había albergado acerca de la posible democratización del régimen. Incluso el propio PCCh parecía dividido ante la cuestión de las libertades culturales: algunos como Li Peng y Chen Yun parecían añorar los tiempos de Mao, aunque no se atrevían en ningún caso a contradecir al ya anciano Deng Xiaoping. Otros, como Hu Yaobang, secretario general del partido y delfín político de Deng, se mostraban sin embargo a favor de continuar con las reformas y adentrarse de una vez por todas en el ámbito político.

En medio de estas disensiones internas, en 1986 Hu Yaobang intentó ganarse a la población dejando intuir que las reformas políticas estaban al llegar. Al año siguiente, en 1987, estudiantes de Pekín comenzaron a manifestarse en la plaza de Tiananmen a favor de las reformas, lo que provocó que los conservadores del PCCh montaran en cólera y provocaran la destitución de Hu Yaobang. Con esta medida, el grupo de Li Peng creía que se acabaría de una vez por todas con cualquier reclamación a favor de la democracia. Estaban equivocados.

En abril de 1989 fallecía el símbolo del reformismo, Hu Yaobang. Los estudiantes volvieron a reunirse en la plaza de Tiananmen para mostrar su pesar por la muerte de Hu y exigir que se continuasen las reformas. La mani-

Soldados chinos realizando tareas de protección civil.

El ascenso al poder en 1977 de Deng Xiaoping supuso la victoria de la corriente reformista y pragmática dentro del Partido Comunista. En la foto, cartel de Deng en una calle de Shenzhen.

festación no se disolvió al llegar la noche y numerosos jóvenes comenzaron a llegar desde otras provincias para sumarse a los ya congregados. Algunos manifestantes comenzaron una huelga de hambre para exigir las reformas, mientras otros fabricaban una estatua de la «diosa de la libertad». Tras siete semanas, los manifestantes parecían haber conseguido levantar algunas muestras de simpatía en el PCCh, especialmente en Zhao Ziyang, el sucesor de Hu, quien se mostraba partidario de la conciliación. Deng Xiaoping, quien había permanecido expectante hasta entonces, finalmente desautorizó a Zhao Ziyang y apoyó a los conservadores. El 4 de junio se declaraba la ley marcial y se enviaba al ejército a sofocar la que ahora era considerada como una revuelta. Los manifestantes intentaron organizar una cadena humana para evitar la entrada de las tropas en la plaza de Tiananmen pero apenas pudieron hacer nada contra los tanques. Con la muerte de cientos de manifestantes se ponía fin a cualquier expectativa de reforma democrática.

China después de Tiananmen

La matanza de Tiananmen tuvo importantes consecuencias para China. Por una parte, quedó claro que los conservadores habían ganado finalmente la batalla interna en el PCCh y que, por tanto, no había ya ninguna esperanza para aquellos que deseaban las reformas. A medida que Deng Xiaoping, ante su avanzada edad, iba renunciando a sus cargos, era sustituido por moderados como Jiang Zemin (presidente) o conservadores como Li Peng (primer ministro); al destituido Zhao Ziyang no se le perdonaría tan fácilmente su connivencia con los manifestantes de Tiananmen.

Por otra parte, la matanza acaecida en la antigua plaza imperial de Pekín fue ampliamente criticada por la opinión internacional. Diversos países, entre ellos Estados Unidos, impusieron fuertes sanciones económicas a China, llegando a amenazar seriamente la viabilidad del proyecto iniciado por Deng Xiaoping. En 1990 el gobierno de Pekín tuvo que moderar su represión y liberar a cientos de disidentes para que Washington volviese a concederle el estatus de «nación más favorecida». Esto, sin duda, puso fin a las sanciones impuestas por occidente y, por tanto, volvió a encauzar el proyecto de construir una «economía socialista de mercado», pero no hizo olvidar las reticencias de las principales democracias occidentales hacia la política china en materia de derechos humanos. De hecho,

Tanques estacionados en la plaza de Tiananmen de Pekín tras la matanza de estudiantes de junio de 1989.

Reunión mantenida en Pekín en 2000 entre delegaciones comerciales de China y de la Unión Europea.

la imagen de China en el contexto internacional perdió gran parte del prestigio adquirido durante los primeros años de los 80. Aunque el régimen de Pekín intentó ganarse el favor internacional apoyando al bloque occidental en cuestiones como la guerra del golfo, las relaciones de China con el exterior siguieron siendo tensas.

Los motivos de enfrentamiento dialéctico entre China y las democracias occidentales son variados, pero pueden ser divididos en factores de política interna y externa. Respecto a los primeros, el régimen chino intenta conjugar cierta moderación de cara a la opinión pública internacional (liberación de disidentes y «expulsión» del país, generalmente hacia los Estados Unidos) con la represión total de cualquier movimiento opositor interno. Las desorbitadas condenas a las que son sometidos defensores de derechos humanos como Wei Jingsheng o activistas políticos como Xu Wenli y Qin Yongmin o la prohibición de grupos religiosos como la secta Falun Gong demuestran que China no quiere ceder en este tema. Sin embargo, el hecho de que los países occidentales no estén dispuestos a sacrificar las inversiones financieras en el gran mercado que es China en aras de la defensa de la pluralidad política o los derechos humanos deja absolutamente vacías de contenido las posibles críticas que puedan expresar personas como Jacques Santer, presidente de la Comisión Europea en 1998.

En cuanto a la política externa, China ha sido duramente criticada por sus actuaciones con respecto a Taiwán y el desarrollo de su arsenal nuclear. En el primer caso, el régimen de Pekín se ha comportado a menudo de manera amenazante, especialmente en época de elecciones en Taiwán, realizando maniobras militares frente a las costas de la isla o, incluso, lanzando misiles que sobrevuelen el espacio aéreo taiwanés a modo de «prueba». Aunque ha habido épocas en las que Pekín y Taipei parecen haber llegado a acuerdos diplomáticos sobre cómo encarar la cuestión de la soberanía de Taiwán, pendiente desde 1949, el entendimiento total entre ambos países parece aún lejano. Por otra parte, el desarrollo chino de tecnología nuclear ha sido motivo de alarma en Estados Unidos. En mayo de 1999 los dos países se lanzaron graves acusaciones con motivo del bombardeo «por error» de la embajada china en Belgrado durante las acciones punitivas realizadas por la OTAN con motivo de la crisis de Kosovo. Aunque Washington pidió inmediatamente disculpas por este acontecimiento, contraatacó de inmediato las manifestaciones de repulsa convoca-

La cuestión de los derechos humanos es un permanente motivo de aspereza en las relaciones de China con occidente. En la foto, un prisionero político escoltado por policías chinos.

Diez años después de Tiananmen: las protestas de la secta Falun Gong

Diez años después de la masacre de Tiananmen, el gobierno de Pekín temió verse confrontado con una protesta similar. En abril de 1999, mientras el campo mostraba su malestar por la presión fiscal existente sobre el medio rural, unos 10.000 seguidores de la secta budista/taoísta Falun Gong acudían a una convocatoria anunciada en Internet y se reunían ante la sede del gobierno chino demandando su reconocimiento oficial. La manifestación fue disuelta rápidamente y, en julio de ese mismo año, Pekín ilegalizaba Falun Gong y comenzaba a perseguir a sus miembros. Según fuentes de organizaciones de derechos humanos, unas 50.000 personas habrían sido detenidas por su pertenencia a la secta, siendo numerosos los casos de torturados en prisión y ejecutados. Por otra parte, el uso que la secta hizo de Internet puso al gobierno comunista sobre aviso de las posibilidades de esta herramienta informática. Desde entonces, Pekín ha intentado controlar el acceso que la población china pueda tener a la información «virtual».

Miembros de Falun Gong durante unos ejercicios de meditación en Hong Kong.

El disidente Harry Wu, uno de los miembros de la oposición democrática china en el exilio.

das por el gobierno de Pekín alegando que China había robado secretos nucleares estadounidenses. El conflicto sería finalmente cerrado con la renovación de los acuerdos bilaterales y el apoyo dado por los Estados Unidos para que China entrase en la Organización Mundial del Comercio (2001).

La economía china en los 90. El hecho de que las críticas internacionales no hayan repercutido de forma especial en la economía china ha permitido al gobierno de Pekín seguir adelante con su política reformista. Las intenciones de la cúpula del PCCh han quedado bien claras tras las reformas constitucionales de 1993 y 1999, en las que se afirma la voluntad política de continuar impulsando la liberalización económica, pero sin ceder un ápice de terreno en cuestiones ideológicas.

Aunque sin la fuerza con la que inició la década de los 80, la liberalización de la economía china ha continuado viento en popa. El inicio de las privatizaciones de las empresas estatales en 1994, las reformas acometidas en el ámbito laboral (China ha dejado de fomentar el ideal comunista del «empleo de por vida») o la ratificación de la propiedad privada en la reforma constitucional de 1999 son algunas de las medidas adoptadas en este sentido. Por otra parte, la definitiva devolución de las colonias de Hong Kong (1997) y Macao (1999) por parte de Gran

El presidente portugués, Jorge Sampaio, posa en Lisboa acompañado del último gobernador de la colonia de Macao y de los miembros del Comité Consultivo de este territorio pocas semanas antes de su devolución a China a finales de 1999.

Sede central del Banco de China en Pekín.

Bretaña y Portugal, respectivamente, ha incorporado al territorio chino dos de los grandes motores económicos del Pacífico. Aunque la retrocesión de ambas colonias se realizó sobre la base del respeto a sus libertades y sistemas socioeconómicos, Pekín ha promulgado ciertas leyes destinadas a dotar al gobierno chino de más margen de maniobra en ambas ciudades, pudiendo amoldarlas a partir de ahora a su peculiar «economía socialista de mercado».

Es difícil cuantificar el progreso económico chino en la última década dado que, desde 1997, Pekín ha prohibido a la prensa extranjera dar cualquier información al respecto que no provenga de fuentes oficiales. Según éstas, el ritmo de crecimiento se ha mantenido parejo al de la década de los 80, e incluso durante el primer quinquenio de los 90, antes de que la crisis afectase a extremo oriente, la economía china creció más de un 12% anual (el índice más alto del mundo). A pesar de la «oficialidad» de estos números, lo que sí parece cierto es que China sobrevivió mejor que el resto de sus vecinos a la crisis del 97, lo que sin duda facilitó el cumplimiento de los requisitos impuestos por la OMC para su ingreso en dicho organismo.

Por otra parte, la transición de un sistema comunista a uno capitalista ha generado diversos problemas. Las deudas de las empresas estatales siguen siendo multimillonarias, y aunque Pekín se está deshaciendo de esta rémora mediante su privatización, esto está a su vez provocando un intenso crecimiento de la tasa de desempleo. Al malestar de la población urbana por este hecho hay que sumarle el del mundo rural, incapaz de hacer frente a la galopante inflación. Aunque ésta ha sido contenida en el 7% anual, sigue siendo muy elevada para un país que no se puede considerar sino pobre. De hecho, su renta per cápita sigue siendo la 65a. del mundo y la ONU considera que, en lo relativo al «desarrollo humano», China se encuentra por detrás de países como Albania.

Modernos rascacielos en Pekín.

Personajes relevantes en la China contemporánea

Casos como el de Deng Xiaoping o Mijail Gorbachov demuestran que el futuro del comunismo está íntimamente relacionado con las iniciativas propuestas por los líderes nacionales. Es por ello que para saber qué pasará con

La vuelta a China de Hong Kong

La colonia británica de Hong Kong fue devuelta formalmente a la República Popular China el 1 de julio de 1997, en una emotiva ceremonia que contó con la asistencia del príncipe Carlos de Inglaterra y del presidente chino Jiang Zemin. Tras 155 años de dominio británico sobre la isla –en virtud del tratado de Nankín (1842)–, la bandera del Reino Unido fue arriada para siempre y su lugar pasó a ser ocupado por la enseña roja de China. Sin embargo, la devolución de Hong Kong a Pekín –acordada en 1984– se hizo respetando las especificidades del enclave, conforme al principio de «un país, dos sistemas» formulado en su día por el líder comunista Deng Xiaoping. Las autoridades chinas se comprometían a mantener en un plazo de 50 años las libertades ciudadanas en la ex colonia de más de seis millones de habitantes, así como su amplia autonomía política y su economía capitalista.

Arriada de la bandera británica en Hong Kong el 1 de julio de 1997 en los actos de devolución del enclave a China.

En 1990, seis años después de que la primera ministra británica Margaret Thatcher suscribiera con el dirigente chino Deng Xiaoping una declaración conjunta en la que los británicos se comprometían a abandonar Hong Kong, la metrópoli comenzó a adoptar en la isla la llamada Ley Básica *(Basic Law)*. Merced a ésta, implementada con la expresa voluntad de facilitar la transición, se dotó a Hong Kong de un ordenamiento jurídico y político con suficiente capacidad para asumir los cambios venideros; elementos de ese marco eran la autonomía política, la independencia judicial y el reconocimiento de la libertad de expresión y manifestación. En 1991 se promulgó una Carta de Derechos Ciudadanos de Hong Kong, calificada por las autoridades de la China comunista como una violación de la Ley Básica. Con el fin de reformar o pulir algunos aspectos legislativos considerados inadecuados, el gobierno de Pekín establecería en la vecina localidad de Shenzhen –frente a Hong Kong– un Consejo Legislativo Provisional de sesenta miembros.

Pese a algunas fricciones, la vuelta de Hong Kong a manos chinas se llevó a cabo de una manera bastante satisfactoria. Aunque algunos puntos de la Ley Básica fueron cambiados o revocados, lo cierto es que Pekín respetó en líneas generales el espíritu del acuerdo de devolución. A la República Popular le interesa el mantenimiento del *status quo* en la ex colonia británica, que ha desempeñado un papel fundamental en el despegue económico de la franja costera china. La preservación de los importantes lazos empresariales entre Hong Kong y la China continental es un motivo de peso para que las autoridades comunistas actúen con bastante cuidado y moderación a la hora de tomar decisiones políticas que puedan afectar al enclave. La ex colonia británica es sin duda una pieza básica dentro de la estrategia de desarrollo de China.

China en los próximos años es necesario conocer a los «hombres fuertes» del régimen. Serán ellos los que deberán llevar a China por el camino definitivo de la liberalización o bien optarán por el camino de Tiananmen.

Jiang Zemin. Nació el 17 de agosto de 1926 en Yangzou, aunque vivió con la familia de un tío paterno, muerto en la guerra contra Japón, que carecía de descendientes varones. A los veinte años ingresó en el PCCh, evitando participar en la guerra civil y cursando estudios de ingeniería eléctrica en la prestigiosa Universidad Jiatong de Shanghai. Trabajó durante un año en Moscú y regresó después a China, donde pasó los 18 años siguientes desarrollando una carrera como alto funcionario del aparato industrial, pero sin significarse demasiado en el terreno político, actitud muy prudente para evitar los frecuentes conflictos internos del partido y las consecuencias de la revolución cultural.

Cuando Deng Xiaoping impuso la línea moderada lo nombró asesor del primer ministro Hua Guofeng y dos años más tarde fue nombrado viceministro encargado de la importación-exportación. En esta época dirigió la Zona Económica Especial de Shenzhen (ZEE) en la provincia de Guandong, uno de los experimentos chinos para probar el capitalismo liberal en espacios restringidos. Elegido responsable (alcalde y secretario del Comité Municipal) de la populosa ciudad de Shanghai, realizó una gestión eficaz persiguiendo la enorme corrupción burocrática y moder-

Celebración en 1999 del 50 aniversario de la revolución comunista china.

nizando la urbe, la cual comenzaba a abrirse a inversiones extranjeras.

Su esmerada educación junto a los periodos vividos en Rusia y Rumania le convirtieron en el interlocutor más adecuado para los occidentales que acudían a Shanghai, la ciudad más europeizada de China, para establecer fructíferas vías de comercio. A Jiang se le catalogó desde occidente como dialogante a partir de las revueltas estudiantiles de 1986, que manejó con habilidad, accediendo a algunas de las reivindicaciones de los jóvenes y dilatando la respuesta sobre los temas referidos a la política de representación, en los que no deseaba transigir. Cuando se produjeron los hechos mucho más graves en la primavera de 1989, su actitud resultó coincidente con la adoptada por Deng. Tras la matanza de Tiananmen quedó claro que la línea dura del PCCh se imponía frente a las tendencias reformistas, pero Jiang no resultó dañado por los acontecimientos sino que sustituyó al secretario general del partido, Zhao Ziyang, sin respetar el «escalafón» que situaba en los primeros puestos a Li Peng y Qiao Shi.

En cuatro años asumió la presidencia de la comisión militar de los comités central y estatal, la secretaría del comité permanente del buró político y la presidencia de la república, sustituyendo al provecto Yang Shankun. Desde la época de Mao nadie había acumulado tanto poder, pero Jiang hizo un uso moderado del mismo, reforzando la colegialidad y evitando enfrentarse con la sección más conservadora del partido al seguir la ortodoxia maoísta, es decir, reformas económicas para un socialismo de características chinas.

Momentos estelares de la China actual, como la restitución de Hong Kong y Macao, fueron aprovechados para difundir al mundo una imagen de Jiang como un líder no excesivamente carismático pero capaz de transformar su país en el siglo XXI en una nación que, en sus propias palabras, debe ser: «...socialista, moderna, poderosa, democrática y civilizada».

Li Peng. Nació en la ciudad de Chengdu, provincia de Sichuan. Hijo de Li Shuoxun, uno de los primeros miembros del PCCh, que murió en la isla de Hainan a manos del Kuomintang cuando Li tenía solamente tres años. Li

El presidente Jiang Zemin recibe honores oficiales a su llegada al Reino Unido en una visita oficial.

El presidente chino, Jiang Zemin, con su homólogo ruso Vladimir Putin.

Li Peng, primer ministro de China entre 1993 y 1998.

completó su educación superior en la Unión Soviética, como especialista en electricidad, y comparte con Zhu y Jiang una sólida formación técnica.

Ingresó en el PCCh en noviembre de 1945 y, entre 1966 y 1979, ocupó los puestos de secretario del comité del partido en funciones del buró de energía de Pekín, jefe del comité revolucionario del buró, jefe de la administración de energía eléctrica de Pekín y secretario del comité del partido de dicho organismo. A comienzos de la década de los 80, su carrera política le llevó a la vicepresidencia de distintos ministerios, relacionados con la energía. Fue elegido miembro del comité permanente del buró político del comité central del PCCh en 1987 y en 1993 se convertiría en primer ministro del país hasta 1998, momento en el que sería sustituido por Zhu Rongji.

Durante el tiempo que ocupó el puesto de primer ministro, Li Peng contribuyó al progreso y modernización de su país. Fuera de él, se le conoce principalmente como impulsor de la controvertida presa de Las Tres Gargantas. Representante del «ala dura» del partido y considerado responsable de la represión de Tiananmen, resultó ser el miembro más contestado de la cúpula del PCCh, lo que llevaría en 1998 a su destitución.

Hu Jintao. Vicepresidente de la República Popular de China, nació en diciembre de 1942 en la provincia de Anhui, al este de China. Estudió ingeniería hidroeléctrica en la Universidad Qinghua de Pekín, el instituto politécnico más prestigioso del país, y en 1964, un año antes de graduarse, ingresó en el Partido Comunista.

Hu Jintao, elegido presidente chino en 2002.

Hu continuó en la universidad como investigador e instructor político hasta el inicio de la «revolución cultural» en 1966. Dos años después fue enviado a trabajar a Gansu, una provincia subdesarrollada en el noroeste de China. Al mismo tiempo que realizaba trabajos manuales y técnicos, inició su brillante carrera política como secretario del partido desde el puesto de presidente de la Federación Nacional de la Juventud de China (LJCC). Gracias a esto, en 1992 Hu fue elegido miembro del comité permanente del buró político del PCCh, así como miembro del secretariado del comité central del PCCh.

Es el miembro más joven del buró político del comité central del PCCh, el organismo de decisión de más alto nivel del partido. Alabado por sus elevados logros, la experiencia adquirida en su labor con la juventud china le ha permitido entender mejor a la joven generación. Hu fue elegido vicepresidente de la República Popular China el día 16 de marzo de 1998 en la primera sesión de la IX Asamblea Popular Nacional. Los enormes costes sociales de las reformas del sec-

Un grupo de jóvenes chinos festeja la concesión a Pekín de la organización de los juegos olímpicos de 2008.

tor público emprendidas por Zhu Rongji allanan el camino de Hu para alcanzar los más altos niveles en la política china.

Zhu Rongji. Nace el 1 de octubre de 1928 en Changsa, provincia de Hunan. Hijo póstumo de un terrateniente empobrecido, al morir su madre creció bajo la custodia de un tío que consiguió enviarlo a la Universidad de Pekín, donde se graduó en ingeniería eléctrica, iniciando una carrera política como miembro del PCCh, que le llevó en sólo un año a formar parte del selecto grupo de tecnócratas estatales. Cuando Mao en el famoso «Discurso de las cien flores» anunció una etapa de libertad de expresión, el joven Zhu se permitió criticar la política agraria. La consecuencia inmediata fue el ingreso en un campo de reeducación acusado de derechista. No sería la única ocasión en la que sería obligado a «reeducarse políticamente»: en 1969 la revolución cultural y la caza de elementos reaccionarios le condenaron a cinco años de trabajo agrícola.

Zhu Rongji entró en el buró político del PCCh en 1992.

La llegada de Xiaoping a los máximos puestos de poder supuso la rehabilitación de Zhu como técnico de energía y director de la oficina de reconversión tecnológica. Más tarde sustituiría a Jiang (también protegido de Deng) en la difícil alcaldía de Shanghai, continuando la ingente labor de modernizar las estructuras urbanísticas y controlar las altísimas cotas de corrupción que surgieron con la liberalización económica. En la primavera de 1989, cuando el levantamiento estudiantil provocó la intervención del ejército a sangre y fuego, en Shanghai las tropas no salieron a la calle gracias a la habilidad de Zhu, que sin manifestar ninguna simpatía por los requerimientos de cambio político, controló la situación, evitando un nuevo baño de sangre.

Su probada fidelidad a la ortodoxia marxista, junto al convencimiento de la necesidad de un mayor pragmatismo económico, le encumbraron a la cúpula del poder político como miembro del comité permanente del buró político, formado por sólo siete personas, entre las que él ocupaba el quinto puesto, después de Jiang Zeming, Li Peng, Qiao Shi y Li Ruihan.

A Zhu Rongji se le conoce con diferentes apodos como «el Erhad chino», «zar de la economía» o «Gorbachov chino». Todos ellos inciden en su probada capacidad para adoptar medidas económicas que han mantenido las finanzas de su país al abrigo de las gravísimas crisis en extremo oriente. Se le considera un hombre íntegro, intolerante con la ineficacia y la corrupción, que debe a sus méritos personales el relevante lugar que ocupa. El dúo político que forma con Jiang se relaciona con el mundo occidental mejor que sus antecesores, saliendo con frecuencia al exterior. Es indudable que Zhu Rongji se ha ganado la confianza del pueblo chino; que sea capaz de mantenerla dependerá tanto de la eficacia de su gestión como de la popularidad de las medidas que deba tomar para continuar con la liberalización económica del país.

La crisis del modelo económico japonés

El primer ministro japonés, Junichiro Koizumi, junto al máximo dirigente norcoreano, Kim Jong Il, durante una visita realizada a Pyongyang en 2002.

Durante los años 60 del pasado siglo, Japón se convirtió en un ejemplo económico a nivel mundial. Durante los primeros años de la posguerra, Japón contó con la ayuda estadounidense no sólo para recuperarse de los daños sufridos durante el conflicto bélico sino también para reestructurar su sistema económico. Gracias a las ayudas gubernamentales y a determinados aspectos de la sociedad nipona (fidelidad y deferencia) que tuvieron un impacto positivo en el mundo laboral, Japón se había recuperado a mediados de la década de los 50 del desastre de 1945. A partir de entonces, su ascenso a los primeros escalafones de riqueza económica fue imparable: apoyándose en la bonanza económica en el mundo y a fuertes inversiones en la automatización de las fábricas, el producto interior bruto (PIB) nipón comenzó a crecer a un ritmo superior al 10%, el más alto de los países desarrollados, lo que favoreció la inclusión de la nación nipona en el selecto grupo de los siete países más industrializados (G7). En los años 70 y 80, a pesar de la crisis energética, Japón siguió liderando a los países más desarrollados, convirtiéndose su potencial exportador en una verdadera amenaza para países como los Estados Unidos. En los principales mercados bursátiles de todo el mundo se empezó a hablar del «milagro japonés».

Sede del parlamento japonés en Tokio.

El año 1989 fue el principio del fin. La economía japonesa se mantenía firme como la más pujante de los países desarrollados: en una situación de pleno empleo, con un PIB que crecía a un ritmo del 5% y una inflación de apenas el 2,5%, poco había que la pudiese amenazar. Sin embargo, se comenzaban a delinear algunos problemas. Por una parte, en Japón se empezaron a conocer algunos escándalos financieros que implicaban a importantes empresas y a miembros del gobierno. Por otra parte, Japón comenzó a ver disputada su hegemonía en el extremo oriente debido al resurgir económico de otros «dragones» como Corea del Sur, Singapur, Taiwán, etc. Finalmente, las relaciones entre Estados Unidos y Japón comenzaron a tensarse: los primeros veían muy peligroso tanto las propias bases económicas japonesas (falta de estructuras y con un fuerte endeudamiento) como el desequilibrio de la balanza de pagos, que favorecía sobremanera la exportación, amenazando así la estabilidad de sus propios mercados internacionales. Todas estas cuestiones acabarían por explotar en los años 90.

A partir de 1992, y durante cuatro largos años, la economía japonesa entró claramente en recesión. Mientras los escándalos de corrupción comenzaban a poner en verdadero peligro al eter-

Vista aérea de un moderno barrio de Tokio.

no gobierno del Partido Liberal Demócrata (PLD), los índices económicos del país nipón alarmaron a los inversores. Por primera vez en muchos años, el PIB no sólo no creció sino que en 1992 comenzó a presentar un balance negativo, y en los años siguientes apenas superó el 1%. El mercado interno apenas podía absorber la producción y las industrias nacionales tuvieron que buscar compradores en el extranjero en un momento en el que economías como la estadounidense pasaban por una pequeña recesión. Irónicamente, la fortaleza del yen comenzaba a pasar factura a Japón. Finalmente, y tras cuatro años de recesión, en 1996 todo parecía indicar que ya había pasado lo peor.

Pero en 1997 estalló la crisis. En enero, 1.200 empresas tuvieron que declararse en bancarrota, provocando una gran desconfianza entre los inversores bursátiles. La caída de la bolsa de Tokio en octubre acabó afectando a dos de los sectores más especulativos: el financiero y el de la construcción. Respecto al primero, en noviembre de ese mismo año, el cuarto banco del país se tenía que declarar en quiebra debido a las corruptas prácticas contables de sus dirigentes. La construcción, que se había beneficiado del desenfreno económico de los 80, también se vio salpicada por numerosos escándalos de corrupción. Los principales bancos del país, los cuales habían concedido numerosos créditos sin apenas pedir seguridades a cambio, se encontraron ahora ante numerosos impagos, tanto de personas físicas como de empresas, lo que les llevaría a registrar las mayores pérdidas de su historia en 1998. Finalmente, la crisis japonesa acabaría arrastrando a otros países asiáticos, haciendo aún más difícil la posible intervención de organismos financieros internacionales como el FMI.

La crisis económica tuvo importantes consecuencias en el ámbito político japonés. Gracias a la bonanza económica de Japón tras la segunda guerra mundial, el Partido Liberal Demócrata había permanecido incontestado en el poder desde 1948. Sin embargo, cuando los escándalos de corrupción comenzaron a salpicar al gobierno a finales de los 80, el PLD perdería gradualmente su sólida base electoral. De hecho, en 1989 sufrieron su primera derrota legislativa, aunque dado el peculiar sistema electo-

Acto electoral del Partido Liberal Demócrata previo a los comicios generales de 1996.

El estallido de la burbuja: la crisis financiera asiática de 1997

El modelo de desarrollo del extremo oriente, citado como ejemplo durante décadas por los expertos, sufrió una fuerte convulsión en el verano de 1997 con el desplome de algunas monedas y la caída libre de los valores bursátiles. Cuatro «dragones asiáticos» –Taiwán, Corea del Sur, Singapur y Hong Kong– llevaban casi tres décadas creciendo anualmente por encima del 6%, seguidos muy de cerca por China, mientras que los países de la OCDE se movían en torno al 2% de incremento del PIB. Su rápido crecimiento se había basado sin embargo en elementos coyunturales y carecía de una verdadera base. De hecho, la alineación de las monedas del sudeste asiático con el dólar estadounidense y la subida de este último a partir de 1995 provocaron el desajuste de aquéllas frente al yen, las monedas europeas y el yuan chino, haciéndose mucho menos competitivas y restringiéndose en la práctica el acceso a los mercados japonés y europeo. China había sido más previsora devaluando el yuan en 1994, por lo que se encontró en una posición de privilegio ante la crisis, eliminando en la práctica la posibilidad de competencia. Las posibilidades de crecimiento a medio y largo plazo no han disminuido sin embargo por la crisis y, probablemente, en el primer cuarto del siglo XXI los mercados mundiales penetrarán con mayor profundidad en Asia, equilibrando el reparto de la renta mundial, hasta el momento claramente favorable a occidente.

Vista de la moderna ciudad-estado de Singapur, una de las naciones emergentes más afectadas por la crisis financiera de 1997.

ral japonés, basado en renovaciones parciales de las dos cámaras parlamentarias, pudieron mantenerse en el poder.

A partir de los 90, a medida que salían a la luz pública nuevos casos de corrupción y empeoraba la salud económica del país, el PLD entró en una grave crisis. En 1993, los intentos del primer ministro Kiichi Miyazawa por implantar una profunda reforma política que frenase los casos de corrupción provocaron la escisión del PLD en tres nuevas organizaciones políticas. La pérdida de este apoyo llevó a Miyazawa a convocar elecciones que, para el desmayo de los fieles al PLD, acabó encumbrando al poder al Partido Socialista Democrático de Japón (PSDJ), apoyado por casi todos los grupos de la oposición, incluidos los escindidos del Partido Liberal Demócrata.

La coalición se demostró altamente inestable, produciendo cuatro primeros ministros en menos de dos años. También es cierto que a la inestabilidad propia de un grupo político que representaba intereses tan diversos se le vinieron a sumar importantes problemas que exigieron del gobierno una unión y fuerza de las que carecía.

En enero de 1995 Japón vivía el mayor terremoto en muchos años, matando a unas 6.000 personas y destruyendo numerosas viviendas de la región en torno a Kobe. Apenas dos meses después, el 20 de marzo, miembros de la secta religiosa Aum Shinrikyo cometían un atentado terrorista en el metro de Tokio: doce personas morían y otras 5.000 eran intoxicadas por la inhalación de gas sarín.

Interior de la bolsa de Tokio.

Junichiro Koizumi, la esperanza japonesa

Junichiro Koizumi durante su investidura como primer ministro en abril de 2001.

La llegada en 2001 de Junichiro Koizumi al puesto de primer ministro de Japón supuso un soplo de aire fresco para la política del gigante asiático, aquejado en los últimos años por una crisis económica sin precedentes.

Koizumi nació el 8 de enero de 1942 en Yokosuka, prefectura de Kanagawa, en el seno de una familia muy vinculada a la política japonesa. Estudió en la Universidad Keio de Tokio, donde en 1967 se licenció en economía. También cursó estudios en la Universidad de Londres. Inició su carrera política a finales de la década de 1960, tras el fallecimiento de su padre. Koizumi se presentó precisamente a la elección destinada a cubrir el escaño de diputado dejado vacante por su progenitor. Su inexperiencia política, no obstante, frustró ese primer intento de acceder al parlamento nipón. En el seno del gobernante Partido Liberal Demócrata (PLD), Koizumi entró a formar parte del grupo de protegidos por el veterano diputado Takeo Fukuda. A su amparo, el joven Koizumi logró ser elegido diputado en 1972 por la circunscripción de Yokosuka.

En 1979 Koizumi inició su desempeño en el gobierno japonés en calidad de secretario de estado de finanzas. Un año más tarde abandonó el ejecutivo y se puso al frente del Comité de Finanzas del PLD. En 1988 fue elegido responsable de la cartera ministerial de salud y bienestar social por el primer ministro Noboru Takeshita. Posteriormente ocupó nuevos cargos en el partido, y en 1992 asumió el ministerio de correos y telecomunicaciones.

La figura de Koizumi se convirtió en la década de 1990 en el símbolo del movimiento de renovación interna en el PLD, enfrentado a los sectores más tradicionales e inmovilistas del partido. Con su pelo largo y desaliñado y su extravagante indumentaria, encarnaba la heterodoxia dentro de un partido esclerotizado que, por primera vez desde el final de la segunda guerra mundial, veía seriamente amenazada su hegemonía política. Tras la pérdida de la mayoría absoluta liberal en 1993, Koizumi decidió mantenerse fiel al partido. En 1995 anunció su candidatura a la presidencia del PLD, siendo derrotado de manera contundente por Ryutaro Hashimoto. Pese a ello, aceptó el cargo de ministro de salud y bienestar social en el gabinete de Hashimoto. En 1998 volvió a optar a la presidencia del PLD: de nuevo fue derrotado, en esta ocasión por Keizo Obuchi. A la tercera sería la vencida: en 2001 Koizumi alcanzó su objetivo por una amplia mayoría, lo que le convirtió automáticamente en primer ministro.

Al frente del gobierno nipón Junichiro Koizumi emprendió una ambiciosa política de reformas destinada a sacar al país del grave estancamiento económico de los últimos años. En cuanto a la política exterior, el nuevo primer ministro apostó por reforzar la alianza con los Estados Unidos, al mismo tiempo que estrechar los lazos con China, Rusia y Corea del Sur.

Todos estos problemas y la persistente recesión acabaron en 1996 con la extraña coalición, devolviendo al PLD al poder. Los liberales demócratas no han conseguido desde entonces devolver al país a los niveles económicos de principios de los 80. Las propias luchas internas en el seno del partido, las cuales han facilitado que en cinco años Japón haya conocido cuatro jefes de gobierno –Ryutaro Hashimoto, Keizo Obuchi, Yoshiro Mori y Junichiro Koizumi–, no han ayudado al partido a liderar la necesaria reforma económica que necesita el país tras la crisis de 1997. En cualquier caso, el apoyo dado por el estamento político al «rey león» japonés, Junichiro Koizumi, parece una firme apuesta por la reforma y la toma de medidas drásticas que saneen la administración y el sector financiero del país.

Voluntarias japonesas en el acto de clausura en Yokohama del Campeonato Mundial de Fútbol de 2002.

Otros países del oriente asiático

Al igual que Japón, numerosos países asiáticos se sumaron a la bonanza económica de extremo oriente en la década de los 80. Taiwán, China, Indonesia y Corea del Sur situaron sus economías entre las más competitivas del mercado mundial, basándose fundamentalmente en la explotación de la mano de obra barata para conseguir una alta productividad a bajos precios. Sin embargo, su dependencia de la actualmente maltrecha economía japonesa y los problemas internos y externos a los que se vieron sometidos han dibujado una situación inestable, caracterizada por los conflictos étnicos y fronterizos.

El presidente de Timor Oriental, Xanana Gusmão, charla con su homóloga indonesia, Megawati Sukarnoputri, tras la proclamación en mayo de 2002 de la independencia de la ex colonia portuguesa.

Taiwán: de la transición democrática a los problemas con China

En 1978, Chiang Ching-kuo sucedió a su padre, el legendario líder del Kuomintang, Chiang Kai-shek, al frente del régimen de Taiwán. La posición de la isla en el contexto internacional era sumamente incómoda. En los años siguientes a la secesión de la isla (1949), Taiwán había sobrevivido gracias a la guerra fría: enfrentada a la China comunista, la antigua Formosa podía contar con el seguro apoyo de los Estados Unidos. Aunque este apoyo no se reflejaba en un reconocimiento pleno de Taiwán en el contexto internacional (de hecho, la China continental consiguió en 1971 el asiento en la ONU en detrimento de Taiwán), permitió al régimen del Kuomintang mantenerse en el poder y prosperar económicamente. Sin embargo, cuando a principios de la década de los 70 las relaciones entre la República Popular de China y los Estados Unidos comenzaran a entrar en una fase de acercamiento, Taiwán perdió a su principal valedor internacional.

Un individuo intenta quemar una bandera de la China continental durante una manifestación en 2001 en favor de la independencia de Taiwán.

Esta carencia de apoyos internacionales llevó a la oposición democrática a ejercer una mayor presión sobre Chiang Ching-kuo alrededor de 1980. Gente como Huang Hsin-chieh o Chen Shui-bian, los principales líderes del movimiento opositor, reclamaban el fin de la ley marcial (vigente desde 1949) así como la convocatoria de elecciones realmente libres. Hasta entonces, el Kuomintang permitía cierto grado de multipartidismo, pero el ejército y la posesión de los medios estatales hacía que el partido «oficial» consiguiese siempre la mayoría legislativa.

Esto comenzó a cambiar en 1987. Justo un año antes de su muerte, Chiang Ching-kuo levantó la ley marcial, relajando así el autoritarismo gubernamental. Aunque Chiang fue sucedido en la presidencia del país por el candidato oficial, Lee Teng-hui, el Partido Democrático Progresista (PDP) de Huang y Chen podía ya hacer públicas sus proclamas a favor de la democratización y de una plena y sin ambigüedades declaración de independencia (lo que granjearía a Taiwán mayores apoyos internacionales).

En los años 90 del pasado siglo Taiwán vivió su primera experiencia realmente democrática. En 1996, y ante las maniobras de la China continental frente a las costas taiwanesas, el país celebró sus primeras elecciones presidenciales libres, ganadas finalmente por Lee con un 54%. En este nuevo clima político se abandonaron las reclamaciones legitimistas de los regímenes de Pekín y Taipei y se propusieron nuevas fórmulas que pudieran acomodar las dos realidades políticas existentes. Mientras la China comunista proponía la fórmula «un estado, dos sistemas», similar a la que se aplica a Hong Kong, Lee propugnaba por la proclama de «un estado, dos entidades políticas» (que garantizaría a Taiwán su independencia de facto aunque no de iure). El PDP proponía, por su parte, algo inaceptable para la China comunista: «una China, un Taiwán».

La postura del PDP hizo que China volviese a sugerir en el año 2000, cuando se debían convocar nuevas elecciones presidenciales en la isla, que la independencia de Taiwán causaría la guerra. Sus amenazas perjudicaron sin duda al candidato del Kuomintang, Lee, partidario de negociar con China la reunificación. Por primera vez en 40 años de historia un miembro de la oposición democrática, Chen Shui-bian, era elegido presidente del país.

Simpatizantes de Chen Shui-bian, ganador de las elecciones presidenciales taiwanesas celebradas en 2000.

Desde su ascenso al poder, Chen ha intentado rebajar el clima de tensión con la China continental. Oficialmente, Taiwán ha aceptado algunas de las proclamas lanzadas desde Pekín («una sola China») aunque sin comprometerse en profundidad. Por otra parte, las restricciones que impedían a los taiwaneses comerciar con China han sido levantadas, si bien no parecen haber sido recibidas con agrado por el gobierno comunista. Sin embargo, esta moderación ha permitido a Taiwán recibir un mayor apoyo por parte de los Estados Unidos y conseguir la primera muestra de reconocimiento internacional: su admisión en la Organización Mundial del Comercio en 2001.

Corea del Sur

La historia de Corea del Sur desde 1980 es en gran medida parecida a la de Taiwán. El asesinato del eterno líder coreano, Park Chung Hee (1963-1979) no acabó con el autoritarismo que regía el

El Dalai Lama, líder espiritual tibetano en el exilio, saluda al presidente taiwanés, Lee Teng-hui, en una polémica visita realizada a Taipei en 1997 que fue interpretada como un desafío por el régimen comunista chino.

Vista de Seúl, capital de la República de Corea (Corea del Sur).

El general surcoreano Chun Doo Hwan llegó a la presidencia de su país en 1980 tras un golpe de estado militar.

país. Tras un breve periodo en el que pareció que se iba a producir cierta democratización, el general Chun Doo Hwan dio un golpe de estado que le aupó al poder a comienzos de 1980. Las continuas protestas callejeras le llevaron a aceptar la democratización del país, tarea que encargó a su aliado, el general Roh Tae Woo. Evidentemente, el régimen controló el proceso: en 1988, cuando se convocasen las elecciones presidenciales, Roh se proclamaría como vencedor. La celebración en ese mismo año de los Juegos Olímpicos de Seúl y la entrada en 1991 de Corea del Sur en la ONU, sirvieron sin duda para legitimar al régimen.

En 1992 se volvieron a convocar elecciones, resultando vencedor Kim Young Sam cuyo partido, el Partido de la Nueva Corea (PCN), era un firme aliado del de Roh. Aunque contaba con el apoyo del régimen militar, Kim Young Sam impulsó tímidamente la democratización del país.

En 1996, cuando ya se hacían evidentes los primeros síntomas de recesión económica, Kim Young Sam buscó separarse definitivamente de los dictadores, promoviendo un juicio contra Chun, Roh y catorce oficiales más acusados de haber participado en el asesinato de Park y en la masacre de los opositores demócratas en Kwangju (1980).

A pesar de ello, la crisis económica empezaba a dañar seriamente la imagen del PNC. Si bien Corea consiguió entrar en la OCDE en 1996, el malestar de los trabajadores se tradujo en manifestaciones y protestas contra la ley de flexibilización laboral que el gobierno aprobó en sesión parlamentaria secreta, sin contar con la oposición. Junto al malestar social, una serie de escándalos financieros que implicaban a miembros del gobierno y del PNC provocaron su derrota en las elecciones y el triunfo de Kim Dae Jung.

Este nuevo mandatario fue recibido como un héroe por el electorado coreano. Antiguo opositor a Park, su reputación de demócrata convencido levantó grandes esperanzas, en gran parte justificadas. A él se debe la amnistía concedida a numerosos presos políticos, incluidos los generales Roh y Chun, como forma de iniciar una etapa de «reconciliación nacional». También llevó a cabo diversas reformas económicas con el objeto de permitir al país salir de la crisis, algo que empezó a ocurrir en 1998. Finalmente, ha buscado el acercamiento con Corea del Norte, promoviendo medidas que permitan la reunificación familiar o el intercambio económico y cultural. El avance en el restablecimiento de las relaciones se ha mostrado sin embargo demasiado lento y el prestigio ganado por el presidente Kim en los prime-

Kim Dae Jung junto al presidente de los Estados Unidos, Bill Clinton, en una visita realizada a Washington en junio de 1998, pocos meses después de ser investido como presidente de Corea del Sur.

Kim Jong Il recibe en 2001 la visita del presidente chino Jiang Zemin.

ros momentos, prestigio que le valió ganar el Premio Nobel de la paz en el año 2000, comienza a verse dañado por diversos escándalos de corrupción que implican a algunos de sus familiares.

Corea del Norte

Tras el proceso de apertura chino, Corea del Norte se ha convertido en el último baluarte del comunismo más recalcitrante en Asia. De hecho, ya en pleno siglo XXI, mantiene un régimen autoritario con escasos contactos con el exterior y un secretismo casi infranqueable.

Tras la proclamación de la República Democrática Popular de Corea (RDPC) en 1948, Kim Il Sung instauró una férrea dictadura similar a la estalinista, en la que su hijo, Kim Jong Il, fue reconocido como delfín, asumiendo gradualmente la jefatura de la mayoría de cargos civiles y militares. Tras años de aislamiento, en 1991 Corea del Norte inició un cauto acercamiento a su homónima sureña. En 1994 estos contactos llevaron a la celebración de una cumbre tripartita entre las dos Coreas y Estados Unidos con el objeto de normalizar las relaciones entre ambos países. En la cumbre se adoptaron importantes decisiones, entre las que destacaba la ayuda de Corea del Sur y los Estados Unidos para la sustitución de los obsoletos reactores de grafito norcoreanos por otros de agua ligera, mucho más seguros y menos susceptibles de ser usados con fines militares; los acuerdos incluían también el apoyo económico y la posibilidad de establecer relaciones diplomáticas. La inesperada muerte del dictador ese mismo año, supuso sin embargo la inmediata paralización de los contactos.

Kim Il Sung fue sustituido al frente del gobierno coreano por su hijo Kim Jong Il, el cual ha llevado hasta ahora una política errática incapaz de hacer frente a los problemas del país. Si la situación económica durante el gobierno de su padre era ya desesperada, las inundaciones de 1995 y una larga sequía dos años después llevaron al gobierno a reconocer que no tenía medios para alimentar al 50% de la población. Esta situación fue aprovechada por el presidente surcoreano Kim para lanzar veladas amenazas que favoreciesen a su país en caso de que se volvieran a retomar los contactos bajo supervisión estadounidense.

Tropas norcoreanas celebran en 2002 la reapertura de las líneas férreas entre las dos Coreas.

La errática política norcoreana hizo acto de aparición en 1998, cuando parecía que se iban a alcanzar ciertos avances en las mesas de negociación. Pyongyang desconcertó a la opinión internacional lanzando un misil balístico que sobrevoló Japón. Tanto los Estados Unidos como China, Rusia y, por supuesto, Japón expresaron su indignación, suspendiendo las ayudas y retirándose de las negociaciones. Sólo la inamovible decisión de Kim Dae Jung de lograr la reunificación consiguió sortear los cambios de rumbo del mandatario norcoreano, que alternaba los desafíos prebélicos con la aceptación del diálogo.

Histórico encuentro en junio de 2000 en Pyongyang entre el presidente de Corea del Norte, Kim Jong Il, y su homólogo surcoreano, Kim Dae Jung.

En mayo de 1999 Kim Jong Il viajó en secreto a Pekín como preludio del histórico encuentro celebrado los días 13 al 15 del mismo mes en Pyongyang entre los dos presidentes de la dividida nación. El principio de reconciliación parecía ofrecerle a Corea del Norte numerosas oportunidades en el contexto internacional para recuperarse de su grave crisis económica. Sin embargo, su insistencia en el mantenimiento de su capacidad nuclear y las sospechas de que el régimen norcoreano guarda ciertos vínculos con organizaciones de carácter terrorista han llevado a los Estados Unidos a incluir a Corea del Norte en el «eje del mal».

El polvorín indonesio

Tras el intento de golpe de estado perpretado por el Partido Comunista Indonesio en 1965 surge el general Suharto como hombre fuerte del país. Tras un año de incertidumbre, en el que convivieron en el poder el por entonces presidente Sukarno y el nuevo primer ministro Suharto, este último consiguió imponerse en 1967, obteniendo no sólo el apoyo del ejército sino también el de una asamblea popular surgida con motivo del fallido golpe de 1965. El general Suharto cambió por completo la política exterior del país, alejándose de China y acercándose a occidente. Este cambio tuvo dos consecuencias importantes: por una parte, Suharto consiguió que Indonesia tomara el tren del desarrollo económico gracias a la apertura a un mercado más potente que el de la China comunista y a la implantación de un programa de ayudas económicas (Grupo Intergubernamental para Indonesia, presidido por los Países Bajos). Por otra parte, su dictadura y represión fueron toleradas por las principales potencias occidentales, deseosas de contar en su bando con el cuarto país más poblado del mundo.

A mediados de la década de los 70, coincidente con el «enfriamiento» del conflicto entre los bloques occidental y comunista, el régimen de Suharto comenzó a sufrir un gran descrédito. En diciembre de 1975 Indonesia invadía Timor Oriental, un territorio que acababa de recibir la independencia por parte de Portugal, al menos de forma oficiosa, a resultas de la llamada «revolución de los claveles».

El general Suharto, dictador de Indonesia desde 1967 hasta su renuncia en 1998.

Timor Oriental: el primer estado independiente del siglo XXI

En agosto de 1999 se celebró en la ex colonia portuguesa de Timor Oriental, ocupada por Indonesia desde 1975, un referéndum de autodeterminación saldado con la victoria de los independentistas.

Las Naciones Unidas transfirieron el 20 de mayo de 2002 el control de Timor Oriental al gobierno emanado de las elecciones celebradas un mes antes en esa ex colonia portuguesa, ocupada desde 1975 por Indonesia. Ante la presencia de numerosos mandatarios extranjeros, Timor Oriental iniciaba su andadura como estado independiente con el histórico líder independentista Xanana Gusmão como flamante presidente de la nación.

La isla de Timor, en los confines orientales del archipiélago indonesio, fue colonizada por holandeses y portugueses en el siglo XVI. Una centuria más tarde, tras un enfrentamiento armado entre los colonizadores europeos, los lusos mantuvieron el control sobre el este de la isla. El dominio de Lisboa se extendió hasta 1975, cuando se produjo la retirada de las tropas coloniales. El Frente Revolucionario del Timor Este Independiente (Fretilin) aprovechó la situación para proclamar la independencia del territorio, pero días más tarde fuerzas militares indonesias invadían Timor Oriental poniendo fin al efímero sueño independentista. En 1976, el este de Timor fue anexionado por Indonesia. Las nuevas autoridades desataron una sangrienta represión que se cobraría la vida de decenas de miles de timorenses.

En respuesta a la ocupación indonesia, los timorenses orientales organizaron un movimiento armado de resistencia. En 1992 fue detenido el líder independentista Xanana Gusmão, condenado a muerte un año después en una sentencia posteriormente conmutada por la de cadena perpetua. Tras el derrocamiento del dictador indonesio Suharto en 1998, se abrieron las puertas para una solución negociada al conflicto de Timor Oriental. El nuevo gobierno de Indonesia, presidido por Yusuf Habibie, suavizó el régimen de encarcelamiento de Gusmão y reconoció el derecho a la autodeterminación de Timor Oriental.

En 1999 se celebró el prometido referéndum, en el que un 78% de la población se mostró favorable a la independencia respecto de Indonesia. A la consulta popular siguió un estallido de violencia protagonizado por milicias proindonesias, que se cobró más de mil víctimas mortales y motivó la huida de una cuarta parte de la población, sobre todo en dirección a la vecina Timor Occidental. Fuerzas australianas de pacificación se encargaron de restaurar el orden, y en octubre de ese mismo año las Naciones Unidas asumieron la administración del territorio. Por su parte, Indonesia puso definitivamente en libertad a Gusmão. En agosto de 2001 se eligió una Asamblea Constituyente que redactaría la constitución del futuro estado de Timor Oriental. Una vez celebradas las primeras elecciones presidenciales en la historia de la joven nación, que dieron la victoria al Fretilin, el este de Timor se convirtió en 2002 en un estado soberano e ingresó como miembro de pleno derecho, haciendo el número 191, en la Organización de las Naciones Unidas.

La ocupación militar, aunque rápida, dio lugar a numerosas matanzas y al establecimiento de varios grupos guerrilleros que sumieron a la isla en un conflicto permanente. Aunque Indonesia intentó presentar la invasión como respuesta a una petición de los líderes timorenses, los observadores internacionales rechazaron la intervención y siguieron considerando a Timor Oriental como una colonia portuguesa. Los intentos de la ONU por llegar a una solución negociada del conflicto que resultase en la independencia de Timor Oriental contaron desde entonces con la firme negativa del general Suharto.

Fue en los años 90 cuando Indonesia volvió a llamar la atención internacional. La concesión en 1996 del Premio Nobel de la paz a dos de los líderes de Timor Oriental, José Ramos Horta y el obispo Carlos Belo, devolvió la cuestión timorense a la primera plana de los periódicos. Por otra parte, la crisis económica de 1997 resultó particularmente destructiva en Indonesia, provocando una fuerte caída en la inversión extranjera y elevando la deuda externa hasta 140.000 millones de dólares y la tasa de desempleo hasta el 20%. El descontento popular propició la renuncia de Suharto a favor del vicepresidente, Yusuf Habibie, en mayo de

Manifestación de apoyo en 1996 a la líder opositora indonesia Megawati Sukarnoputri.

Protesta estudiantil contra Suharto a las puertas del parlamento indonesio en 1998.

1998, iniciándose una etapa de transición marcada por acciones violentas, pogromos étnicos y el ascenso de diversos partidos políticos islámicos (Indonesia es el mayor país musulmán del mundo). Habibie aceptó las exigencias de la ONU respecto a Timor Oriental, permitiendo en 1999 la celebración de un referéndum en el que la opción independentista resultó claramente vencedora.

Ese mismo año, Habibie renunció a la presidencia, celebrándose elecciones democráticas en las que Megawati Sukarnoputri fue castigada por su condición de mujer por parte de los partidos islámicos. El vencedor de las elecciones, Abdurramán Wahid, no pudo sin embargo devolverle la tranquilidad a Indonesia. Los continuos conflictos étnicos (especialmente en Irian Jaya –Papua– y Aceh –Sumatra–) y la persistente crisis económica pusieron a Wahid contra las cuerdas. En 2001, tras ser acusado de corrupción, Wahid fue destituido por el parlamento, que nombró en su lugar a Megawati, la cual había conseguido aunar el apoyo político, militar y civil.

Megawati Sukarnoputri sucedió en 2001 en la presidencia de Indonesia al destituido Abdurramán Wahid.

Filipinas

La historia contemporánea de Filipinas tuvo durante veinte años un nombre propio: Ferdinand Marcos. Accedió al poder en 1965, coincidiendo con una etapa de prosperidad económica que le permitió ser reelegido cuatro años más tarde. Los recurrentes estallidos de violencia que se producían en el archipiélago se agravaron durante su mandato con la aparición de dos movimientos, el comunista Nuevo Ejército Popular y el Frente Moro Islámico, opuestos a la orientación pro estadounidense de Marcos y, a menudo, enfrentadas entre sí. Esto llevó a Marcos a proclamar en 1972 la ley marcial, disolver el Congreso, gobernar por decreto-

El dictador filipino Ferdinand Marcos llevó las riendas de su país desde 1965 hasta su derrocamiento en 1986.

ley y reformar la constitución para garantizarse el poder absoluto. Estas medidas, que significaban de hecho la implantación de una dictadura, no consiguieron parar los conflictos sino agravarlos. La retirada de apoyo de los Estados Unidos al régimen de Marcos sumió a Filipinas en una grave crisis que llevó al presidente a levantar la ley marcial en 1981 y convocar de nuevo elecciones en un intento de ganar el favor internacional. Esto no fue posible debido al continuo fraude electoral y a la implicación del régimen en actos como el asesinato en 1983 del líder de la oposición, Benigno Aquino. En 1986 unas nuevas elecciones fraudulentas dieron paso a numerosas revueltas callejeras e incluso al alzamiento militar de generales como Juan Ponce Enrile y Fidel Ramos. La presión estadounidense hizo finalmente que Ferdinand Marcos huyese del país.

La nueva presidenta, Corazón Aquino, viuda del antiguo líder de la oposición, no pudo solucionar los problemas del país a pesar de su gran apoyo popular. Aunque consiguió firmar un acuerdo de paz con las guerrillas musulmanas, las continuas intentonas militares por implantar un régimen derechista sólo pudieron ser frenadas gracias al apoyo de los Estados Unidos. En 1992 Aquino decidió no presentarse a las elecciones, prestando su apoyo, a la postre definitivo, a Fidel Ramos.

En el haber de Ramos figura el acuerdo de paz firmado con el Frente Moro Islámico, aceptando una Zona Especial de Paz y Desarrollo (SZPD) en Mindanao, que incluía condiciones económicas ventajosas para la isla. Aunque Ramos intentó modificar la constitución para aumentar el tiempo de permanencia en el gobierno, la oposición de Corazón Aquino y el cardenal Jaime Sin se lo impidieron. Los comicios de 1998 fueron ganados, con amplia mayoría, por Joseph Estrada, antiguo actor profesional durante el mandato de Fidel Ramos.

Joseph Estrada, antiguo actor de películas de acción, ocupó la presidencia de Filipinas desde 1998 hasta su renuncia en enero de 2001. La imagen le muestra en un fotograma de uno de sus filmes.

Estrada había ganado las elecciones gracias a una táctica populista que prometía, entre otras cosas, la superación de la crisis económica. Sin embargo, la incapacidad de su gobierno de frenar las actividades terroristas del grupo integrista islámico Abú Sayaf o sacar adelante sus propuestas electorales acabaría creándole numerosos enemigos. En 2001 la Iglesia Católica, mayoritaria en Filipinas y que goza de un peso específico determinante, retiró su apoyo a Estrada al ser éste acusado de recibir continuados sobornos de la mafia que controla los juegos de azar. La Corte Suprema de Justicia filipina depuso en 2002 al presidente que se vio enjuiciado por el parlamento acusado de corrupción. Estrada fue sustituido automáticamente por la vicepresidenta, Gloria Macapagal-Arroyo.

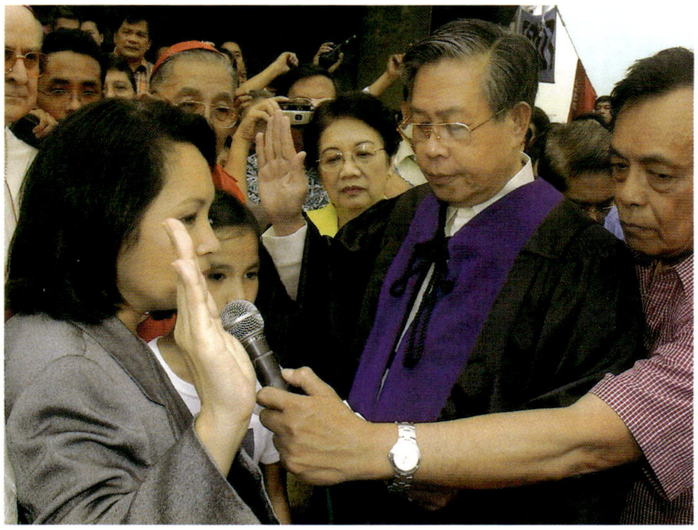

Gloria Macapagal-Arroyo asume en enero de 2001 la presidencia de Filipinas.

Camboya: el final del jmer rojo

En 1975 las guerrillas maoístas del jmer rojo de Pol Pot conquistaban la capital camboyana, Phnom Penh, y acababan con el gobierno pro estadounidense de Lon Nol. Se esperaba que esto devolviese al poder al príncipe Norodom Sihanouk, quien había sido derrocado en 1970 por Lon Nol debido a su apoyo a la causa comunista del Vietcong. Las esperanzas de los partidarios del príncipe se vieron sin embargo frustradas cuando Pol Pot le forzó a renunciar e instauró su régimen de terror sobre todo el territorio camboyano.

Los cuatro años de absoluto control de los jmeres rojos fueron devastadores. En 1975, Pol Pot ordenó la total evacuación de la capital y obligó a sus habitantes a emigrar a las áreas rurales para trabajar en el sector agrícola. La maquinaria moderna del país fue destruida, al ser considerada un símbolo de la dominación occidental. Al mismo tiempo, Pol Pot ordenó numerosas ejecuciones masivas que, aunque especialmente dirigidas contra las clases altas, la burguesía y los intelectuales, acabó diezmando el país: entre 1975 y 1979 se calcula que casi un millón y medio de camboyanos perdieron la vida. Sus restos serían apilados para dar forma a las macabras esculturas que aterraron al mundo entero.

Norodom Sihanouk, rey de Camboya, participa en 2001 en Phnom Penh en los actos de celebración de la independencia de su país.

La negativa de Pol Pot a poner freno a sus purgas o tan siquiera a negociar con el príncipe Sihanouk llevaron a Vietnam a intervenir en el conflicto. En 1979, las tropas vietnamitas invadían el país y conquistaban la capital, expulsando a los jmeres rojos hacia el norte y el oeste del territorio camboyano. La intervención viet-

El milagro vietnamita

En los años 90, Vietnam inició una importante transformación. Aunque el país sigue dominado por el partido comunista, el régimen de Hanoi ha iniciado una etapa de liberalización económica y reestablecimiento de las relaciones internacionales con países como China o los Estados Unidos. En relación con lo primero, en 1987 se comenzaron a implantar ciertas medidas liberales que permitían a las compañías vietnamitas fijar sus precios de forma libre o pedir créditos en el exterior para importar materias primas. La liberalización se vio, por otra parte, beneficiada por la cooperación vietnamita con la ONU en el caso camboyano, así como con el fin de los litigios que el país mantenía con los Estados Unidos y China desde la década de los 70. El importante crecimiento económico que ha vivido el país gracias al fin del embargo estadounidense y a las inversiones extranjeras (especialmente británicas y francesas) permite incluir a Vietnam en las filas de los nuevos «dragones asiáticos».

Desfile celebrado en 1995 en la ciudad de Ho Chi Minh (antigua Saigón) para conmemorar el 20 aniversario del final de la guerra con los Estados Unidos.

Nguyen Tan Dung, viceprimer ministro de Vietnam, brinda en 2000 con el primer ministro camboyano Hun Sen (a la derecha) en el transcurso de una visita a Phnom Penh.

namita derivó en una guerra civil que duraría doce años. En ese periodo de tiempo, el nuevo gobierno de Hun Sen, apoyado por Vietnam, lucharía contra el jmer rojo de Pol Pot y las milicias del príncipe Sihanouk.

En 1987, y ante la devastación que sufría el país, se iniciaron en París las conversaciones de paz. La postura adoptada en 1989 por Vietnam, dispuesto a retirar sus tropas si se llegaba a un alto el fuego y la ONU supervisaba la implantación de un gobierno legítimo, facilitó que en 1991 todas las facciones firmaran el tratado de paz. Aunque el tratado fue incumplido inmediatamente por las guerrillas del jmer rojo, permitió la alianza entre Sihanouk y Hun Sen y la pacificación de gran parte del país. Esta frágil estabilidad permitiría a las Naciones Unidas asumir el control administrativo del país y comenzar a organizar la convocatoria de elecciones democráticas.

Las primeras elecciones democráticas de la historia de Camboya tuvieron lugar en 1993. Aunque el bloque monárquico liderado por Sihanouk consiguió imponerse al partido de Hun Sen, ambos líderes decidieron cooperar en aras de la estabilidad nacional. Tras la formación de un gobierno de coalición, se aprobó una nueva constitución (septiembre de 1993) que reinstauraba la monarquía: Sihanouk volvía así a ser coronado como rey de Camboya

La paz sin embargo no llegaría al país. El jmer rojo seguía luchando en numerosas zonas rurales aunque, a partir de 1996, perdería gran parte de su poder. En dicho año, disensiones internas llevaron al grupo maoísta a escindirse en dos facciones, una de las cuales pactaría con el gobierno de Phnom Penh. La otra facción acabaría destituyendo y encarcelando en 1997 a Pol Pot, el cual moriría un año más tarde. También en 1997 se producirían diversos incidentes entre las fuerzas «democráticas» del país: los partidarios de Hun Sen declararon a su líder vencedor de las elecciones legislativas de 1997 mientras el príncipe Ranariddh, cabeza del partido monárquico, huía del país.

El año 1998 pareció marcar el inicio de la estabilidad en Camboya. Dicho año los conflictos faccionales remitieron, permitiendo el regreso de Ranariddh y la convocatoria de nuevas elecciones, las cuales convirtieron a Hun Sen en primer ministro. El descabezamiento del jmer rojo, la estabilidad política y el importante crecimiento económico de Camboya (cerca del 7% anual) permiten a los camboyanos soñar con un futuro mejor.

Milicianos de los jmeres rojos portan el cadáver del ex dictador camboyano Pol Pot, muerto en la selva en 1998.

EL ÁFRICA SUBSAHARIANA

Desde 1945, el movimiento de descolonización iniciado en el África occidental británica se extendió por todo el continente, constituyendo uno de los fenómenos políticos más espectaculares de la segunda mitad del siglo XX. La proclamación de los últimos estados independientes en África –Zimbabwe (1980), Namibia (1990), Eritrea (1993)– junto a las reformas democráticas en la República Sudafricana que implantaron un estado multirracial en 1994, completan el cuadro de un África independiente y formalmente descolonizada, con un único caso en espera de solución: el conflicto del Sahara occidental. Con la independencia y la descolonización no han acabado sin embargo los problemas del África subsahariana. Los nuevos estados deben afrontar ahora el reto de superar un conjunto de dificultades que, en algunos casos, proceden de la época colonial pero, en otros, están íntimamente relacionados con las estructuras socioeconómicas de las naciones africanas.

Una mujer angoleña con su hijo.

Vista aérea de Windhoek, capital de Namibia, país africano que logró su independencia en 1990.

El fin del *apartheid* en Sudáfrica

En 1949 el Partido Nacional (PN) ganaba las elecciones legislativas celebradas en Sudáfrica. Desde antaño, este partido venía abogando por la institucionalización definitiva del *apartheid*, las prácticas segrega-

El presidente de Sudáfrica, Thabo Mbeki, junto a un niño de su país en una ceremonia previa a la apertura de la Cumbre de la Tierra de 2002 en Johannesburgo.

cionistas que mantenían a la mayoritaria población negra sometida a la pequeña minoría de descendientes de colonos ingleses y holandeses. Ya desde principios del siglo XX existían numerosas leyes que dotaban de cierta legalidad a esta situación (de hecho, Gandhi comenzaría a ser conocido por sus protestas en Sudáfrica), pero nunca se había llegado al extremo que pretendía el PN: dotar a las hasta entonces leyes segregacionistas de una cohesión total y comenzar a construir «reservas», o bantustanes, donde poder hacinar y utilizar como mano de obra barata a la población negra sudafricana. Este sistema de segregación racial subsistiría hasta principios de la década de los 90.

La historia de la abolición del *apartheid* o segregacionismo sudafricano es en cierta medida la biografía de Nelson Mandela. Mandela (1918), perteneciente al clan madiba, fue durante 25 años el preso político más conocido en el mundo, provocando con la firmeza de su postura el posicionamiento internacional frente al segregacionismo vigente en Sudáfrica. Tras años de lucha, en abril de 1994 se convertiría en el primer presidente de raza negra de la República de Sudáfrica.

Nelson Mandela, líder de la lucha contra el apartheid *en Sudáfrica, fue presidente de su país desde 1994 hasta 1999.*

Licenciado en derecho, Mandela pronto comenzó a trabajar en política como miembro fundador de la rama juvenil del Congreso Nacional Africano (CNA), la principal organización sudafricana que defendía los derechos de la gente de color. En 1952 consiguió ser nombrado secretario nacional del CNA, promoviendo la oposición no violenta a la política segregacionista del Partido Nacional. La reacción del CNA al *apartheid* contemplaba un extenso programa pacífico, basado en la desobediencia civil, convocatoria de huelgas, reivindicaciones de derechos básicos como la sanidad o la educación y la exigencia de un nuevo parlamento según el principio democrático de «un hombre, un voto».

Seguidores del Congreso Nacional Africano asisten en 1977 al entierro del histórico dirigente negro Steve Biko.

Paralelamente, Mandela abrió el primer bufete de abogados dirigido por negros que prestaba asistencia legal a activistas políticos, sufriendo un constante acoso policial. Desde 1952 hasta junio de 1962, Mandela fue detenido, puesto en libertad, juzgado por traición, absuelto, inhabilitado, nuevamente encarcelado por sabotaje, etc., en una larga cadena de hostigamiento hacia un líder sumamente molesto para el gobierno.

En junio de 1961 los dirigentes del CNA abandonaban la línea pacifista para iniciar la lucha armada. Ese año se creaba el *Umkhonto we Size* («La lanza de la nación»), sección militar del CNA, y se nombraba a Mandela como máximo dirigente de la nueva sección. El gobierno sudafricano intentó entonces emprender una campaña legal que acabase con el líder del movimiento antiapartheid en prisión de una forma definitiva. Aunque en 1962 un tribunal exculpó a Mandela de los cargos presentados contra él por traición, en 1964 se le juzgó de nuevo por sabotaje y abandono ilegal del país (había estado en Etiopía, Argelia y el Reino Unido recabando apoyos para su causa). Mandela fue finalmente condenado a cadena perpetua.

A pesar de estar encarcelado, Mandela siguió jugando un importante papel en el movimiento antiapartheid al convertirse en un símbolo de la opresión de la mayoría negra sudafricana. Su caso fue conocido por una opinión pública internacional cada vez más sensible ante el tema de la defensa de los derechos humanos. Las presiones de los movimientos pro derechos humanos llevaron a muchos gobiernos a levantar sanciones contra el régimen sudafricano, el cual se vio obligado a ir cediendo poco a poco. Así, Mandela pasó en 1988 de las insalubres cárceles de Robben Island y Pollsmoor a la de Victor Verster, donde las mejores condiciones sanitarias le permitieron recuperarse de la tuberculosis contraída en sus primeros años de prisión.

Agobiados por las presiones internacionales, presidentes sudafricanos como Vorster o Botha intentaron llegar a una salida negociada al «caso Mandela». Las ofertas de los políticos sudafricanos de concederle el indulto a cambio de una declaración que condonase el *apartheid* o, al menos, condenase la violencia del CNA, nunca fueron aceptadas por Mandela. El líder negro sólo dejaría de luchar cuando se aboliese definitivamente el segregacionismo.

Frederik de Klerk inició en 1989, como presidente de Sudáfrica, el desmantelamiento del régimen de segregación racial.

Esto llegaría finalmente de la mano de Frederik Willem de Klerk, elegido presidente sudafricano en el histórico año de 1989. En apenas unos meses el gobierno aprobó una serie de reformas que incluyeron la legalización del CNA y otros partidos políticos, la práctica liquidación del *apartheid* y, finalmente, la liberación de Nelson Mandela en febrero de 1990.

Después de 28 años de prisión, el adalid de la integración había logrado el reconocimiento de su causa y, por supuesto, un éxito personal. Mandela dirigió las negociaciones con el gobierno sobre la transición democrática en la complicada época comprendida entre 1990 y 1994. A pesar de que por momentos pareció que sería imposible lograr un desmantelamiento pacífico del *apartheid* debido a los numerosos atentados terroristas cometidos por blancos y negros por igual, la actitud dialogante de De Klerk y Mandela se demostró en este sentido como importantísima. En 1993 el mundo entero reconoció este hecho, concediendo el Premio Nobel de la paz a ambos dirigentes.

Finalmente, en 1994 se convocaron las tan ansiadas eleccio-

Nelson Mandela y Frederik de Klerk en una reunión celebrada en la sede de la UNESCO.

La nueva Sudáfrica: razones para la esperanza y la tristeza

El balance de los gobiernos del CNA demuestra que el cambio de un régimen político a otro no ha afectado apenas a la ascendencia de Sudáfrica con respecto a sus vecinos. El país mantiene una economía competitiva, con una deuda externa apenas significativa, la tasa de inflación cercana al 6% y un ritmo de crecimiento del PIB que se mantiene alrededor del 3% anual. Los ingresos per cápita de la población menos favorecida han mejorado en un 9%. El país invierte el 5,7% de su PBI en educación pública con una excelente cobertura en educación primaria. A pesar de todo ello, todavía persisten grupos de población que carecen de electricidad y agua potable, y la distribución de la riqueza continúa siendo llamativamente desigual. Por otra parte, la extensión del SIDA resulta tan desesperanzadora como en otros países del continente, amenazando con disminuir en casi veinte años la esperanza de vida que está fijada en 60 años.

Varios jóvenes exhiben en 1994 la nueva bandera de la Sudáfrica multirracial.

nes democráticas, en las que todos los grupos raciales tuvieron derecho al voto. Mandela fue elegido presidente nacional de forma abrumadora, contando tan sólo con la firme oposición de ultraderechistas blancos y el movimiento zulú Inkhata de Mangosuthu Buthelezi, los cuales, irónicamente, se aliaron para intentar sumir al país en una espiral de violencia que acabase con la esperanza de democratización. Sus propósitos no se materializaron: tanto los nativos como los descendientes de los antiguos colonos comprendían que había llegado el momento de vivir en paz.

Los esfuerzos de Mandela y el sector moderado del PN tuvieron finalmente éxito. El flamante presidente no buscó excluir del gobierno a la minoría blanca, mucho mejor preparada para la gestión de temas económicos o de seguridad nacional, lo que conllevó en un primer momento la formación de un gobierno de coalición (CNA-PN). La violencia fue contenida, consiguiendo que los grupos más reacios a la nueva situación aceptasen el juego democrático y abandonasen el camino de las armas. Finalmente, en 1996, Nelson Mandela firmaba la constitución sudafricana (la más avanzada del mundo) ante miles de personas en Johannesburgo, dando por terminada la transición democrática.

Una muestra del espíritu democrático e igualitario de esta carta magna fue la creación, un año antes, de la Comisión para la Verdad y la Reconciliación (CVR). Ésta fue una solución original para conseguir la pacificación del país, aclarando las masivas violaciones de los derechos humanos cometidas durante el funcionamiento del *apartheid*, principalmente por parte del estado blanco racista, aunque también se investigaron los excesos del movimiento de liberación negro. Unas 21.000 víctimas comparecieron ante las sesiones de la Comisión, presididas por el arzobispo Desmond Tutu, que obtuvo una amplia cobertura televisiva. El resultado global fue calificado de positivo y supuso un cambio respecto a situaciones similares vividas en otros países que necesitaron décadas para atreverse a revisar su pasado inmediato. Sin embargo, la comisión no ha podido hacer olvidar los continuos años de injusticia. En 1999, cuando Mandela abandonó la presidencia del país cediendo el testigo a Thabo Mbeki, avisó claramente de los peligros del sectarismo y la violencia que amenazaba todavía a la sociedad sudafricana.

Thabo Mbeki sucedió en 1999 a Nelson Mandela en la presidencia de Sudáfrica.

El conflicto de los Grandes Lagos

Se conoce como la región de los Grandes Lagos a la comprendida por las grandes superficies lacustres de los lagos Alberto, Victoria y Tanganika y por países como Burundi, Ruanda, Uganda y el Congo (antiguo Zaire). Aunque siempre fue uno de los territorios más prósperos de África (Uganda fue considerada durante años un modelo estatal y a Ruanda se la llegó a denominar la «Suiza africana»), desde finales de los 80 saltó a la primera página de los periódicos por los sanguinarios conflictos étnicos que vivía la región. Estos conflictos se agravarían en abril de 1994, cuando una ola de violencia sacudió a Ruanda durante cien días y acabó sumiendo a la región en una gran inestabilidad. Como consecuencia de ello, entre 1997 y 1998 estallaba en el Congo la conocida como «guerra mundial africana», en la que han intervenido, aparte del propio ejército nacional y numerosas guerrillas, tropas de Ruanda, Chad, Angola, Uganda, Zimbabwe y Namibia.

El genocidio de Ruanda: los cien días de terror

El pequeño país, situado en el centro de África, tiene fronteras con Uganda, Tanzania, Burundi y el Congo. Sus más de siete millones de habitantes son en un 84% hutus, en un 15% tutsis y en un 1% twa (pigmeos). Los conflictos entre estas etnias, especialmente hutus y tutsis, afectan tanto a Ruanda como a la vecina Burundi y, debido al gran número de refugiados que han generado, también al Congo.

Los odios entre hutus y tutsis se remontan hasta el siglo XV, cuando los tutsis conquistaron la región correspondiente a las actuales Ruanda y Burundi, imponiendo una sociedad feudal en la que los hutus ocuparon el lugar de siervos sojuzgados a los nobles tutsis. Los países colonialistas mantuvieron esta división, favoreciendo a los tutsis, a pesar de que se hallaban en minoría, y restringiendo el acceso a servicios educativos o gubernamentales a los hutus. En 1959, cuando Bélgica (la potencia colonial dominante en la zona) comenzó a desmantelar su administración, estalló una guerra civil que llevó al rey de Ruanda y a otros 200.000 tutsis a Burundi. La intervención de la ONU consiguió pacificar la región, aunque sólo a base de promover una política de *fait accompli:* los vencedores hutus se harían con Ruanda, los tutsis podrían refugiarse en Burundi.

Grupo de niños burundeses.

Campo de refugiados de la etnia hutu en Tanzania.

Los años 70 y principios de los 80 fueron testigos de cómo las dos etnias aprovechaban su posición al frente de los gobiernos de Ruanda (hutus) y Burundi (tutsis) para promover la segregación y alentar los disturbios callejeros contra la etnia rival. Esta situación generó la aparición de numerosas guerrillas que, dependiendo de su filiación étnica, contaban con el apoyo de los gobiernos respectivos. En el caso de

Danza guerrera tutsi.

Ruanda, las principales matanzas tuvieron lugar justo después de conseguir la independencia, entre 1963 y 1964, lo que llevó a miles de tutsis a marchar a los campos de refugiados situados en Uganda. En Burundi, los intentos de las guerrillas hutus tuvieron que ser contenidos en 1965, 1972 y 1989, dando lugar a importantes pogromos que llevarían igualmente a miles de hutus al exilio ruandés y congoleño.

Como reacción al último levantamiento hutu, el Frente Patriótico de Ruanda (FPR), un grupo guerrillero tutsi financiado por los gobiernos de Burundi y Uganda, invadió Ruanda en 1990, amenazando con ocuparlo por la fuerza. Mientras el Zaire enviaba a sus tropas para ayudar al gobierno del país, Francia y Bélgica mandaban sus ejércitos para actuar de fuerza de intermediación y obligar a ambas etnias, y en especial a los regímenes de Kigali (Ruanda) y Bujumbura (Burundi), a adoptar acuerdos con la oposición. Fruto de esta labor de intermediación, ambos países aceptarán comenzar una etapa de transición democrática, en la que ambas etnias se repartiesen el poder, y a firmar acuerdos de paz con las guerrillas. Así, tras las elecciones multipartidistas de Burundi en 1993, un hutu obtuvo la presidencia del país y un tutsi la jefatura del gobierno; ese mismo año, el gobierno de Kigali firmaba la paz con el FPR (acuerdos de Arusha).

Lejos de calmarse, la situación empeoró. Los grupos de hutus y tutsis radicales se opusieron inmediatamente a la idea de compartir el poder. En otoño de 1993, militares tutsis asaltaron el parlamento de Burundi y mataron a Melchior Ndadaye, el presidente hutu, y a muchos de sus seguidores. En la primavera del año siguiente (6 de abril de 1994) un misil tierra-aire derribaba el avión en el que viajaban Juvenal Habyrimana, el presidente ruandés, y Cyprien Ntyaramira, el nuevo jefe de estado de Burundi. El gobierno ruandés culpó inmediatamente a los tutsis (aunque existe evidencia en el otro sentido), desencadenando un pogromo que acabó, en apenas cien días, con casi un millón de miembros de dicha etnia. El genocidio sólo fue parado por la reaparición de los tutsis del FPR, el cual, de nuevo con el apoyo de Uganda, consiguió tomar Kigali y nombrar a su líder, Paul Kagame, presidente del país.

La llegada de Kagame a la presidencia de Ruanda no acabó con la violencia étnica, pero al menos permitió estabilizar la situación. El nuevo gobierno ruandés proclamó su intención de renovar los acuerdos de Arusha, los cuales promovían el multipartidismo, e inició una campaña policial para detener a los implicados en el genocidio, lo que ha provocado que más de 100.000 personas se hacinen en la actualidad en sus cár-

Miles de ruandeses vuelven a sus hogares en 1994 tras la toma del poder por el grupo guerrillero tutsi Frente Patriótico Ruandés.

Ruandeses haciendo cola para votar en las elecciones de 1999.

Los tribunales internacionales

El Tribunal Penal Internacional para Ruanda, con sede en Arusha (Tanzania), sentencia a cadena perpetua en diciembre de 1999 a un acusado por crímenes de guerra cometidos en el conflicto ruandés.

Aunque siguen sin resolverse las discrepancias en torno al establecimiento de una Corte Internacional permanente para juzgar todos los delitos de lesa humanidad cometidos en cualquier parte del mundo, ya en noviembre de 1994 el Consejo de Seguridad de las Naciones Unidas creó el Tribunal Penal Internacional para Ruanda (TPIR). Dicho tribunal únicamente tiene potestad para condenar a individuos, es decir, no puede encausar a personas jurídicas, organizaciones o gobiernos. Dividido en tres juzgados ubicados en Tanzania, el TPIR está compuesto en total por 14 jueces que deberán fallar los más de 2.000 expedientes ya instruidos. A la espera de juicio se encuentran, entre otros, catorce líderes políticos, diez jefes militares, tres periodistas, diez funcionarios públicos de alto nivel, cuatro hombres de negocios, un pastor de la Iglesia Adventista, tres monjas católicas, un médico e incluso un ex primer ministro.

La inexistencia de una fuerza especial internacional, como sucede por ejemplo en los casos relacionados con la ex Yugoslavia, provocó que los arrestos se llevaran a cabo por la policía de una decena de países africanos. La precariedad con que se busca aclarar responsabilidades por parte del TPIR, frente a los medios aportados para realizar idéntica tarea en Europa, resultaba tan llamativa que se llegó a hablar de «víctimas de segunda» incluso dentro del Senado de los Estados Unidos. El propio gobierno de Ruanda, viendo la ineficacia del TPIR, ha decidido revivir la fórmula de las asambleas tribales *(gacaca)* como forma de juzgar a los más de 100.000 presos que se hacinan en sus cárceles.

celes. En un principio, estos detenidos deberían haber sido juzgados por el Tribunal Internacional Criminal creado específicamente para el caso ruandés, pero su lentitud y alejamiento de la realidad nacional ha llevado al gobierno de Kigali a reinstaurar la tradicional práctica del *gacaca*, las asambleas tribales con capacidad para dictar veredictos. En principio se espera que en 2003 se convoquen tanto elecciones libres multipartidistas como un referéndum para votar la nueva constitución.

La República Democrática del Congo: la guerra mundial africana

La antigua colonia belga, llámese Zaire o, como en la actualidad, República Democrática del Congo, siempre estuvo fuertemente involucrada en los acontecimientos de Ruanda y Burundi. Durante la dictadura de Mobutu (1965-1997), el gobierno de Kinshasa había apoyado a la etnia hutu, ofreciendo cobijo a los miles de refugiados que llegaban desde Burundi y apoyando a Ruanda en sus luchas contra el FPR. Sin embargo, su territorio se veía también inmerso en numerosos conflictos, dado que en él actuaban más de una decena de guerrillas de distinta afiliación e ideología.

Cuando en la década de los 90 Mobutu comenzó a apoyar fuertemente al gobierno ruandés, se ganó la enemistad de tutsis y ugandeses, los cuales comenzarían a apoyar a un grupo guerrillero liderado desde hacía más de treinta años por Laurent Kabila. Tras el triunfo del FPR en Ruanda, Mobutu ya no pudo resistir la presión de Kabila y sus aliados: en octubre de 1997, Kabila expulsaba a su antagonista del país y rebautizaba a éste como República Democrática del Congo.

La llegada de Kabila al poder no solucionó ni mucho menos

Mobutu Sese Seko, dictador del antiguo Congo Belga (país que rebautizó como Zaire) desde 1965 hasta su derrocamiento en 1997.

Joseph Kabila accedió a la presidencia congoleña tras la violenta muerte de su padre en 2001.

la situación en el Congo. El país había servido hasta entonces de refugio para miles de hutus exiliados de Burundi y Ruanda. El triunfo de Kabila fue entendido por muchos de estos refugiados como un triunfo de los tutsis y, por tanto, como una amenaza no ya para su estatus sino para su propia supervivencia. En 1998 una alianza de refugiados hutus daba forma a una nueva guerrilla, los mai-mai, que ponía contra las cuerdas al régimen de Kabila.

El alzamiento hutu de 1998 generaría finalmente la llamada «guerra mundial africana», en la que, aparte del gobierno congoleño y los mai-mai, se encuentran en la actualidad involucrados seis países y más de una decena de guerrillas. Por una parte, están los antiguos aliados de Laurent Kabila: tras treinta años de colaboración, Uganda y los tutsis ruandeses comenzaron a luchar en 1998 por la región nororiental del Congo, apoyándose cada uno en una guerrilla contraria al gobierno de Kinshasa, el Movimiento de Liberación y la Unión Democrática, respectivamente. Por su parte, el Chad, Zimbabwe y Namibia proporcionaron tropas al régimen de Kabila aunque los motivos nunca han estado muy claros. Finalmente, tropas angoleñas han entrado también en el Congo como forma de controlar la actividad guerrillera en su frontera, pero, de nuevo, sin dejar claro realmente a qué bando o facción apoyan.

Laurent Kabila (a la derecha), presidente de la República Democrática del Congo desde 1997 hasta su asesinato en 2001.

La situación se encuentra en la actualidad en un compás de espera. En enero de 2001, Laurent Kabila fue asesinado por uno de sus escoltas, pasando la presidencia del Congo a su hijo, Joseph Kabila. Éste inició inmediatamente conversaciones con Ruanda, Uganda y las milicias que éstas apoyaban para conseguir un alto el fuego. En julio de 2002 Ruanda aceptó retirar sus tropas a cambio de que el gobierno de Kinshasa controlase a las guerrillas hutu que operan en el territorio congoleño; acto seguido, Uganda también comenzó a retirar sus soldados, aunque en la actualidad todavía permanecen algunas unidades como cascos azules de la ONU. Por otra parte, el fin de la guerra civil en Angola ha provocado que también este país esté dispuesto a desmilitarizar la frontera. La retirada de estos países de la guerra ha dejado sin sentido la presencia militar del Chad, Zimbabwe y Namibia, los cuales han llamado a casa a sus tropas.

El fin de la «guerra mundial africana» no ha acabado sin embargo con las preocupaciones en la región. Las numerosas guerrillas que operan en el Congo pueden verse beneficiadas por el vacío de poder que se ha creado en muchas provincias del país debido a la retirada de las tropas extranjeras. Por otra parte, los desmanes acaecidos en estos cuatro años de guerra han elevado la tensión entre las etnias congoleñas de los hema y los lendu, lo que ha hecho temer a algunos observadores que se pueda volver a repetir el genocidio ruandés. Finalmente, el conflicto entre hutus y tutsis simplemente se desplazó desde Ruanda y Burundi hasta el Congo: en la actualidad, los dos primeros países están en manos de clanes tutsi enfrentados de nuevo a diversas milicias hutus.

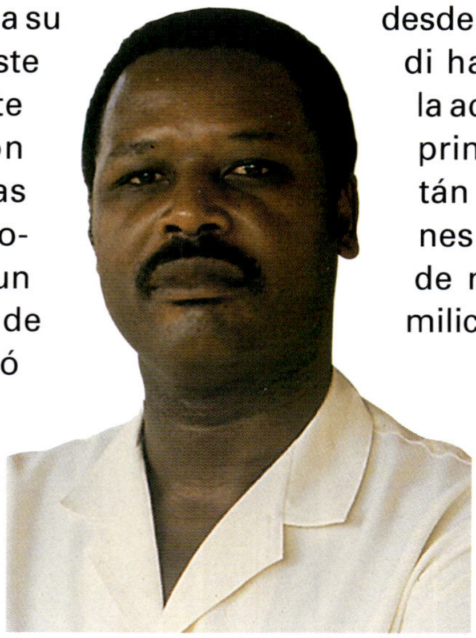

Pierre Buyoya, presidente de Burundi, uno de los países implicados en la llamada «guerra mundial africana».

Otros conflictos

Marines estadounidenses evacuan en 1996 a civiles extranjeros de Monrovia, capital de Liberia.

El resto del África subsahariana no ha permanecido inmune a conflictos como los anteriormente mencionados. En muchos de ellos, la descolonización provocó un vacío de poder que ha fomentado los continuos golpes militares y la aparición de numerosas guerrillas. Éstas, aunque definibles según la etnia de sus miembros o su religión, no son a veces más que bandas de traficantes, perfectamente armadas y organizadas, que son apoyadas por países vecinos deseosos de controlar los importantes recursos naturales localizados fuera de sus fronteras. En muchos casos, el triunfo de una de estas guerrillas no trae consigo un verdadero cambio político sino que se vuelven a repetir los mismos vicios anteriores y el mismo reparto injusto de los bienes materiales.

Guerrillas y militares en Sierra Leona

En 1992 el presidente Joseph Momoh fue depuesto por Valentine Strasser, líder del Consejo de Defensa Nacional Provisional, una junta militar que teóricamente debía dirigir la restauración democrática. La esperanza en la democratización llevó a gente como Ahmad Tejan Kabbah, jurista de prestigio y miembro del Programa de Naciones Unidas para el Desarrollo (PNUD), a regresar al país para participar en la nueva vida institucional. Sin embargo, la situación no fue tan fácil. El Consejo de Defensa de Strasser pronto se vio sumido en una lucha sin cuartel contra la principal guerrilla de Sierra Leona, el Frente Unido Revolucionario (FUR), conflicto que acabaría en una verdadera guerra civil con claro trasfondo económico. Otra guerrilla, la de Foday Sankoh, se limitó a hacerse con el control de las zonas del este y del sur para conseguir el control del comercio de piedras preciosas, aterrorizando a la población y practicando la indiscriminada mutilación de miembros como práctica de disuasión.

En 1996 Strasser fue derrocado por el general Julius Maada Bio, el cual continuó con el saqueo y la depredación de los recursos naturales, dilatando la convocatoria de elecciones hasta que la presión de la sociedad le obligó a fijar el 29 de marzo de ese mismo año como fecha para los comicios a los que concurrió Kabbah como representante del Partido del Pueblo de Sierra Leona (PPSL), obteniendo una clara victoria.

Por primera vez desde 1985 accedía al gobierno un civil, elegido democráticamente y con el prestigio suficiente para afrontar las condiciones paupérrimas de un país que ocupaba el último lugar en la lista del desarrollo. Kabbah llegó a un acuerdo de paz con Sankoh pero sería derrocado poco después por un violento golpe de estado llevado a cabo por el Consejo Revolucionario de las Fuerzas Armadas (CRFA) que situó en la presidencia a Paul Koroma, militar rebelde liberado de la cárcel con ocasión de la amnistía

Paisaje urbano de Freetown, capital de Sierra Leona.

general concedida por Kabbah. Curiosamente, Koroma entablaría posteriormente conversaciones con Sankho, quien sería nombrado vicepresidente. La nueva alianza militar-guerrillera alejaba cualquier ilusión democratizadora.

Mientras Kabbah, refugiado en Guinea, solicitaba el apoyo de la Comunidad Económica de Estados de África Occidental (CEEAO), la capital, Freetown, cayó en manos de los militares y del FUR, en lo que sería un nuevo baño de sangre. La comunidad internacional mantuvo su reconocimiento al legítimo representante de Sierra Leona, exigiendo a Koroma el inicio de conversaciones, además de aplicar un embargo de petróleo y armas. A pesar del compromiso de negociar, las excesivas dilaciones del CRFA provocaron una gran ofensiva por parte de las fuerzas de intervención (mayoritariamente compuestas por tropas nigerianas) despachadas por la CEEAO, consiguiendo reponer en su puesto a Kabbah, el cual pudo regresar a Freetown el 10 de marzo de 1998.

Kabbah actuó con dureza contra los convictos por sedición, negándose a conmutar las penas capitales dictadas contra 24 militares, un hermano de Koroma y el propio Sankoh (al que se mantuvo en suspenso la condena), a pesar de las críticas de organizaciones humanitarias y distintos países extranjeros. Pese a todo, el FUR y el CRFA se reorganizaron, obteniendo ayuda militar de Liberia, que, según acusaciones gubernamentales, permutaba armas por diamantes. En diciembre de 1998 volvieron a producirse enfrentamientos entre los rebeldes y las tropas de interposición. Un año después el FUR atacó violentamente la capital, tratando de rescatar a su jefe y provocando la muerte de más de 5.000 civiles. La situación, ya complicada de por sí, se vio agravada por la decisión de Nigeria de retirar sus tropas de Sierra Leona por motivos de presupuesto. Kabbah se vio obligado a pactar con el líder guerrillero Sankoh, concediéndole la inmunidad para permitirle formar un partido legal en vista a las elecciones de 2000.

Milicianos armados sierraleoneses.

La ONU envió en diciembre de 1999 a 6.000 cascos azules, africanos y asiáticos, en misión de paz preelectoral. Pronto pudo comprobarse la escasa voluntad cooperadora de los guerrilleros, que procedían al desarme y la desmovilización de sus efectivos con extrema lentitud, sin cumplir los plazos acordados. Sus intenciones quedaron claras el 3 de mayo de 2000, cuando tomaron como rehenes a 500 cascos azules que habían viajado a una de las principales reservas de diamantes del país. El Reino Unido envió tres días después 600 paracaidistas con el propósito de evacuar a los súbditos británicos. Finalmente, Sankoh volvería a ser detenido para ser juzgado nuevamente, esta vez en el Tribunal Internacional.

Rescatados los cascos azules, los guerrilleros, privados de su jefe y con la orden de abandonar la mayoría de las extracciones de diamantes, firmaron el cese de hostilidades. En marzo de 2002 se levantó el estado de emergencia y dos meses después las elecciones premiaron a Tejan Kabbah con el 70% de los votos, mientras que el representante del FUR, reconvertido en partido político (PFUR), no alcanzó el 2%. El proceso electoral en sí transcurrió dentro de los cauces democráticos homologables a cualquier país, lo que permite mantener cierta esperanza sobre el futuro de Sierra Leona.

Los conflictos religiosos en Nigeria

El país más poblado de África se encuentra al borde del precipicio

Refugiados liberianos en un barco frente a las costas de Sierra Leona.

Una caravana de personas abandona la ciudad nigeriana de Bukuru tras un estallido de violencia entre cristianos y musulmanes.

debido al explosivo cóctel formado por la pobreza y los odios tribales y religiosos. Los problemas de Nigeria no son nuevos; se mantienen sin resolver desde hace décadas, ocultos bajo los sucesivos gobiernos militares que impedían la expresión de las rivalidades étnicas (existen 250 diferentes), principalmente entre los hausas musulmanes en el norte y los yorubas en el sur.

Las diferentes juntas militares habían pertenecido siempre a los hausas, razón por la que los norteños se sentían de algún modo mejor representados. Sin embargo, en 1998 el general Abdulsalam Abubakar dio los pasos definitivos para la democratización del país: tras liberar a numerosos presos políticos, convocó elecciones, las cuales se celebraron en febrero de 1999. Dichas elecciones fueron ganadas por Olusegun Obasanjo, quien se convirtió así en el primer presidente yoruba del país.

Su llegada al poder no ha sido sin embargo bien recibida por los hausas, los cuales intentan obtener un alto grado de independencia mediante el mantenimiento de sus instituciones y tradiciones, algunas de las cuales son manifiestamente opuestas a la constitución nacional. Dicha carta magna, garante de los derechos humanos en el conjunto de la nación, permite a los estados sancionar sus propias leyes y crear tribunales. Esto ha sido aprovechado por las comunidades hausa para aplicar la *sharia* de una forma intransigente, echando un pulso al gobierno nigeriano en casos mundialmente conocidos como el de Zafia Huseini y Amina Lawal, dos mujeres condenadas a morir lapidadas por adulterio. La tensión que este enfrentamiento está generando ha producido importantes estallidos de violencia como el acaecido durante la celebración del último certamen para elegir a Miss Universo 2002: una frase poco afortunada sobre el profeta Mahoma, aparecida en un medio de comunicación, dio lugar a disturbios callejeros que causaron centenares de muertos en las principales ciudades del país.

Un aspecto de las elecciones presidenciales de 1999 en Nigeria, que otorgaron la victoria a Olusegun Obasanjo.

Sudán

Dividido en dos zonas político-geográficas enfrentadas entre sí, en el norte gobierna el régimen islamista liderado por el golpista Omar al-Bashir, mientras que en el sur domina el Ejército Popular de Liberación de Sudán (EPLS),

Robert Mugabe, líder de Zimbabwe desde que este país africano accedió a su independencia en 1980.

Cristianos de Zimbabwe celebran el viernes santo de 2000, pocas semanas después de una violenta campaña de ocupaciones de granjas propiedad de ciudadanos blancos.

multiétnico y mayoritariamente cristiano. Los dos bandos reciben apoyo militar y logístico internacional por parte de países principalmente interesados en el petróleo sudanés, que, lejos de aminorar el conflicto existente, lo perpetúan. La ayuda enviada por organizaciones humanitarias no llega a manos de la población, apoderándose de ella los señores de la guerra, que la mantienen en condiciones infrahumanas.

Si la facción islámica norteña persigue a grupos étnicos con extrema crueldad, principalmente a los nuba, vendiéndolos como esclavos y sometiéndolos a toda suerte de torturas y humillaciones, los rebeldes del sur tratan de conseguir sus objetivos reclutando por la fuerza a los niños y ejecutando sumariamente a cualquier acusado de cooperación con el régimen del norte. Sin la intervención masiva de fuerzas de la ONU, el país parece abocado irremediablemente a la autodestrucción.

El primer ministro sudanés Omar al-Bashir llegó al poder merced a un golpe de estado en 1989.

Las expropiaciones de tierras en Zimbabwe

Tras una larga guerra civil, Rodesia del Sur consiguió la independencia en 1980. Su primer presidente, Robert Mugabe, cambió el nombre del país por Zimbabwe y prometió el mantenimiento de la democracia, lo que pretendía calmar a la importante minoría blanca del país. Sin embargo, Mugabe dio pronto marcha atrás en su promesa. Poco a poco fue introduciendo diversas reformas legislativas que acabarían cambiando sustancialmente la constitución original y dotando a Mugabe de todos los poderes. En 1992 promulgaría una ley con la que se proponía repartir equitativamente la propiedad de la tierra, hasta entonces el 70% en manos blancas. Tras una espera de 5 años en los que Mugabe no se atrevió a llevar a la práctica dicha medida, el gobierno comenzó a expropiar terrenos, lo que a partir de 1997 se hizo de forma violenta pues, ante la negativa de la elite occidental, Mugabe puso en juego a las antiguas bandas de guerrilleros que habían luchado bajo su mando durante la guerra civil. La expropiación de 1.500 granjas no ha aliviado sin embargo al país de su pobreza, ya que, en su gran mayoría, han ido a parar a gente con fuertes conexiones con el gobierno y no a los más necesitados.

AMÉRICA LATINA

Los reajustes económicos de Brasil

Fernando Henrique Cardoso ha sido el gran protagonista de la política brasileña en la década de los 90. Fundador, junto a 48 parlamentarios disidentes, del Partido de la Social Democracia Brasileña (PSDB) en 1988, partidario de una economía de mercado social, alternativa al modelo neoliberal en vigor, Cardoso obtuvo en 1993 el cargo de ministro de hacienda para tratar de controlar las escandalosas cifras de inflación, que en ese año habían alcanzado el 2.150%. El conocido popularmente como «Plan Cardoso» consiguió, en tres etapas, poner en circulación una nueva moneda paritaria con el dólar, el real, y bloquear los salarios, lo que redujo a la mitad la inflación.

La popularidad obtenida por la mejora económica animó a Cardoso a lanzar su candidatura presidencial. En las elecciones generales del 3 de octubre de 1994, contando con el apoyo del Partido del Frente Liberal (PFL, conservador-liberal), el Partido Laborista Brasileño (PLB, centrista-liberal) y el Partido Liberal (PL, conservador), agrupados con el PSDB en la coalición Unión del Trabajo y el Progreso, obtuvo la mayoría, tomando posesión el 1 de enero de 1995. Cardoso cerró el año con un balance más que positivo: la inflación fue del 28%, bien alejada del 1.240% con que terminó 1994; aumentaron las reservas de divisas y las inversiones extranjeras (acogiendo el 70% de todas las realizadas en Sudamérica) gracias a los altísimos tipos de interés que frenaban el consumo; se aceleraron también las reformas estructurales de la economía para prepararla frente a la globalización, haciéndola más competitiva, etc.

Fernando Henrique Cardoso, presidente de Brasil desde 1995 hasta 2003.

En lo referente a política exterior, Cardoso fue también el mayor impulsor del Mercado Común del Sur (Mercosur, integrado además por Argentina, Uruguay y Paraguay), un ambicioso proyecto de integración económica de América basado en la unión aduanera y que pretendía la independencia económica frente a los Estados Unidos. Esta organización firmó un acuerdo interregional con la UE en 1995 y su espíritu impulsó la cumbre especial de doce presidentes sudamericanos en Brasilia (septiembre de 2000), en la que los mandatarios expresaron el objetivo principal de converger económica y políticamente fusionando el Mercosur y la Comunidad Andina (CAN) en un único bloque para 2002.

A pesar de que el coste social de la flexibilización laboral y los despidos masivos, consecuencia directa de las privatizaciones, produjeron los primeros síntomas del descontento de la ciudadanía, Cardoso siguió gozando

Luiz Inácio Lula *da Silva, la esperanza de Brasil*

Tras varios intentos frustrados por alcanzar la presidencia de Brasil, el antiguo líder sindical *Lula* da Silva logró imponerse por amplio margen en las históricas elecciones celebradas en octubre de 2002. La llegada de Da Silva al gobierno del gigante sudamericano fue una señal de esperanza para amplios sectores de la sociedad brasileña, sobre todo para los más desfavorecidos.

Luiz Inácio Lula *da Silva, candidato del Partido de los Trabajadores, fue elegido en 2002 presidente de Brasil. En la imagen,* Lula *da Silva (en el centro) durante un acto electoral.*

Luiz Inácio da Silva, conocido popularmente como *Lula*, nació el día 27 de octubre de 1945 en Garanhuns, en el estado brasileño nororiental de Pernambuco. Sería el séptimo de un total de ocho hermanos, hijos de una humilde pareja de campesinos que decidiría trasladarse al estado industrial de São Paulo a la busca de mejores oportunidades. En la gran megalópolis brasileña, *Lula* empezó a trabajar como limpiabotas y ayudante en una tintorería, antes de convertirse en tornero mecánico del Servicio Nacional de Industria (se tituló como tal en 1963). El trabajo como obrero metalúrgico lo aproximó al rampante movimiento sindical paulista. Llegó a desempeñar diversos puestos de responsabilidad en el Sindicato de Metalúrgicos de São Bernardo do Campo antes de acceder a su presidencia en 1975. Al frente de la poderosa organización sindical, Da Silva lideraría varias huelgas y se convertiría en un importante adversario del gobierno militar brasileño.

En 1980, *Lula* fue uno de los fundadores del izquierdista Partido de los Trabajadores (PT), cuyos primeros pasos fueron dados en la clandestinidad. Ese mismo año encabezó una huelga de 41 días, seguido por 270.000 trabajadores, que lo llevó a hacerse merecedor de un mes de arresto. En los comicios legislativos de 1982, una vez obtenido el reconocimiento oficial, el PT se estrenó en las urnas. *Lula* concurriría como candidato en diversas ocasiones, todas ellas sin éxito, al puesto de gobernador del estado de São Paulo y al de presidente de la nación. Sin embargo, su partido fue ganando poco a poco un mayor respaldo popular hasta convertirse en un referente importante dentro del complejo panorama político brasileño. En 1989 cayó derrotado ante el populista conservador Fernando Collor de Mello. En 1994 fue el socialdemócrata Fernando Henrique Cardoso quien le venció en las urnas, y en 1998 volvió a caer ante Cardoso.

Lula logró realizar su sueño, y el de muchos de sus compatriotas, al imponerse en octubre de 2002, en la segunda vuelta de las elecciones presidenciales brasileñas, a su rival oficialista José Serra. Tras tomar posesión como presidente a comienzos de 2003, *Lula* dio el pistoletazo de salida a una ambiciosa política reformista de profundo calado social –con especial acento en el combate contra el hambre y la desnutrición infantil–, pero no reñida con el respeto a los compromisos financieros internacionales de la nación.

de gran prestigio durante su legislatura. Esto hizo posible la reforma de la constitución, por la que Cardoso pretendía permitir la reelección presidencial y así renovar su mandato otros cuatro años más. El 1 de enero de 1999 Cardoso veía cumplido su sueño, al ser reelegido presidente de la república.

Su segunda legislatura no fue sin embargo tan exitosa como la anterior. Unos meses después de jurar el cargo, se desató en Sudamérica la gran crisis financiera que también afectaría a Argentina. Brasil comenzó a sufrir una fuga de capitales muy superior a lo ingresado con las privatizaciones, lo que hizo que el real perdiese la paridad con el dólar y se devaluase en un 17%. Esto, unido al enorme 41% de los tipos de interés, duplicó la deuda externa brasileña, amenazando con llevar al país a la quiebra técnica y arrastrando al resto de las bolsas latinoamericanas. Finalmente, la ntervención del FMI, el Banco Mundial y la banca privada estadounidense consiguió frenar la crisis brasileña, aunque a costa de la depreciación del real respecto al dólar en un 35% y el aumento de la deuda externa brasileña, que alcanzó los 300.000 millones de dólares.

La popularidad de Cardoso como gestor económico salió muy perjudicada de la crisis. Ya en 1999 el gobierno de Brasilia había tenido que hacer frente a una manifestación de 80.000 personas quejándose contra la política económica, al mismo tiempo

Aspecto de la bolsa de São Paulo durante la grave crisis financiera de enero de 1999, que supuso una devaluación del real del orden del 50%.

Marcha de protesta en 1999 en São Paulo contra la política económica del gobierno de Cardoso.

que comenzaban a surgir rumores sobre casos de corrupción en los numerosos procesos de privatización. Sin embargo, el hecho de que en 2001 y 2002 Cardoso y su equipo fueran capaces de evitar el llamado «efecto tango», es decir, el contagio de la grave situación argentina, restituyó en parte la confianza puesta en su capacidad. De hecho, a finales de 2002 el electorado brasileño otorgó su confianza al llamado «sucesor de Cardoso», Luiz Inácio *Lula* da Silva, candidato del Partido de los Trabajadores (PT) cuyo propósito fue aunar la política liberal con la social.

El fin de la dictadura y la crisis financiera en Argentina

María Estela Martínez, esposa del general Perón, en una recepción oficial en 1973 como vicepresidenta de Argentina.

A la muerte de Juan Domingo Perón en 1974, tras haber sido reelegido como presidente para un breve mandato que tan sólo duró 11 meses, su viuda, María Estela Martínez de Perón, vicepresidenta en funciones, se convirtió en la primera mujer jefe de estado de un país latinoamericano. El imparable aumento del terrorismo junto al incremento del coste de la vida en más de un 300% elevaron el tono de protesta popular, propiciando la toma del poder en 1976 por parte de una junta militar dirigida por el comandante en jefe del ejército Jorge Rafael Videla. Si bien los métodos dictatoriales consiguieron detener las acciones terroristas, con un alto precio de centenares de miles de argentinos encarcelados, asesinados o

El radical Raúl Alfonsín, presidente de Argentina entre 1983 y 1989.

desaparecidos, la economía siguió empeorando. A pesar de los sucesivos cambios de presidentes, Roberto Viola, Leopoldo Galtieri y Reynaldo Bignone, éstos se mostraron incapaces de proponer soluciones reales a una situación que aunaba el descrédito internacional con la amenaza inminente de crisis económica.

Tras el fracaso de la guerra de las Malvinas, se convocaron las primeras elecciones democráticas en una década. Las urnas confiaron en 1983 a Raúl Alfonsín el gobierno de Argentina y la difícil tarea de recuperar la democracia. Si bien se enjuició a la cúpula de la junta militar, las leyes de Obediencia Debida y Punto Final impidieron que una buena parte de los militares fueran juzgados por sus actos. El gobierno de Alfonsín renegoció la deuda externa, estableció el austral como nueva moneda e instituyó una profunda reforma fiscal. A pesar de todo ello la inflación estaba lejos de ser controlada, llegando a alcanzar el 200% en junio de 1989.

Fernando de la Rúa toma juramento a Domingo Cavallo tras nombrarlo ministro de economía en marzo de 2001.

La grave crisis económica precipitó el traspaso de poderes al ganador de las elecciones de ese mismo año, el candidato peronista Carlos Saúl Menem.

El justicialista Carlos Saúl Menem ocupó la presidencia argentina desde 1989 hasta 1999.

Menem impuso un duro programa de austeridad y privatizaciones con el que consiguió controlar la inflación y mejorar el equilibrio presupuestario, además de negociar nuevamente la abultada deuda externa. Se inició en Argentina un clima de cierta euforia ante la mejora de la situación. La constitución se reformó, recortando en dos años el mandato presidencial y permitiendo la reelección. Así, en 1995, el Partido Justicialista obtuvo la mayoría y Menem fue elegido presidente por segunda vez gracias a las expectativas de control económico que sus propuestas permitían esperar.

La crisis financiera: el «corralito»

No obstante, la segunda legislatura no consiguió el efecto deseado. El aumento del número de desempleados y los síntomas de una degradación en la economía hicieron variar el sentido de los votos en 1999: el Partido Justicialista, con Eduardo Duhalde como líder, obtenía la confianza de tan sólo el 38% del electorado, mientras la coalición denominada Alianza por el Trabajo, la Educación y la Justicia superaba ampliamente dicha cifra con el 48% de las votaciones, colocando a Fernando de la Rúa en la presidencia del país.

Tras un breve periodo de tiempo en el que no se consiguieron grandes avances, De la Rúa nombró en marzo de 2001 a Ricardo López Murphy como ministro de economía, asegurando ambos que podrían cumplirse las exigencias del FMI y reafirmando la paridad peso-dólar en vigor desde 1991. Los mercados internacionales recibieron con escepticismo los proyectos económicos, cortando el crédito a Argentina, aunque el país recibió una ayuda financiera liberada por el FMI de 40.000 millones de dólares. Las presiones del Banco Mundial impulsaron un severo ajuste económico, incluyendo un recorte en el gasto para combatir el déficit fiscal. La reacción política y ciudadana en contra de las propuestas provocaría la renuncia de López Murphy el 20 de

La solución financiera del 82: la guerra de las Malvinas

Vista de Puerto Argentino (Port Stanley), principal núcleo de población de las islas Malvinas.

Acuciado por la grave crisis económica que vivía el país a principios de los años 80 y las numerosas manifestaciones callejeras contra el régimen militar, el general Leopoldo Galtieri decidió embarcarse en una guerra que desviase la atención de los insatisfechos. El objetivo fueron las islas Malvinas, poseídas por el Reino Unido desde 1833 y largamente disputadas desde el siglo XIX. El 2 de abril de 1982 las tropas argentinas conquistaban el archipiélago; una empresa fácil teniendo en cuenta que sólo estaba habitado por 1.800 súbditos británicos y más de medio millón de ovejas. Londres, a pesar del poco interés económico y territorial que tenían las Malvinas, se mostró poco dispuesto a dejarse pisotear. Con el mayoritario apoyo internacional, Margaret Thatcher, primera ministra británica, envió a la poderosa *Royal Fleet*, la cual comenzó sus operaciones a finales de abril. En apenas un mes habían reconquistado el archipiélago y para el 17 de junio habían conseguido la rendición argentina. El coste británico fue de 255 hombres y cuatro barcos. El de la dictadura argentina fue mayor: tras perder 712 hombres y dejar más de 10.000 prisioneros, el ejército retiró su apoyo a los generales en el poder, considerándolos culpables de la loca aventura militar. Galtieri tuvo que dimitir y su sucesor, Reynaldo Bignone, se vio obligado a convocar elecciones democráticas para 1983.

marzo de 2001, quien fue sustituido por Domingo Cavallo, ex ministro de economía del presidente Menem y promotor del programa de paridad entre el peso y el dólar. El Congreso otorgó poderes especiales a Cavallo, cuyas primeras medidas encaminadas a alcanzar el déficit cero incluyeron el recorte del 13% en salarios y pensiones públicas superiores a los 500 pesos.

Las elecciones parciales del 14 de octubre de 2001 se caracterizaron por una fuerte abstención (20%) y un número importante de votos en blanco o nulos, lo que se llamó «voto bronca», que suponía una clara advertencia del clima de crispación social. Las elecciones, ganadas por el Partido Justicialista, dejaron en franca minoría a la Alianza, la cual se vio así asediada política y socialmente.

El radical Fernando de la Rúa, presidente argentino entre 1999 y 2001.

Ya a primeros de noviembre los mercados dieron la espalda al país, que sufría la tasa de riesgo más alta del mundo. Alarmado por la caída de depósitos, el gobierno anunció el 1 de diciembre un plan trimestral de urgencia que fijaba un límite semanal de 250 dólares para retiros bancarios y la restricción de envíos de divisas al exterior. El llamado «corralito» financiero desató la irritación pública, conocedora de datos tan preocupantes como el 18,3% de desempleo y la decisión del FMI de retener el desembolso pactado de 1.264 millones de dólares, lo que colocaba a Argentina al borde de la suspensión de pagos.

Protesta en Buenos Aires en mayo de 2001 contra la política económica del gobierno.

En el mes de diciembre grupos de ciudadanos empobrecidos saquearon supermercados del centro del país en busca de alimentos. Olas de protestas y disturbios callejeros se sucedieron por todo el país, acrecentándose el día 13, fecha en la que se convocó una huelga general. A pesar del estado de sitio decretado por De la Rúa, las «caceroladas» sacaron a la calle a la clase media que veía limitado su nivel de vida, arrastrando en su protesta a las capas más desfavorecidas. Cavallo vio derogados sus poderes especiales y, finalmente, dimitió. Dos días después, el 21 de diciembre, se produjo la renuncia de Fernando de la Rúa, siendo reemplazado provisionalmente por Ramón Puerta durante dos días. El peronista Adolfo Rodríguez Saá, gobernador de la provincia de San Luis, ocupó la presidencia durante una semana, aunque en tan breve plazo le correspondió declarar la mayor suspensión de pagos de una economía occidental.

Ciudadanos argentinos reclaman en febrero de 2002 la devolución de sus ahorros bancarios, retenidos por el llamado «corralito».

Las populistas promesas de creación de un millón de puestos de trabajo y la moratoria de la deuda externa no convencieron a la población, que continuó con las protestas callejeras. Las previsiones constitucionales otorgaron el relevo al presidente de la cámara de los diputados, Eduardo Camaño, obligado a convocar en 24 horas a la Asamblea Legislativa para designar un nuevo presidente. Finalmente fue elegido Eduardo Duhalde, al que se le concedió un plazo considerado suficiente (hasta diciembre de 2003) para llevar a cabo las reformas necesarias. Paralelamente se hizo pública la decisión de la Suprema Corte de Justicia, la cual consideraba ilegal la retención de fondos bancarios. La respuesta de Duhalde consistió en anunciar que el parlamento juzgaría a los miembros del órgano judicial por extorsión y sobornos.

El corralito permaneció en vigor aunque flexibilizado, retrasándose parte de la entrega de depósitos para los años venideros. El FMI concedió en mayo 9.000 millones de dólares, dotando al sistema financiero de la necesaria liquidez para abrir los bancos y comprobar que la relación peso-dólar alcanzaba el tres a uno, cotización muy alejada de la ficticia paridad que durante años se intentó mantener. El gobierno Duhalde reconoció mientras tanto carecer del necesario respaldo para llevar a cabo las reformas económicas necesarias, por lo que en julio de 2002 anunció nuevas elecciones para mayo del año siguiente, renunciando a un semestre de manda-

El justicialista Eduardo Duhalde fue designado a finales de 2001 por el parlamento argentino nuevo presidente de la nación.

El presidente argentino Eduardo Duhalde toma juramento a comienzos de 2002 a los miembros de su primer gobierno.

to en aras de conseguir el apoyo popular.

Serios problemas, soluciones transitorias. Las causas profundas de las crisis (social, política y económica) argentinas en los últimos años proceden principalmente del descuido de las fuerzas productivas y la tendencia a posponer soluciones duraderas, utilizando medidas transitorias (conversión, aumento desaforado de la deuda externa, etc.) que se manifiestan como nuevas causas de problemas. La situación de anarquía política en el cambio de siglo proviene de la incapacidad de la clase política para dirigir la economía, generando un estallido social sin precedentes que, de hecho, marcó el ritmo tanto a la política como a las decisiones económicas.

La policía detiene a un manifestante tras una violenta protesta callejera en Buenos Aires a principios de 2002.

Desde hace décadas, la economía argentina se mantiene al borde de la deriva. La llamada reforma monetaria consistió en adherir el peso al dólar, consiguiendo frenar la inflación, pero haciendo más difícil la solución de los problemas económicos al renunciar a la competitividad. Los sucesivos gobiernos se mostraron incompetentes para modernizar la producción y defender los salarios y el empleo; la fuga de cerebros provocó la pérdida de excelentes profesionales y especialistas; los capitales nacionales huyeron de un país donde la producción estaba poco estimulada, mientras que los inversionistas extranjeros dudaban en introducirse en una nación llena de posibilidades pero poco sólida en realidades concretas. Argentina dispone de recursos humanos y técnicos que la mayoría de los países en desarrollo son incapaces de adquirir, aunque las reivindicaciones, más que justificadas, de una clase media empobrecida exigen una política inmediata de distribución más que de producción, cerrando nuevamente el círculo de la inoperancia a medio plazo.

Una situación en la que el 40% de la población recibe ingresos fijos pero no puede disponer de ellos y el otro 60% sobrevive del derrame de ese gasto, con una tasa de desempleo que no desciende del 18%, multiplica las probabilidades de estallido social en un enfrentamiento alejado de los intereses políticos, que coloca en bandos distintos a pobres contra poderosos. La esperanza de cambio reside en el producido dentro del campo de la política: la bipolaridad peronista-radical está siendo superada para dar paso a una alianza más completa que la anterior (UCR y Frepaso), a la que le faltaba el elemento peronista. El consenso político podría extenderse a la acción económica, dando por finalizado un modelo ineficaz, para diseñar otro más ajustado a la realidad y que siente las bases para el desarrollo en Argentina.

Un aspecto del mercado bursátil de Buenos Aires.

México: entre el liberalismo y Chiapas

México, desde finales de los 80 hasta la actualidad, ha tenido que lidiar con el problema de la necesaria reforma económica. Sus presidentes, Carlos Salinas de Gortari (1988-1994), Ernesto Zedillo (1994-2000) y Vicente Fox Quesada (2000-actualidad), han optado principalmente por estrechar las relaciones con los Estados Unidos e implantar una política liberalizadora que hiciese a las empresas mexicanas más competitivas. Sin embargo, sus medidas se vieron empañadas por el levantamiento de los «neozapatistas» en Chiapas y las graves acusaciones lanzadas contra el mundo político, dominado hasta mediados de los 90 por el Partido Revolucionario Institucional (PRI).

NAFTA y el levantamiento de Chiapas

Carlos Salinas de Gortari, un reputado economista con estrechos vínculos con Estados Unidos, se propuso desde el primer momento modernizar el país mediante la liberalización económica y la democratización de las instituciones políticas. En cuanto

La transición presidencial en México

En julio de 2000 se celebraron unas históricas elecciones presidenciales en México que supusieron el fin de la larga hegemonía política del Partido Revolucionario Institucional (PRI), en el poder desde su fundación en 1929. Los candidatos Francisco Labastida, por el oficialista PRI; Cuauhtémoc Cárdenas, por el izquierdista Partido de la Revolución Democrática (PRD), y Vicente Fox, en representación del conservador Partido de Acción Nacional (PAN), concurrieron a las urnas para ganarse el favor de los casi cien millones de mexicanos. El carismático Fox se alzó finalmente con la victoria, con más del 40% de los votos frente al apenas 35% de Labastida y el aproximadamente 15% de Cárdenas.

La vinculación con el pasado, dada su condición de candidato oficialista, fue un verdadero lastre para las posibilidades de triunfo de Labastida. Éste había sido el primer candidato a la presidencia del PRI elegido de manera democrática por sus afiliados, y no mediante el tradicional «dedazo» (merced al cual el presidente en ejercicio tenía conferido el derecho a designar al candidato sucesor oficialista). Por su parte, el izquierdista Cárdenas concurría a la cita electoral después de tres años como alcalde de la ciudad de México, con el consiguiente desgaste asociado al ejercicio del gobierno en una urbe tan problemática. Al amparo del poderoso aparato político del PAN, que ya gobernaba en algunos estados mexicanos, Fox basaría su triunfo en su buena conexión con el ciudadano de a pie y en sus promesas de cambio creíbles para este país norteamericano tras muchas décadas de gobierno priista. Pese a representar a un partido conservador, supo atraerse los sufragios de muchos seguidores del PRD, que por encima de todo buscaban desalojar del poder al PRI.

El conservador Vicente Fox fue elegido presidente de México en 2000, convirtiéndose en el primer mandatario tras la revolución de 1910 no perteneciente al PRI.

Vicente Fox tomó posesión como presidente de México el 1 de diciembre de 2000. Recibió la banda presidencial de manos del mandatario saliente, el priiista Ernesto Zedillo Ponce de León. Se trataba de la primera vez en la historia de la nación que un presidente saliente entregaba la banda a un candidato de la oposición, todo un símbolo de la culminación de la transición democrática en México. La consolidación de este proceso, iniciado años atrás por los sectores reformistas del PRI, se convirtió en una de las grandes prioridades del nuevo gobierno panista. En esta línea se inscribía la voluntad de fortalecer el estado de derecho y de combatir con firmeza la corrupción. La preservación de la estabilidad macroeconómica –con aceptables cifras de inflación y déficit público, tras la grave crisis financiera sufrida a mediados de la década de 1990– y el combate contra la pobreza eran otros de los grandes retos del nuevo mandatario mexicano, al frente de un país con graves desequilibrios sociales y regionales y marcado por la vecindad del gigante estadounidense.

El subcomandante Marcos, el último revolucionario

La figura del subcomandante Marcos fue en la segunda mitad de la década de 1990 el símbolo de un movimiento guerrillero de nuevo cuño, plenamente adaptado a la tecnología moderna y proclive al diálogo con las autoridades para la materialización de sus reivindicaciones políticas y sociales.

Guerrilleros zapatistas en la selva chiapaneca.

Rafael Sebastián Guillén Vicente nació el 19 de julio de 1957 en Tampico, estado mexicano de Tamaulipas. Era el cuarto de ocho hermanos de una familia blanca de la pequeña burguesía. El joven Rafael se destacó ya desde pequeño por su carácter inquieto y curioso. Lector precoz, obtuvo unos magníficos resultados académicos a su paso por varios colegios religiosos de su ciudad natal. En 1977 marchó a la capital federal para formalizar su matrícula en la Universidad Nacional Autónoma de México (UNAM), donde siguió destacándose como un brillante estudiante. Se licenció en Filosofía y Letras en 1980, haciéndose merecedor de una medalla nacional a la excelencia académica.

Tras unos años en los que interviene activamente en numerosas actividades culturales y de debate –dentro de círculos de ideología izquierdista–, Guillén desaparece durante unos meses en 1982: al parecer, se trató de su primer contacto con la realidad del depauperado estado sureño de Chiapas. Dos años más tarde comunica a sus familiares su decisión de irse a vivir a territorio chiapaneco para compartir experiencias con los campesinos indígenas. Desde entonces se pierde la pista de Rafael Guillén, que reaparecería en escena de manera espectacular en enero de 1994 como líder de la sorprendente insurrección indígena en Chiapas contra el poder central mexicano.

Con el rostro cubierto por un pasamontañas, y oculto bajo el nombre guerrillero de subcomandante Marcos, Guillén se convirtió en la imagen mediática del hasta entonces desconocido Ejército Zapatista de Liberación Nacional (EZLN). Los nuevos zapatistas se erigieron en defensores de los derechos de los pueblos indígenas, frente a los seculares abusos de que eran objeto por parte de blancos y mestizos desde tiempos de la colonización española. La causa zapatista se ganó pronto la simpatía de la intelectualidad izquierdista de todo el mundo, recibiendo apoyo y aliento de personalidades como el escritor portugués José Saramago (Premio Nobel de literatura), el lingüista estadounidense Noam Chomsky, el periodista español Ignacio Ramonet (director de *Le Monde Diplomatique*) o la activista indígena guatemalteca Rigoberta Menchú (Premio Nobel de la paz).

Pese al desafío lanzado al estado mexicano, los enfrentamientos armados entre militares y guerrilleros zapatistas no pasaron de ser muy puntuales, y con un saldo de bajas muy reducido. Uno de los momentos culminantes del movimiento zapatista fue la marcha pacífica en defensa de los derechos de los pueblos indígenas que en 2001 llegó a la capital federal mexicana procedente de Chiapas: al frente de ella estaba el encapuchado subcomandante Marcos.

a la economía, la propuesta de Salinas de Gortari era la de emprender un programa de privatizaciones de las industrias estatales, principalmente las deficitarias, para así equilibrar los presupuestos y liberar al estado de los «pesos muertos» que lastraban su capacidad. También buscó crear más puestos de trabajo atrayendo a la inversión extranjera, especialmente la estadounidense. En este sentido, en 1993, y tras largas negociaciones, acabaría firmando junto a los Estados Unidos y Canadá un tratado (NAFTA, North America Free Trade Association, o TLC, Tratado de Libre Comercio) que convertía al territorio de los tres países en un área de libre comercio. Para Salinas de Gortari la firma del tratado podía considerarse un gran éxito: gracias a los costes relativamente bajos del sector productivo mexicano no sólo se preveía un aumento de las exportaciones, sino que muchas empresas norteamericanas acabarían estableciéndose en México para aprovecharse de la barata mano de obra nacional.

Sus expectativas, sin embargo, no se cumplieron totalmente. El 1 de enero de 1994, fecha en la que debía entrar en vigor el tratado, se produjo un levantamiento campesino en la sureña provincia de Chiapas, una de las más deprimidas del país. Un grupo armado, denominado Ejercito Zapatista de Liberación Nacional (EZLN o, popularmente, neozapatistas), tomo cuatro ciudades de Chiapas e hizo público un comu-

Ernesto Zedillo Ponce de León, presidente de México desde 1994 hasta 2000.

nicado en el que afirmaba que defendía los intereses de los indígenas, la democratización del país y la suspensión de NAFTA hasta que no se asegurase un verdadero reparto equitativo de la riqueza nacional. Aunque el ejército mexicano actuó contundentemente y consiguió «reconquistar» las ciudades tomadas, el EZLN, dirigido por la enigmática figura del Subcomandante Marcos, se retiró a las montañas y siguió su lucha armada. En cualquier caso, las actividades del EZLN se basarían más en una continua llamada a la desobediencia y a la liberación de «diversos» pueblos que en una verdadera campaña terrorista o guerrillera. De hecho, el caso más grave acontecido en Chiapas desde entonces (asesinato de 45 indígenas tzoziles, 1997) ha sido atribuido a grupos paramilitares con posibles conexiones con el PRI o las clases terratenientes.

Carlos Salinas de Gortari, presidente mexicano entre 1988 y 1994.

El fin de la hegemonía priista

Las protestas del EZLN no hicieron sino acentuar las protestas de la sociedad mexicana contra el control total que ejercía el PRI, en el gobierno desde 1929, sobre las instituciones del estado. Para muchos, México no poseía una verdadera democracia, sino que las elecciones estaban totalmente mediatizadas por el control del PRI sobre los medios de comunicación y las corruptelas. Salinas de Gortari y su sucesor en el cargo, Ernesto Zedillo, eran totalmente conscientes de estas críticas y los dos tomaron medidas que debían reformar profundamente los mecanismos institucionales del país. Así, se permitió a los hijos de inmigrantes acceder a la presidencia, se concedió el derecho de voto a los miembros de la iglesia, etc.

Mientras Salinas de Gortari y Zedillo se dedicaban a desmontar la base de poder de su propio partido, el PRI se veía salpicado por numerosos escándalos. En las elecciones de 1994, el candidato oficial priista, Luis Donaldo Colosio (sustituido posteriormente por Zedillo), y el secretario general del partido, José Francisco Ruiz Masseiu, fueron asesinados. Aunque se intentó culpar al movimiento zapatista, las investigaciones posteriores demostrarían que, al menos en el caso de Masseiu, el crimen había sido perpetrado por un asesino a sueldo pagado, presumiblemente, por miembros del propio PRI. Un año después, en 1995, y mientras una grave crisis económica imperaba en el país, se descubría que numerosas personas con conexiones oficiales, entre ellas la cuñada del ex presidente Salinas, estaban evadiendo divisas en grandes cantidades. Finalmente, en 1997 y 1998 se destaparon casos que implicaban a miembros de la policía y de los organismos de justicia en el narcotráfico y los crecientes secuestros.

Vicente Fox junto a Jean Chrétien, primer ministro de Canadá, en el transcurso de una visita a Ottawa para promover el proceso de integración en el seno del Tratado de Libre Comercio de América del Norte (TLC).

Las reformas institucionales, la grave crisis económica que sufría el país y el cada vez más dañado prestigio del PRI fueron determinantes en las elecciones presidenciales del año 2000. Vicente Fox Quesada, candidato

Luis Donaldo Colosio, candidato presidencial del Partido Revolucionario Institucional (PRI) para las elecciones de 1994, fue asesinado meses antes de los comicios.

del Partido de Acción Nacional (PAN), conseguía desbancar al PRI con un programa basado en el «voto útil» y teñido de consignas liberalistas y católicas.

Sus promesas están, sin embargo, lejos de cumplirse. La economía mexicana sigue estando completamente estancada y las privatizaciones de una parte de PEMEX (Petróleos Mexicanos) y la Comisión Nacional de Electricidad sólo han conseguido subsanar parcialmente las carencias presupuestarias del estado. Los 1.300.000 puestos de trabajo están todavía lejos de conseguirse y la inversión extranjera y el ahorro privado no han alcanzado los niveles previstos. Fox también ha intentado impulsar el libre tránsito de personas en el NAFTA, medida totalmente rechazada por los Estados Unidos y Canadá, temerosos de que miles de mexicanos sumidos en la pobreza busquen refugio en el norte de América.

Por otra parte, los intentos de Fox por reactivar las negociaciones con el EZLN, rescatando los antiguos acuerdos de San Andrés (1996), nunca aplicados en la práctica, han sido también un fracaso. De hecho, en marzo de 2001 se produjo una marcha pacífica de los principales líderes zapatistas sobre la ciudad de México para que Fox impulsara definitivamente la Ley sobre Derechos y Culturas Indígenas. Sin embargo, cuando ésta pasó por el Senado sufrió tal cantidad de modificaciones que posteriormente sería rechazada por el EZLN.

Llegada a la ciudad de México, en marzo de 2001, de la marcha zapatista en defensa de los pueblos indígenas.

Colombia: asediada por las guerrillas

Andrés Pastrana Arango, hijo del ex presidente de la república y líder conservador Misael Pastrana Borrero, supuso para el país un cambio de estilo de gobierno, marcado tanto por la denuncia de la corrupción a los más altos niveles como por los esfuerzos empleados en intentar la pacificación de Colombia. Su experiencia como miembro del concejo y alcalde de Bogotá, desempeño en el que consiguió disminuir drásticamente los índices de criminalidad en la capital, le valieron para ganarse el apoyo de una población que veía cómo el narcotráfico, las guerrillas y los paramilitares estaban devastando el país. Por otra parte, el pueblo pudo comprobar su honestidad y su decidida lucha

El conservador Andrés Pastrana, presidente de Colombia entre 1998 y 2002.

contra la corrupción cuando en las elecciones de 1994, ganadas por Ernesto Samper, denunció el uso de dinero procedente del narcotráfico para financiar las campañas electorales de miembros de los partidos tradicionales. Su acertada denuncia, posteriormente demostrada por la fiscalía en el llamado «proceso ocho mil», no hizo sino acrecentar su prestigio ante la gente.

Soldados colombianos montan guardia en agosto de 2002 en Bogotá durante la ceremonia de investidura de Álvaro Uribe como presidente de la república.

Por ello, no es de extrañar que en 1998 la Gran Alianza Democrática encabezada por Pastrana, una coalición que agrupaba a la Nueva Fuerza Democrática, numerosos candidatos independientes (entre ellos muchos ex guerrilleros) y sectores del partido liberal encabezados por Alfonso Valdivieso, fiscal del «proceso ocho mil», ganase las elecciones. Recién nombrado presidente, Pastrana mantuvo un primer encuentro con Manuel Marulanda Tirofijo, máximo líder de las Fuerzas Armadas Revolucionarias de Colombia (FARC), y miembros del Ejército de Liberación Nacional (ELN), sentando las bases para iniciar un proceso de paz con la guerrilla, intentando pacificar el país y recuperar el deteriorado prestigio internacional. Al mismo tiempo, llegó a un acuerdo con Washington para poner en marcha el llamado Plan Colombia, dirigido a combatir la influencia del narcotráfico, causa principal de la violencia sufrida por el país, rescatando las zonas rurales más desfavorecidas y primando los cultivos básicos de algodón, maíz y sorgo con la garantía de precios estables.

Los intentos de Pastrana por pacificar el país se vieron, sin embargo, rápidamente frustrados. El Plan Colombia recibió numerosas críticas al conocerse que gran parte de la financiación aportada por Estados Unidos iba a ir a parar al rearme del ejército. Por otra parte, el ELN se negó a participar en las negociaciones, reemprendiendo su campaña de atentados y extorsiones. Las FARC exigieron por su parte numerosas concesiones gubernamentales (zona desmilitarizada) que acabaron por dar la impresión de que el gobierno de Pastrana era sumamente débil y que, de hecho, provocaron varias dimisiones entre los altos cargos del ejército. Aunque Marulanda aceptó iniciar conversaciones de paz, las FARC se hicieron rápidamente con el área desmilitarizada y siguieron cometiendo numerosos atentados y exigiendo el «impuesto revolucionario» a los miembros de las clases altas. Los paramilitares, con amplias conexiones con el estamento político y el narcotráfico, también se negaron a cualquier tipo de acuerdo si no se les concedían prerrogativas similares a las de las FARC.

Sepelio de la política colombiana Consuelo Araújo, secuestrada y asesinada por las FARC en septiembre de 2001.

Todo esto hizo que la apuesta negociadora de Pastrana quedara en agua de borrajas. Cuando en septiembre de 2001 la ministra de cultura Consuelo Araujo fue secuestrada y asesinada por las FARC, la población, agobiada por la crisis económica que asolaba el país, acabó retirando su apoyo al gobierno de Pastrana. El éxito en la destrucción de las plantaciones de coca y la inclusión de las FARC y el ELN en la lista de organizaciones terroristas establecida por Washing-

El Plan Colombia: un proyecto de regeneración nacional

Encuentro celebrado en la selva en 1998 entre el presidente Andrés Pastrana y Manuel Marulanda, alias Tirofijo, *dirigente de la guerrilla de las Fuerzas Armadas Revolucionarias de Colombia (FARC).*

Concebido como un ambicioso proyecto de regeneración de la nación, el Plan Colombia fue presentado en 1999 por el entonces presidente de la república sudamericana, Andrés Pastrana. Un año más tarde se aprobó el plan, al que se asignó una dotación financiera de 7.500 millones de dólares, algo más de la mitad aportados por el estado colombiano y el resto por los Estados Unidos, la Unión Europea (UE), Japón, Canadá y diversas agencias de crédito internacionales.

El Plan Colombia contemplaba al narcotráfico como el principal enemigo a batir, por servir de alimento a la corrupción, la violencia y la actividad armada. En esa línea de combate directo contra el negocio de la droga, el plan perseguía reducir a la mitad, en un plazo de cinco años, las superficies cocaleras: este objetivo se conseguiría mediante la erradicación sistemática de los cultivos, la destrucción de las instalaciones de procesado de la droga y el restablecimiento del control del gobierno sobre las áreas cocaleras.

Para llegar a buen término, el Plan Colombia reconocía la necesidad de articular una alianza antinarcóticos entre los países productores y los consumidores, neutralizando los canales financieros de los traficantes de drogas e intercambiando información con las agencias de seguridad e inteligencia de estados vecinos como Ecuador, Perú, Brasil, Venezuela y Panamá. Se subrayaba además la importancia de fortalecer el sistema judicial y de reformar y modernizar las fuerzas de seguridad, así como de establecer planes de desarrollo alternativo en las regiones productoras de coca destinados a compensar económicamente a los campesinos por la destrucción de los cultivos ilícitos. El apoyo financiero de los países ricos era considerado como un elemento fundamental a este respecto. Para sanear el tejido social del país se incluían iniciativas destinadas a garantizar el acceso de los sectores de población más desfavorecidos y vulnerables a los servicios de salud y educación.

Uno de los ejes del Plan Colombia era el diálogo político con las guerrillas, en particular con las Fuerzas Armadas Revolucionarias de Colombia (FARC). En noviembre de 1999 se acordó «despejar» (crear una zona de distensión donde el estado toleraría el despliegue de efectivos guerrilleros, con la finalidad de albergar unas hipotéticas negociaciones de paz) un área selvática en torno a la localidad de San Vicente del Caguán. Las conversaciones para otorgar en el norte del país otra zona de «despeje» al Ejército de Liberación Nacional (ELN), segunda milicia guerrillera colombiana, no llegarían a buen puerto. El propio «despeje» de San Vicente del Caguán fue revocado en 2002 tras la ruptura del diálogo entre el gobierno y las FARC, lo que supuso el desalojo por la fuerza de los guerrilleros y el retorno del control gubernamental sobre esa zona.

ton y sus aliados europeos tras los atentados del 11 de septiembre de 2001 parecían un escaso bagaje para que Pastrana consiguiese la reelección en las próximas elecciones. Reconociendo su fracaso de antemano, Pastrana acabó en febrero del 2002 con las conversaciones y ordenó al ejército volver a reocupar la zona desmilitarizada.

El elegido por el pueblo para acabar con la violencia fue el liberal disidente Álvaro Uribe, partidario de la mano dura con las guerrillas y los paramilitares. Uribe heredó una desastrosa situación de seguridad interior, un panorama de corrupción generalizada, un nivel de pobreza que afectaba al 60% de los colombianos, una tasas de desempleo superiores al 25% y una deuda externa que sobrepasaba los 40.000 millones de dólares. A pesar de la caótica situación económica, Uribe dio prioridad a la pacificación del país, iniciando una campaña militar que ya le ha proporcionado los primeros éxitos al aceptar la principal organización paramilitar dejar las armas. Todavía falta, sin embargo, por comprobar hasta qué punto los más radicales de este grupo aceptan dejar el lucrativo control de las plantaciones de coca.

Álvaro Uribe, elegido presidente de Colombia en mayo de 2002, en un discurso ante la Asamblea General de Naciones Unidas.

El final de la dictadura en Chile

El presidente chileno, Ricardo Lagos, flanqueado por la ministra de defensa, Michelle Bachelet, y el comandante en jefe del ejército, Juan Emilio Cheyre.

En la década de los 80, Augusto Pinochet intentó dotar de cierta legalidad a su régimen autoritario, el cual carecía de una verdadera vertebración institucional desde el derrocamiento de Salvador Allende en 1973. Así, en 1981 promulgó una constitución que le convertía automáticamente en jefe de estado de la república de Chile y creaba la figura de los senadores vitalicios para aquellos presidentes que dejaran su cargo en vida. Con esta medida, Pinochet intentaba guardarse las espaldas: en la constitución y las leyes que la desarrollaban, el dictador había prometido cierta participación ciudadana en política y la apertura de un periodo de transición hacia la democracia, la cual debería ser instaurada a partir de 1989. En caso de que Pinochet no consiguiera permanecer como presidente del país después de esa fecha, al menos seguiría gozando de la inmunidad parlamentaria que le conferiría su puesto de senador vitalicio.

Sus deseos se vieron, sin embargo, frustrados. En 1988, Pinochet convocó un referéndum para prorrogar su mandato hasta 1996, pero el voto popular se mostró contrario a la perpetuación del dictador en el poder. Al año siguiente, en 1989, se convocaron elecciones democráticas en Chile; en ellas, a pesar de la fuerte influencia que todavía poseían los estamentos militares, acabó por imponerse la coalición opositora liderada por Patricio Aylwin. Su mandato (1990-1994) fue una etapa de transición, sobre todo en sentido simbólico: Pinochet, como jefe de las fuerzas armadas y senador vitalicio, seguía siendo una fuerza importante en el panorama político chileno, y la posibilidad de una involución política seguía estando presente. Aylwin y los suyos preferían consolidar la democracia antes que acabar con las prebendas de los militares y sectores conservadores afines, capaces de provocar un nuevo golpe de estado.

En 1994, Aylwin fue sustituido por Eduardo Frei Ruiz-Tagle (1994-2000), hijo del antiguo presidente chileno Eduardo Frei Montalva. De tendencias democristianas, el nuevo presidente se encontró un panorama económico aceptable, con unas tasas de paro e inflación moderadas que podían ser superadas en un futuro gracias al alto ritmo de crecimiento y al mínimo déficit fiscal. Por ello, Frei se dedicó especialmente a reintegrar a Chile dentro del panorama internacional, afirmando su voluntad democrática e intentando suavizar las

Los políticos democristianos Patricio Aylwin (izquierda) y Eduardo Frei Ruiz-Tagle, primeros presidentes de Chile tras la restauración democrática de 1990.

El proceso de extradición contra Augusto Pinochet

El 16 de octubre de 1998, mientras el general retirado y el ex dictador chileno Augusto Pinochet convalecía en una clínica de Londres tras una intervención quirúrgica, las autoridades británicas atendían la solicitud de extradición presentada por el juez español Baltasar Garzón, magistrado de la Audiencia Nacional. La orden de detención documentaba 79 casos de asesinato, además de secuestros, violaciones y «desaparecidos», inmersos en la llamada «Operación Cóndor», señalando a Pinochet como conocedor y probable coordinador de la misma. El gobierno chileno reaccionó rápidamente, alegando que el ex presidente poseía inmunidad parlamentaria y que, en cualquier caso, los delitos de chilenos cometidos en su territorio debían ser juzgados por las autoridades nacionales y no por España o Gran Bretaña (posteriormente Francia, Suiza, Bélgica y Alemania solicitarían también la extradición de Pinochet). Se inició entonces un largo proceso en el que las autoridades británicas debían decidir hasta qué punto las alegaciones de Chile tenían base jurídica. Mientras la petición de extradición era analizada por la cámara de los lores y por el ministro del interior británico, Jack Straw, en el país sudamericano se manifestaban tanto partidarios como opositores al senador vitalicio. En los últimos días de noviembre y principios de diciembre llegó el fallo: tanto el parlamento británico como el ministro consideraban que el estatus senatorial de Pinochet no le garantizaba la inmunidad en Europa, por lo que podía ser extraditado. La defensa de Pinochet consiguió, sin embargo, recurrir la decisión, un hecho insólito que demostraba la fuerte presión política ejercida sobre las autoridades británicas. El recurso fue aceptado por la cámara de los lores, los cuales decidieron repetir todo el proceso debido a que uno de los miembros del panel que participó en el caso no había sido parcial. Finalmente, Jack Straw decidiría actuar antes de reiniciar el proceso: alegando el mal estado de salud del ex dictador, denegó la extradición y le permitió regresar a Chile. Las organizaciones humanitarias, los querellantes y una buena parte de la opinión pública vieron, desalentados, la dificultad de lograr un juicio histórico.

Manifestación de rechazo en Londres al ex dictador chileno Augusto Pinochet durante su proceso de extradición.

tensiones que las presiones de los más conservadores podían todavía provocar.

En este sentido, Frei firmó numerosos convenios comerciales que debían potenciar el papel internacional de Chile. Entre ellos cabe destacar el de Cooperación Económica de Asia-Pacífico (APEC), el estrechamiento de las relaciones con los países integrantes en el NAFTA gracias a los tratados bilaterales de comercio firmados con México y Canadá o las negociaciones iniciadas con Mercosur para el ingreso de Chile en dicha organización. Estos intentos se vieron, sin embargo, enturbiados en 1998 por la petición de extradición contra Augusto Pinochet, un proceso que debía mostrar al mundo si Chile realmente estaba dispuesto a acabar con los trazos aún restantes de la dictadura.

Durante el arresto londinense de Pinochet, el presidente Frei mantuvo un complicado equilibrio, negando la extraterritorialidad de la justicia española contra un representante institucional chileno y exigiendo la no injerencia y el respeto a la soberanía nacional, admitiendo únicamente la posibilidad de que Pinochet fuera enjuiciado en su propio país. La congelación de relaciones comerciales con España y el Reino Unido amenazaban el proyecto de cooperación con la Unión Europea, en un momento en el que la economía evolucionaba negativamente debido al efecto de las crisis financieras asiática y brasileña, que habían recortado las exportaciones chilenas. Al fin, Frei conseguiría solventar favorablemente la situación: las presiones sobre el gobierno británico permitirían a Pinochet regresar a casa, pero bajo la amenaza de tener que someterse a un

El presidente Eduardo Frei vota en las elecciones legislativas de diciembre de 1997.

Augusto Pinochet regresa a Chile en marzo de 2000 tras permanecer casi año y medio en Londres bajo arresto domiciliario.

juicio en Chile; Frei había conseguido que varios antiguos colaboradores del dictador se mostrasen dispuestos a declarar en caso de que se convocase un juicio. En marzo de 2000, mientras Pinochet regresaba a Chile, Frei abandonaba el cargo presidencial dando la alternativa al socialista pero miembro de su misma coalición Ricardo Lagos.

La tensión que vivió la sociedad chilena por el caso Pinochet sirvió para que, irónicamente, el nuevo gobierno pudiera comenzar a dar por cerrada la etapa de la dictadura. Tanto Lagos como su rival, Joaquín Lavín, declararon durante la campaña electoral que Pinochet no estaba por encima de la ley y que la justicia chilena podía procesarlo si encontraba causa para ello. Ya con Lagos en el poder, la justicia chilena halló una causa: la triste «caravana de la muerte» que asoló Chile inmediatamente después del golpe de estado. El parlamento aceptó levantar el fuero senatorial del ex dictador a petición del juez Juan Guzmán, quien en la actualidad sigue procesando el caso. Por otra parte, las fuerzas armadas aceptaron entregar, confidencialmente, información sobre los desaparecidos durante la dictadura. La transición democrática chilena parecía llegar a su fin.

Finalmente, resta mencionar que la economía chilena no se apartó de las grandes líneas económicas anteriores, recuperándose en pocos meses de la breve crisis financiera. En octubre de 2000, el gobierno de Lagos anunció un ambicioso plan de inversiones públicas, fundamentalmente en empresas y centros de investigación aplicada. El presidente siguió asistiendo a las cumbres de Mercosur, aunque los elevados requisitos exigidos a Chile para acceder como miembro de pleno derecho a la organización, unido a los vaivenes de sus dos principales integrantes, Argentina y Brasil, han paralizado de momento la solicitud chilena.

El socialista Ricardo Lagos –foto de la izquierda– resultó elegido presidente de Chile en 2000. Joaquín Lavín –sobre estas líneas–, líder de la oposición derechista, consiguió ese año la alcaldía de Santiago.

Éxitos y fracasos del gobierno Fujimori en Perú

El presidente peruano Alejandro Toledo acompaña a una niña durante un acto de protesta contra un atentado terrorista.

En 1989, Perú estaba sumido en una gravísima crisis. Los intentos del presidente Alan García Pérez (1985-1990) por estabilizar la economía rechazando unilateralmente el pago de la deuda externa no habían dado resultado y el país tenía que observar, incrédulo, cómo la inflación anual superaba la barrera del 3.000%. Agobiados por la pobreza, muchos campesinos acababan dedicándose al lucrativo negocio de la coca o a engrosar las filas de los movimientos guerrilleros Sendero Luminoso, de tendencia maoísta, o Tupac Amaru. Las acciones de estos grupos terroristas sembraban el pánico en las principales ciudades del país, llevando a cabo masacres entre la población civil, de tal forma que muchos los comparaban con los sanguinarios jmer rojos camboyanos. El país clamaba por un presidente fuerte capaz de solucionar todos estos problemas.

El elegido para ello en las elecciones de 1990 fue Alberto Fujimori, miembro de la importante colonia de japoneses (y descendientes) en Perú. Fujimori hizo del combate contra la guerrilla de Abimael Guzmán, líder de los senderistas, y el narcotráfico su principal objetivo. En 1991 consiguió promulgar una ley que concedía amplios poderes al ejército en su lucha contra Sendero Luminoso, y en abril de 1992 declaraba el estado de emergencia nacional con la excusa de la lucha contra el terror. Por este acto, Fujimori asumía poderes cuasi dictatoriales, suspendiendo la constitución y disolviendo el parlamento. Si bien la población peruana recibió este gesto con aparente indiferencia (incluso renovaron el poder del presidente en unas elecciones que debían servir de legitimación al «golpe»), la opinión pública internacional lo criticó con vehemencia, amenazando incluso con imponer un embargo diplomático y comercial. Por fortuna, las medidas de Fujimori tuvieron éxito rápidamente ya que en septiembre eran detenidos Guzmán y Víctor Polay, dirigente de los Tupac Amaru. Aunque las actividades guerrilleras continuaron, fue más una reacción de última hora que una verdadera intención de reanudar sus ataques. En diciembre de 1993 Perú recobraba el orden constitucional, al tiempo que se declaraba oficialmente extinta a la organización Tupac Amaru y Sendero Luminoso pedía la apertura de negociaciones de paz.

El peruano Alan García fue presidente de su país entre 1985 y 1990.

El paréntesis dictatorial impuesto por Fujimori tuvo importantes consecuencias. Por una parte, la pacificación de las áreas montañosas permitió que se reanudaran las prospecciones mineralógicas y aumentaran las inyecciones de capital extranjero a la minería. Esto consiguió invertir el alza inflacionista hasta reducirlo a un 20% y, a la vez, impulsar el crecimiento económico hasta el 7,5% anual. Sin embargo, Fujimori también había aprovechado el paréntesis para impulsar una importante reforma constitucional que no sólo le permitiría presentarse de nuevo a las elecciones de 1995, sino que aumentaba en gran medida los poderes presidenciales. A partir de entonces, el control sobre las actividades del presidente y el ejército serían prácticamente inexistentes.

En 1995, Alberto Fujimori fue elegido para su segundo mandato como recompensa por haber devuelto la estabilidad al Perú. El tiempo se encargaría de demostrar que esto no era en realidad más que una apariencia. En 1996, el movimiento Tupac Amaru volvía a aparecer en escena tomando la embajada de Japón en Lima y secuestrando a sus ocupantes. El secuestro duraría hasta abril de 1997, cuando tropas peruanas (probablemente ayudadas por Estados Unidos) tomaban la embajada y mataban a todos los guerrilleros.

Aunque esto supuso para Fujimori un masivo apoyo popular, al menos momentáneamente, sus actitudes comenzaban a indignar a la opinión pública. El presidente tenía que hacer frente a graves acusaciones sobre la censura de los medios de comunicación o su control sobre el aparato judicial, el cual parecía manejar a su antojo. Mientras Fujimori se enfrentaba al resto de partidos políticos y universitarios sobre la posibilidad de presentarse a la presidencia por tercera vez, algunos funcionarios comenzaban a acusar al principal asesor presidencial, Vladimiro Montesinos, de realizar escuchas ilegales a distintos miembros de la oposición.

Alberto Fujimori, presidente de Perú entre 1990 y 2000.

Finalmente, el año 2000 marcaría el ocaso de Fujimori. Ese año, el presidente decidió presentarse a la reelección, lo que creó una gran polémica y la convocatoria de numerosas manifestaciones en Lima y otras ciudades del país. En abril, y tras haberse celebrado la primera vuelta de las legislativas, el líder de la oposición, Alejandro Toledo, decidió retirarse de la carrera presidencial ante el posible fraude electoral perpetrado por Fujimori. Evidentemente, Fujimori resultó vencedor de esta segunda vuelta, pero apenas dos meses después de jurar el cargo, en septiembre, se descubrieron pruebas que evidenciaban que Montesinos había sobornado a miembros de la oposición. Aunque Fujimori intentó desmarcarse de la actuación de su asesor, al que ordenó detener, su posición ya era insostenible. El 14 de noviembre, con la excusa de una conferencia en Brunei, Fujimori dejó el país para refugiarse en Japón, donde solicitaría la nacionalidad de sus ancestros para evitar la extradición. Al año siguiente, el que fuera su rival, Alejandro Toledo, ganaba las nuevas elecciones presidenciales, imponiéndose como una de sus metas reformar las instituciones que habían sido maleadas durante el periodo anterior.

Imagen de las tropas de elite que asaltaron la embajada japonesa en Lima en abril de 1997, poniendo fin a un largo secuestro protagonizado por el Movimiento Revolucionario Tupac Amaru (MRTA).

Discurso del presidente peruano Alejandro Toledo durante el acto de su toma de posesión en 2001.

La crisis de la República Bolivariana de Venezuela

Manifestación en 2002 en Caracas de partidarios del presidente venezolano Hugo Chávez.

Entre el 12 y el 14 de abril de 2002, Venezuela vivió una extraña situación política que recordaba épocas anteriores en las que los golpes de estado eran hechos frecuentes en América Latina. La diferencia estribaba en que el populista fundador de la República Bolivariana de Venezuela, Hugo Chávez, conseguiría hacerse nuevamente con el poder en tan sólo dos días.

Antecedentes del golpe

Las elecciones de diciembre de 1998 llevaron al poder a Hugo Chávez, fundador del Movimiento V República (MVR), que seis años antes había encabezado una fallida intentona golpista contra el gobierno de Carlos Andrés Pérez, acusado de corrupción. Una vez elegido, Chávez convocó un referéndum para consultar la necesidad de iniciar un proceso constituyente que incluía la delegación de poderes excepcionales en manos del jefe de estado. La llamada constitución bolivariana fue aprobada por amplia mayoría, por lo que debieron convocarse nuevas elecciones. En la campaña previa a las elecciones generales de febrero de 2000, Chávez prometió grandes reformas, como el reparto de las tierras sin cultivar y la exención de impuestos a las personas con escasos recursos. En cuanto a las relaciones con el exterior, la postura chavista trataba de evitar la dependencia de los Estados Unidos, orientando la actividad comercial, básicamente la referente al petróleo, hacia países en vías de desarrollo y los mercados no tradicionales. Las propuestas de Chávez, populistas y propensas a usar el antiamericanismo de las capas sociales más pobres, se vieron recompensadas en las urnas con una importante victoria sobre los partidos tradicionales (y conservadores).

Sin embargo, desde finales de 2001 Hugo Chávez tuvo que hacer frente a la creciente presión de líderes empresariales, grupos financieros y el gobierno de los Estados Unidos, el cual temía que un claro giro a la izquierda de Chávez dañase los intereses comerciales de sus empresas. El clima político venezolano padecía un proceso de franco deterioro junto a una preocupante polarización de posturas. La aprobación en noviembre de 2001 de un paquete de 49 leyes, entre ellas las polémicas referidas a las Tierras y a los Hidrocarburos Líquidos, fue recibida con desagrado tanto por la Federación de Cámaras de Industria y Comercio (Fedecámaras) como por la alta gerencia de Petróleos de Venezuela (PDVSA). Finalmente, la sustitución de los dirigentes de PDVSA por otros más favorables a Chávez sería el detonante de los sucesos de 2002.

Carteles del candidato presidencial venezolano Henrique Salas Röhmer, derrotado por Hugo Chávez en las elecciones de diciembre de 1998.

La revuelta de abril

Descontentos importantes sectores empresariales junto a las capas más conservadoras de la población, y contando con cierto apoyo tácito de los Estados Unidos, el propósito de eliminar a Chávez de la escena política venezolana no iba a tardar en llevarse a la práctica. A primeros de abril de 2002 la oposición salió a la calle en marchas pacíficas, realizando paros laborales y protestas multitudinarias que exigían la salida de Hugo Chávez. Estas acciones fueron contrarrestadas por los sectores afines al gobierno, los cuales inmediatamente convocaron manifestaciones de apoyo al presidente de la república. La confluencia de los dos tipos de manifestación generó una preocupante tensión social que durante los primeros días se mantuvo únicamente en el campo de la pugna verbal.

El día 11 de abril resultó la fecha elegida para la celebración de una huelga general convocada por la Confederación de Trabajadores de Venezuela (CTV) y Fedecámaras, con el apoyo de la Iglesia Católica y una parte de los me-

Hugo Chávez: el sueño bolivariano

El militar y político venezolano Hugo Chávez inició en 1999, al frente de su país, la llamada revolución bolivariana: un controvertido proyecto de transformación nacional que contaría con el apoyo de los sectores más desfavorecidos y con la firme repulsa de las clases medias y altas, que veían en ella la materialización de un modelo político y económico de corte castrista.

Hugo Chávez nació el 28 de julio de 1954 en Sabaneta, en el estado venezolano de Barinas. Cursó estudios castrenses en la academia militar de su país, donde se licenció en 1975 con el grado de subteniente. A finales de 1982 fue uno de los fundadores del Movimiento Bolivariano Revolucionario (MBR), junto a otros militares como Felipe Acosta y Ernesto Urdaneta. El MBR se caracterizó desde sus comienzos por sus críticas a la conducta de los políticos tradicionales y los altos mandos del ejército.

En 1991, a pesar de su pertenencia a este movimiento nacionalista de protesta, Chávez logró ascender al grado de teniente coronel. Un año después protagonizó un frustrado alzamiento militar, destinado a derrocar al gobierno del socialdemócrata Carlos Andrés Pérez. El fracaso del pronunciamiento supuso la detención y encarcelamiento de Chávez y sus seguidores. Durante su estancia en prisión intervendría en la redacción de un manifiesto de cambio político para Venezuela llamado *Cómo salir del laberinto*.

Chávez recobró su libertad en 1994 merced a un indulto promulgado por el entonces presidente Rafael Caldera, vinculado a su abandono definitivo de la institución armada. A la salida de la cárcel se consagraría exclusivamente a la política a través del nuevo partido Movimiento V República (MVR). En diciembre de 1998, al frente de esta formación de ideología bolivariana, Chávez se impuso en las elecciones para la presidencia de la república a su rival Henrique Salas Röhmer. Sus mensajes de renovación habían calado hondo en buena parte de la sociedad venezolana, que experimentaba un gran hastío de los partidos tradicionales. En febrero de 1999 asumió su primer mandato al frente de la nación, a lo que siguió la convocatoria de una Asamblea Constituyente con la finalidad de redactar una nueva constitución. A finales de ese mismo año, el pueblo venezolano dio su aprobación por una amplia mayoría al nuevo texto constitucional. En los comicios presidenciales de julio de 2000, Chávez revalidó su mandato.

La aproximación de Chávez a la Cuba de Fidel Castro desató las iras tanto de los Estados Unidos como de la oposición interna venezolana, que denunciaba una creciente deriva autoritaria del régimen. A fines de 2001, tras la promulgación de un polémico paquete de leyes económicas, se inició una escalada de manifestaciones y huelgas que llevó a un frustrado intento cívico-militar de apear a Chávez del poder. Éste logró mantenerse en la presidencia del país, pero no pudo disipar la tensión en sus calles.

Hugo Chávez fue elegido presidente de Venezuela a finales de 1998. Entre sus grupos de apoyo de aquellos comicios figuraba el Polo Patriótico, cuyos seguidores festejan la victoria.

El presidente Hugo Chávez provocó, desde su acceso al poder, encontradas manifestaciones entre los venezolanos de apoyo y rechazo hacia su figura. Buena muestra de ello son estas dos imágenes: a la izquierda, marcha de sus opositores en 2000 en Caracas; a la derecha, agasajo de sus simpatizantes durante una visita a Madrid en 2002.

dios de comunicación. El seguimiento del paro general fue irregular, pero las manifestaciones posteriores resultaron multitudinarias, tanto por parte del sector crítico como de los numerosos ciudadanos que acudieron a manifestar su solidaridad con el presidente. Ambos grupos se dirigieron al palacio de Miraflores, donde Hugo Chávez, al verse amenazado, se refugió con un millar de efectivos militares, pidiendo a sus simpatizantes la defensa del palacio utilizando la violencia si lo consideraban necesario.

Lo que estaba planificado como una marcha pacífica cambió de rumbo cuando se produjeron una serie de disparos que causaron al menos catorce muertos y varios heridos. Las circunstancias de los hechos siguen siendo confusas. El fuego partió de francotiradores identificados por la prensa como chavistas, aunque varias de las víctimas se encontraban en el sector ocupado por los defensores de Chávez, e incluso una de ellas fue el chófer del vicepresidente.

En las horas siguientes, y tras una alocución presidencial que trataba de explicar los sucesos de Caracas, diversos políticos de la oposición comenzaron a llamar abiertamente a las Fuerzas Armadas solicitando su inmediata intervención. Parte del ejército retiró su ayuda Hugo Chávez, quien en la madrugada del día 12 de abril fue arrestado y conducido a la base militar de Fuerte Tiuna. Poco después se informaba por televisión de la renuncia a la presidencia por parte de Chávez (aunque sin llegar a mostrarse documento alguno) y su sustitución provisional por Pedro Carmona, presidente de Fedecámaras.

El empresario Pedro Carmona asumió la presidencia provisional de Venezuela el 12 de abril de 2002 durante un fallido pronunciamiento cívico-militar contra Chávez.

Desde el día 12 se sucedieron una larga serie de irregularidades constitucionales: según la Carta Magna venezolana, la renuncia del presidente debe ser aceptada por la Asamblea Nacional y la sucesión recae automáticamente en el vicepresidente o, en su defecto, en el presidente de la Asamblea Nacional. Las previsiones institucionales fueron ignoradas, ya que, con anterioridad a que la supuesta renuncia de Chávez fuera presentada ante la Asamblea Nacional, un nuevo gobierno, formado por el ex presidente de los empresarios de Venezuela y dos militares de alto rango, había asumido el poder.

Las primeras decisiones del nuevo grupo de gobierno no dejaban lugar a interpretaciones sobre sus propósitos: emisión de un decreto que liquidaba la legalidad del chavismo y anulaba de hecho la constitución, anuncio de elecciones para el plazo de un año y destitución de los titulares de los poderes del estado. Se interrumpió el comercio petrolero con Cuba, principal cliente del país, y se anularon las concesiones de tierras a los campesinos

Desde su llegada al poder, Hugo Chávez estrechó las relaciones de Venezuela con Cuba. En la imagen, Chávez y su homólogo cubano, Fidel Castro, en un encuentro mantenido en 2000.

que las habían recibido durante la etapa de Chávez, todo ello sin contar con la CTV, lo que provocaría en breves horas que la confederación de trabajadores, traicionada, abandonara a sus efímeros aliados. El giro a la derecha de Carmona se presentaba como radicalmente opuesto a la ideología de su antecesor.

Durante el corto espacio de tiempo en que el legítimo presidente estuvo retenido bajo arresto militar, la opinión internacional se mostró dividida a la hora de calificar de golpe de estado los sucesos de Caracas. Mientras que algunos gobiernos, como el de México o el de Argentina, condenaron la toma de poder por parte de Carmona, rechazando que el ejército pudiera sustituir a las urnas como medio de representación de la voluntad nacional, otros países e instituciones internacionales se apresuraron a reconocer al nuevo gobierno. El FMI declaró ya en las primeras horas su intención de ayudar al gobierno de Carmona, mientras que los embajadores de Estados Unidos y de España acudían al palacio de Miraflores a saludar a Carmona a pesar de que éste ya había adoptado medidas inconstitucionales como la disolución de la Asamblea y de la Corte Suprema.

> ***«Si no nos ponemos de acuerdo, lamentable, irreversible y dolorosamente vamos a una guerra civil».***
> ***Carlos Ortega***

El sábado 13 de abril, una parte de los venezolanos, disconformes con la situación, se manifestaron en las calles de Caracas, realizando numerosos saqueos en comercios de la ciudad y provocando revueltas que al término del día arrojaron un saldo de nueve víctimas mortales. La creciente anarquía hizo que el apoyo militar al nuevo gobierno se resquebrajara, comenzando por el general Raúl Baudel, que al frente de una brigada paracaidista manifestó su apoyo a Chávez. Tras él, Efraín Vásquez, comandante general del ejército, reconoció los errores del gobierno provisional, condicionando su apoyo a Carmona. Las declaraciones de la esposa de Chávez, asegurando que éste se encontraba secuestrado y en ningún momento había dimitido, aceleraron la caída de Carmona, quien tras un intento de mantenerse en la presidencia anunciando modificaciones al decreto emitido la víspera, acabó por presentar la dimisión, entregando el poder al vicepresidente Diosdado Cabello.

Tan sólo 48 horas después del golpe de estado, el presidente Chávez asumió de nuevo el cargo en el palacio de Miraflores, reafirmándose en el apoyo del ejército y de una mayoría de la población perteneciente a los sectores menos favorecidos. El presidente ofreció crear una mesa de reflexión nacional para acercar posiciones y evitar que se cumplan los negros augurios de Carlos Ortega, presidente de la CTV.

El vicepresidente Diosdado Cabello durante una ceremonia en el Palacio de Gobierno de Caracas.

EPÍLOGO: LA ERA DE LA GLOBALIZACIÓN

El término «globalización» describe el proceso por el que las individualidades culturales, socioeconómicas y políticas comienzan a perder peso ante una realidad común, compartida por todas las naciones y sociedades, de carácter mundial. Hay numerosos ejemplos de este fenómeno: desde el movimiento «new age», el cual integra elementos de culturas asiáticas o africanas al acerbo occidental, hasta la implantación de multinacionales en el sudeste asiático; desde la preponderancia de organismos internacionales como el FMI o la propia ONU hasta las prácticas del «comercio justo», que coloca productos típicamente indígenas en los mercados occidentales. Sin duda, estos aspectos no son nuevos. Desde la más remota antigüedad, las civilizaciones han entrado en contacto, traspasándose bienes materiales (comercio) e ideas. Sin embargo, este fenómeno conoció un fuerte empuje con el colonialismo europeo, tanto el tradicional como el del siglo XIX, acelerándose definitivamente tras la caída del muro de Berlín y la instauración del «nuevo orden».

Manifestación contra la globalización celebrada en Praga en 2001 con motivo de la celebración en la capital checa de la cumbre conjunta anual del Fondo Monetario Internacional y el Banco Mundial.

Fundamentos de la globalización

La globalización, aunque pueda ser definida como un conjunto en el que se dan la mano diferentes aspectos culturales, económicos o sociales, está en realidad compuesta por diversos fenómenos. Así, es posible hablar de una globalización cultural o una globalización económica, que no necesariamente tienen por qué ser contrapuestas o complementarias. Es por ello que la definición del término globalización depende en realidad de la confluencia de diversos factores, entre los que podemos destacar los siguientes:

- *Globalización económica.* La revolución industrial del siglo XIX mejoró de forma sustancial la mecanización de la producción, los transportes y las redes de comunicación. Esto ha permitido que los productos no estén tan sólo destinados al mercado local, sino que puedan llegar a otros países y continentes. Si en la antigüedad el comercio de larga distancia se limitaba a los artículos de lujo (sedas, especias, etc.), en la actualidad no es raro encontrarse un producto «made in China», valorado por ejemplo en un euro, en los mercados europeos. Esto se debe a que las nuevas entidades empresariales, las multinacionales, obtienen mayores beneficios si desplazan su producción a países con bajos costes en mano de obra (China), aunque por ello luego tengan que pagar un extra en transporte. Al mismo tiempo, la ampliación de los mercados ha provocado que éstos tiendan a unificarse en las llamadas «áreas de libre comercio» como son Mercosur, ASEAN (Asociación de Naciones del Sudeste Asiático), NAFTA o la propia UE. Esto permite a las economías potentes colocar sus productos en nuevos mercados sin tener que pagar aranceles por ello. Al mismo tiempo, las economías más pobres pueden beneficiarse exportando también sus productos y obteniendo importantes divisas extranjeras. Precisamente el tema financiero es el último componente de este tipo de globalización. La construcción de un mercado único permite la circulación libre de capitales, invirtiéndolos allí donde se pueda obtener un mayor rendimiento. El continuo trasvase de capitales ha obligado a su vez a buscar un marco de referencia para, por ejemplo, fijar tasas de cambio entre las distintas monedas. Esto ha provocado que muchas economías nacionales hayan preferido adoptar una moneda «extranjera» como divisa por excelencia: el euro en la UE, el rublo en los países de la CEI, el dólar en las economías latinoamericanas, etc.

- *Globalización tecnológica:* la posibilidad de fabricar un objeto en uno u otro país se debe a que también existe una difusión de las técnicas y tecnologías que ha permitido homogeneizar los procesos productivos. Esto quiere decir que fabricar un producto en un país con mano de obra más barata sólo es realmente rentable si existen en él las máquinas necesarias. A menudo, las propias multinacionales han sido las que han invertido en infraestructuras para así poder sacar provecho de otros factores como el de la mano de obra. Este proceso ha permitido a su vez a muchos países recortar los plazos de progresión, «saltándose» etapas del proceso industrial clásico y llegando directamente a los sistemas productivos más avanzados sin necesidad de un paso previo por los de la «era del vapor» (siglo XIX en Europa).

- *Globalización sociocultural.* Los trasvases productivos y tecnológicos implican en sí mismos un contacto cultural a través del cual dos sociedades distintas se pueden intercambiar ideas y valores. El ejemplo más evidente se da en el ámbito tecnológico, que posibilita el desarrollo de todas las capacidades de los medios de comunicación modernos como la televisión vía satélite o Internet, el gran paradigma de la globalización. El impacto de esta ruptura de las fronteras tradicionales de las civilizaciones está todavía por comprobar, aunque ya se pueden aventurar dos posibilidades: provocar la uniformidad de las culturas (p. ej., occidentalización) o, por el contrario, diversificarlas, añadiendo elementos «extraños» a otros sistemas culturales (como los elementos hindúes entre los neohippies).

Cumbre del Grupo de los Ocho, que agrupa a los siete países más industrializados del mundo y a Rusia, celebrada en 2001 en la ciudad italiana de Génova.

Internet: la revolución de la comunicación

En la década de 1990 se produjo, merced a la extensión de Internet, una revolución tecnológica que transformaría por completo los modos de comunicación e incluso el propio concepto de ésta. Muchos estudiosos señalan que la creación de Internet es probablemente, por sus repercusiones, el hito más importante en la historia de la cultura universal tras la invención de la imprenta en el siglo XV por el alemán Johannes Gutenberg.

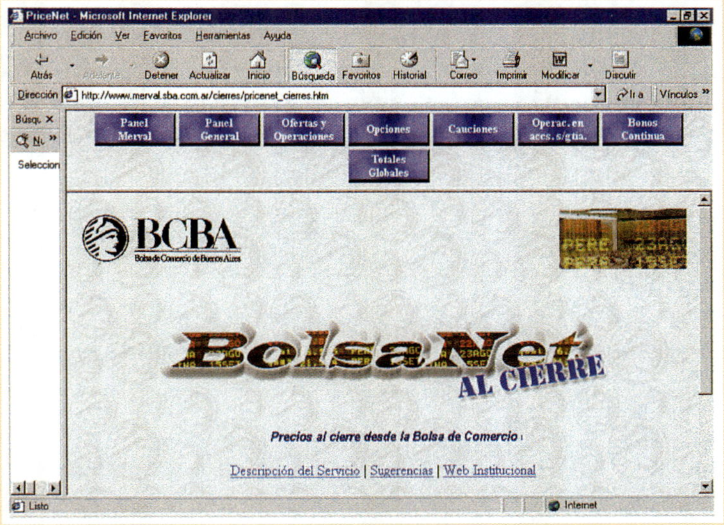

Imagen de un site *de Internet de gestión bursátil.*

Internet consiste en una extensa red de comunicaciones que conecta ordenadores y sistemas informáticos repartidos por todo el mundo mediante el soporte de un método de direccionamiento común y de un conjunto compartido de principios de intercambio denominado protocolo TCP/IP (siglas del inglés *Transmission Control Protocol/Internet Protocol*, o sea, protocolo de control de transmisión/protocolo Internet). El sistema permite el intercambio en tiempo real de todo tipo de información electrónica entre usuarios de la red situados en cualquier lugar del planeta. Sus principales servicios son el correo electrónico (conocido popularmente por la abreviatura inglesa *e-mail*), los grupos de noticias o de discusión *(newsgroups)*, las conversaciones interactivas entre usuarios (*chats*) y la World Wide Web (www), que permite a cualquier usuario conectado la búsqueda y recuperación de todo género de información «colgada» en la red.

Internet tuvo en sus comienzos una aplicación estrictamente militar. Antecedente directo suyo fue un producto de comunicaciones denominado Arpanet (acrónimo inglés de *Advanced Research Proyects Agency Network,* red gubernamental de proyectos de investigación avanzada), desarrollado en 1969 por el Departamento de Defensa de los Estados Unidos en el Instituto de Tecnología de Massachusetts (MIT, por sus siglas en inglés) y en Santa Mónica (California).

Arpanet conectaba a comienzos de la década de 1970 unas 40 máquinas del ejército de los Estados Unidos. Desde ese ámbito militar, Arpanet se difundiría con posterioridad a las universidades y centros de investigación norteamericanos, interesados en permitir el acceso de sus investigadores a los superordenadores científicos. En 1971, 15 nodos civiles se habían agregado a la red, y dos años más tarde se establecieron las primeras conexiones de carácter internacional con Noruega y el Reino Unido. Universidades de prestigio como las de Stanford y Harvard cooperaron estrechamente con los diseñadores de Arpanet con objeto de mejorar las prestaciones del sistema: fruto de esta colaboración sería la aparición en 1982 del protocolo TCP/IP, verdadera columna neurálgica de la red. Un año después, las autoridades militares estadounidenses abandonaron el proyecto, que desde entonces sería conocido con el nombre de Internet.

En el marco universitario, la red empieza a registrar una creciente expansión desde finales de la década de 1980, con los consiguientes problemas de saturación en el sistema. Internet no sólo es utilizado como foro de debate universitario y marco para la organización de conferencias y congresos, sino también como herramienta de comunicación y de ocio para los estudiantes. En 1992, el Centro Europeo de Investigación Nuclear (CERN) ultimó un producto denominado World Wide Web (www) que permitía el acceso a los recursos de la red a través de un sencillo programa gráfico. Dos años más tarde se suprimieron en los Estados Unidos los obstáculos al empleo comercial de Internet. Se habían dado así las circunstancias propicias para permitir un crecimiento exponencial de la red. Ya a comienzos de la década de 1990, el sistema se hizo de dominio público, siendo empleado de manera creciente para la realización de operaciones profesionales y comerciales y para el intercambio de información entre particulares conectados a través de la línea telefónica. En pocos años, los usuarios de Internet pasarían de unas pocas decenas de millones a ser centenares de millones.

La generalización de Internet conlleva grandes beneficios económicos y sociales para todo el planeta –abaratando el costo de las comunicaciones y de las transacciones comerciales y permitiendo el acceso a bajo precio a enormes volúmenes de información–, pero al mismo tiempo suscita ciertos problemas de carácter ético. Por una parte, la red ofrece un vehículo para la realización de actividades delictivas como la pornografía infantil. Por otro lado, se encuentran cuestiones como la protección de la intimidad –frente a posibles intromisiones o violaciones de la correspondencia electrónica– y de la propiedad intelectual. La seguridad es un asunto fundamental, dada la proliferación de fraudes en la red. Se ha hecho cada vez más necesario, por tanto, el desarrollo de herramientas de protección de los sistemas y de los contenidos que circulan por Internet.

En el futuro de Internet no será tan importante el cambio tecnológico como la gestión que se lleve a cabo de esa evolución. Lo cierto es que el formidable éxito de la gran autopista de la comunicación ha supuesto el surgimiento de agentes con intereses económicos e intelectuales en la red, que han iniciado una dura pugna por la hegemonía en un medio que desde sus comienzos conserva una naturaleza descentralizada. A ello se suma una creciente presión de las autoridades públicas por controlar los contenidos de la red y el acceso de los ciudadanos a la misma.

Valoración del fenómeno de la globalización en la sociedad

El alemán Hans Koehler fue elegido en 2000 director gerente del Fondo Monetario Internacional.

Lo anteriormente reseñado es una simple descripción del fenómeno denominado globalización pero no una verdadera valoración de la misma, de si es positiva o negativa. Lo cierto es que a pesar de que ha sido un proceso que se ha ido formando a lo largo de la historia humana, la aceleración que ha experimentado desde la caída del muro de Berlín imposibilita realmente evaluar sus consecuencias. Este desconocimiento de qué deparará el futuro ha generado un intenso debate entre defensores y detractores de la globalización, una polémica que generalmente se concentra más en el ámbito económico que en los dos otros campos.

Los defensores de la globalización económica basan su postura en lo altamente positivo que es la transferencia de riqueza de los países desarrollados a los subdesarrollados. Argumentan que en vez de acumularse la riqueza en un lugar del mundo (occidente), las empresas están reinvirtiéndola en infraestructuras y medios de producción en países que, de otra manera, no podrían permitírselo. Esto es, las multinacionales están «industrializando» a países cuyo sector básico era el primario (agricultura, ganadería) y, por tanto, están dotándolo de los medios para crecer económicamente y enriquecerse. Además, esta conexión a través de las multinacionales sirve para que economías antiguamente sustentadas en base a créditos internacionales reciban ahora inyecciones de capital productivo. Finalmente, afirman que la existencia de organismos internacionales como el Fondo Monetario Internacional (FMI), el Banco Mundial (BM) o la Organización Mundial del Comercio (OMC), entidades encargadas del sistema crediticio transnacional y la articulación mundial de la economía, no sólo aseguran créditos para aquellos países que realmente necesitan dinero para financiar su crecimiento, sino que vigilan que éste se gasta de forma adecuada y no acaba perdiéndose en el agujero negro de la corrupción o la incompetencia.

Contra estos argumentos, los detractores de la globalización aportan a su vez datos contundentes. En primer lugar rechazan que las multinacionales sean

La globalización ha traído consigo un auge de las organizaciones no gubernamentales de diversa índole que operan a una escala global. A la izquierda, un buque de la organización ecologista Greenpeace; a la derecha, manifestación de Amnistía Internacional, organización dedicada a la vigilancia de los derechos humanos, en demanda de la liberación de un preso de conciencia.

El movimiento antiglobalización: de Seattle a Génova

A finales de 1999, justo una década después de que cayera el muro de Berlín, se produjeron unos hechos que marcarían simbólicamente la emergencia del movimiento antiglobalización: en la ciudad estadounidense de Seattle (estado de Washington), unas 50.000 personas se reunieron para boicotear una reunión de la Organización Mundial del Comercio (OMC) en la que se iban a tratar medidas tendentes a la liberalización del comercio mundial. Las manifestaciones de Seattle, que en algunas ocasiones revistieron un carácter violento, motivaron un retraso en la reunión de la OMC y, merced a la numerosa presencia de medios de comunicación, permitieron airear públicamente las críticas de los manifestantes al fenómeno de la globalización económica y financiera. Desde entonces, cada reunión de un organismo o foro internacional, desde el Fondo Monetario Internacional (FMI) y el Banco Mundial (BM) hasta el Grupo de los Ocho (G-8)o el Área de Libre Comercio de las Américas (ALCA), estaría marcada por la celebración de cumbres paralelas alternativas y de multitudinarias protestas populares asociadas a éstas.

Manifestación contra el Área de Libre Comercio de las Américas, proyecto impulsado por los Estados Unidos para liberalizar los intercambios comerciales en todo el continente americano.

Dos años más tarde, en la ciudad italiana de Génova, con motivo de una cumbre de jefes de estado y de gobierno del G-8, se produjeron graves disturbios. Las fuertes medidas de seguridad adoptadas por las autoridades italianas no impidieron los enfrentamientos entre manifestantes y fuerzas policiales, saldados con un joven manifestante muerto, decenas de heridos y centenares de detenidos. El ejecutivo italiano hubo de hacer frente a numerosas críticas internacionales, y algunas organizaciones no gubernamentales (ONGS) y grupos antiglobalización llegaron a acusar a la policía italiana de haber infiltrado a los violentos para desacreditar a su movimiento. En cualquier caso, después de los sangrientos sucesos de 2001 en Génova han proseguido las manifestaciones de los antiglobalizadores por todo el mundo; eso sí, en ningún modo de forma tan violenta como durante la cumbre del G-8 en la ciudad portuaria italiana. Las precauciones adoptadas por los gobiernos y los organismos financieros internacionales –trasladando en ocasiones algunas reuniones importantes a lugares poco accesibles como las montañas Rocosas–, así como la convocatoria de una cumbre mundial no gubernamental sobre el fenómeno de la globalización, el llamado Foro Social de Porto Alegre en Brasil –alternativo al foro político y financiero de Davos en Suiza–, han permitido que las quejas contra el capitalismo global se manifiesten de una manera más pacífica.

Entre las figuras más relevantes del movimiento antiglobalizador mundial se encuentran personajes como el activista agrario francés José Bové, el mexicano subcomandante Marcos –líder guerrillero del Ejército Zapatista de Liberación Nacional (EZLN)– y el periodista español Ignacio Ramonet, fundador de la ATTAC (Asociación por una Tasa a las Transacciones Financieras Especulativas para Ayuda a los Ciudadanos), promotor del Foro Social de Porto Alegre y director del periódico izquierdista *Le Monde Diplomatique*.

realmente lo que su nombre indica. Para ellos, las actividades de estas empresas se realizan en multitud de lugares, pero los beneficios sólo se acumulan en manos de unos pocos –los empresarios occidentales–, sus verdaderos dueños. Las inversiones se realizan con el simple objetivo de obtener un mayor beneficio, llevando la producción a lugares donde existen legislaciones laborales (trabajo infantil) o medioambientales (contaminación) más permisivas. La distribución de la riqueza no sería pues tal, ya que los salarios que se pagan en dichos países son irrisorios (si se compara con los occidentales) y no existe una maquinaria fiscal adecuada. Por otra parte, afirman que la presencia de estas multinacionales está ahogando a los sectores productivos tradicionales, provocando que las economías de los países subdesarrollados se conviertan en totalmente dependientes de la voluntad de dichas empresas. Finalmente, la interconexión financiera aumenta el peligro de que las crisis nacionales se contagien a otros lugares que cuenten con menos medios para superar una recesión similar. Incluso a veces, como en México en 1994, estas crisis son provocadas «artificialmente» al retirar su dinero los inversores para llevarlo a otro país en el que puedan obtener más beneficios o, al menos, recortar pérdidas.

Los detractores de la globalización también exponen los efectos negativos que ésta tiene en el ámbito cultural. Para ellos, la diversidad «mental» está perdiendo terreno a favor del pensamiento único por razones similares a las argumentadas anteriormente. La globalización, para ser equitativa, y por tanto justa, tiene que permitir el flujo de ideas (o capital) en ambos sentidos, algo que por el momento no se da. De hecho, los antiglobalizadores afirman que Estados Unidos controla el 50% de los satélites de comunicación, más del 60% de las redes mundiales y el 75% de Internet. Esto provoca que la mayoría de contenidos a disposición de la «aldea global» sean en realidad occidentales, ahogando con ello a otras culturas que no disponen de dichos medios.

El dirigente agrario francés José Bové, uno de los personajes más populares del amplio espectro social antiglobalizador, sabotea una explotación transgénica para expresar su protesta contra este tipo de cultivos.

A la espera de que el futuro dicte sentencia a favor de unos o de otros, es posible determinar la veracidad de algunas de las afirmaciones mencionadas hasta ahora. Ciertamente, la globalización económica está permitiendo un flujo de capitales hacia países subdesarrollados que está reactivando sus economías. Es el caso de numerosas naciones del sudeste asiático, que se han beneficiado de las inversiones especulativas de occidente para financiar así a multitud de empresas. Por otra parte, y como se afirma desde el bando antiglobalización, estas economías son sumamente volátiles y dependen de forma continuada de la inversión extranjera. Además, el dinero invertido en algunas zonas (p. ej., sudeste asiático) ha desaparecido de otras (p. ej., el África subsahariana), lo que ha provocado que algunas regiones del planeta se hayan sumergido en una pobreza sin igual. Por otra parte, aunque es cierto que las multinacionales están haciendo caso omiso a las convenciones sobre trabajo infantil, la verdad es que en países con economías subdesarrolladas los niños siguen trabajando en el campo o en otras fábricas, aunque éstas sean «nacionales». Quizá la presencia de empresas multinacionales necesitadas de mano de obra especializada fomente la educación profesional. De hecho, la India, un país subdesarrollado con gran mano de obra infantil, ha potenciado el campo de las nuevas tecnologías, convirtiéndose en uno de los líderes en ese sector. Finalmente, la globalización cultural también está demostrando tener sus pros y sus contras: muchas culturas están perdiendo su particular idiosincrasia ante el avance de la mentalidad occidental, y especialmente anglosajona, pero, al mismo tiempo, sus defensores pueden coordinarse a través de todo el mundo gracias a las herramientas que proporciona la globalización. De hecho, gran parte del éxito de las convocatorias antiglobalización de Seattle y Génova se consiguió a través de Internet, medio en el que, por otra parte, pueden encontrarse noticias actualizadas sobre las conclusiones del Foro Social de Porto Alegre (Brasil). En definitiva, se puede concluir que la globalización presenta tanto aspectos positivos como negativos. Cuáles de ellos predominarán en el futuro dependerá en gran parte de la capacidad del ser humano de actuar de forma lógica y ética en las próximas décadas.

Uno de los fenómenos asociados a la globalización es la deslocalización industrial, consistente en el traslado de las fábricas de las empresas transnacionales hacia países con unos menores costes productivos. En la foto, interior de una planta textil en El Salvador.

CRONOLOGÍA

De la caída del muro de Berlín a los albores del siglo XXI

1989 Derribo en Berlín del muro que dividía a la ciudad alemana desde hacía casi cuarenta años, símbolo de la «guerra fría».

Tropas estadounidenses derrocan en Panamá al general Manuel Antonio Noriega.

Un golpe de estado derroca al dictador paraguayo Alfredo Stroessner.

El justicialista Carlos Menem es elegido presidente de Argentina.

El presidente sudafricano Frederik De Klerk comienza a desmantelar legalmente el régimen de discriminación racial en su país.

Una multitud de estudiantes se concentra en la plaza pekinesa de Tiananmen para pedir reformas democráticas en el país.

Matanza en la plaza de Tiananmen, Pekín, de cientos de estudiantes chinos que se manifestaban en favor de la democracia.

Revoluciones anticomunistas en Europa central y oriental. Sangrienta caída del dictador rumano Nicolae Ceaucescu.

1990 Dimisión de la conservadora Margaret Thatcher como primera ministra del Reino Unido. La sucede su compañero de partido John Major.

El ejército iraquí invade el vecino emirato de Kuwait.

El populista Alberto Fujimori es elegido presidente de Perú.

Reunificación de Alemania, bajo el liderazgo del primer ministro germano-occidental Helmut Kohl.

El dirigente soviético Mijail Gorbachov dimitió tras un intento, frustrado, de golpe de estado de los sectores más inmovilistas del régimen.

1991 Primera guerra del Golfo: una coalición multinacional, bajo mando de los Estados Unidos, expulsa de Kuwait a las tropas iraquíes.

Eslovenia y Croacia proclaman su independencia de Yugoslavia. Intervención frustrada de las fuerzas de la federación en Eslovenia. Estallido en Croacia de la guerra entre croatas y serbios.

Golpe militar en Haití que destituye al presidente izquierdista Jean-Bertrand Aristide.

Se constituye el Mercado Común del Sur (Mercosur), formado por Brasil, Argentina, Uruguay y Paraguay.

Tras un frustrado golpe de estado de los comunistas antirreformistas, dimite el presidente soviético Mijail Gorbachov y se disuelve la Unión Soviética, independizándose sus quince repúblicas; Boris Yeltsin asume la presidencia del nuevo estado independiente de Rusia.

1992 Se suscribe en Maastricht, Países Bajos, el Tratado de la Unión Europea (UE).

Proclamación de independencia de Bosnia y Herzegovina; estallido de la guerra en esta ex república yugoslava entre serbios, croatas y musulmanes.

Los islamistas toman las armas contra el gobierno de Argelia tras anularse unas elecciones en las que ellos habían vencido.

Elección del demócrata Bill Clinton como presidente de los Estados Unidos.

Bill Clinton se dirige a sus seguidores de Kentucky durante la campaña que le llevaría a la presidencia de los Estados Unidos.

1993 Como resultado de un acuerdo pacífico, Checoslovaquia se divide en los estados independientes de la República Checa y de Eslovaquia.

Representantes de Israel y de la Organización para la Liberación de Palestina (OLP) suscriben un acuerdo de paz en Washington.

México se suma al Tratado de Libre Comercio (TLC) vigente entre los Estados Unidos y Canadá.

1994 Victoria de Ernesto Zedillo, del oficialista Partido Revolucionario Institucional (PRI), en las elecciones presidenciales mexicanas.

El Ejército Zapatista de Liberación Nacional (EZLN) se alza en armas en el estado mexicano de Chiapas.

Tropas estadounidenses reponen en Haití al derrocado presidente Aristide.

El socialdemócrata Fernando Henrique Cardoso es elegido presidente de Brasil.

Estalla la guerra en la república separatista rusa de Chechenia entre fuerzas rusas y milicias independentistas chechenas.

El histórico líder negro Nelson Mandela, símbolo de la lucha contra la discriminación racial en Sudáfrica, es elegido presidente de su país.

Genocidio en Ruanda de la etnia tutsi.

1995 Suecia, Finlandia y Austria ingresan en la UE.

El conservador Jacques Chirac es elegido presidente de Francia.

El primer ministro israelí Yitzhak Rabin es asesinado por un radical judío.

Los presidentes de Serbia, de Croacia y de Bosnia y Herzegovina firman en la base estadounidense de Dayton, Ohio, los acuerdos para poner fin a la guerra en la ex Yugoslavia.

1996 El conservador José María Aznar es elegido presidente del gobierno español tras la victoria en las urnas del Partido Popular (PP).

Tras varias legislaturas de gobiernos socialistas, José María Aznar llevó a los conservadores del Partido Popular al poder en España.

Acuerdos de paz en Guatemala.

El demócrata Bill Clinton revalida en las urnas la presidencia de los Estados Unidos.

1997 El laborista Tony Blair se convierte en primer ministro del Reino Unido tras derrotar en los comicios a los conservadores.

Muere el dirigente comunista chino Deng Xiaoping.

El Reino Unido devuelve a China el enclave de Hong Kong.

1998 Enfrentamientos armados entre albaneses y serbios en la provincia serbia de Kosovo. La Organización del Tratado del Atlántico Norte (OTAN) ataca Yugoslavia para exigir el cese de la represión en Kosovo.

El socialdemócrata Gerhard Schröder se convierte en primer ministro de Alemania.

El populista de izquierda Hugo Chávez es elegido presidente de Venezuela.

Derrocamiento del dictador indonesio Suharto.

1999 Polonia, la República Checa y Hungría ingresan en la OTAN.

El radical Fernando de la Rúa es elegido presidente de Argentina.

Muere el rey Hussein de Jordania, a quien sucede su hijo Abdalá II.

Muere el rey Hasán II de Marruecos; le sucede su hijo Mohamed VI.

Thabo Mbeki es elegido presidente de Sudáfrica.

Portugal devuelve el enclave de Macao a China.

2000 Elección del republicano George W. Bush como presidente de los Estados Unidos.

Estalla la segunda *Intifada* (sublevación popular palestina) en los territorios ocupados de Gaza y Cisjordania.

Vicente Fox, del Partido de Acción Nacional (PAN), es elegido presidente de México. El conservador Fox pone así fin a la larga hegemonía política del PRI.

Derrocamiento en Yugoslavia del presidente Slobodan Milosevic.

El socialista Ricardo Lagos es elegido presidente de Chile.

Muere el dirigente sirio Hafez al-Asad, al que sucede su hijo Bachar.

Una multitud de manifestantes asalta el parlamento yugoslavo en Belgrado y pone fin al gobierno de Slobodan Milosevic.

2001 Alejandro Toledo es elegido presidente de Perú; Alberto Fujimori huye a Japón.

Miembros de la red terrorista Al Qaeda, dirigida por el saudí Osama Bin Laden, cometen una serie de atentados suicidas contra las torres gemelas de Nueva York y el Pentágono en Washington.

Tropas de los Estados Unidos derrocan en Afganistán al gobierno islámico de los talibanes, cómplice de la red terrorista Al Qaeda.

Dimisión del presidente argentino Fernando de la Rúa en un clima de profunda crisis política y económica.

2002 El euro pasa a ser la moneda corriente de doce países de la UE.

Luiz Inácio *Lula* da Silva accede a la presidencia de Brasil.

Hu Jintao es elegido presidente de China.

Frustrado intento de golpe de estado contra Chávez en Venezuela.

Conflicto diplomático por el islote mediterráneo de Perejil entre Marruecos y España.

Sección del Pentágono destruida en el ataque suicida del grupo terrorista Al Qaeda.

2003 El justicialista Néstor Kirchner es elegido presidente de Argentina.

Una coalición militar anglo-estadounidense invade Irak y derroca a Sadam Hussein.

Caída del presidente boliviano Gonzalo Sánchez de Lozada.

Índice general

El presente **Índice** de la ***HISTORIA UNIVERSAL*** ha sido elaborado para compilar todos aquellos conceptos que un lector interesado por algún elemento concreto de la obra pudiera buscar. Además de los nombres de los personajes que han forjado el devenir histórico, figuran en él entradas referidas a épocas históricas determinadas (p. ej., Reconquista, Alemania nazi) y conceptos íntimamente incardinados en la historia (p. ej., esclavitud, *apartheid*), así como nombres de instituciones, tratados, guerras y un largo etcétera. Se define así un compendio de términos a partir de cuya consulta es posible localizar referencias en cualquiera de los diez volúmenes que integran la obra. Para acceder a las voces se indica, en negrita, el tomo y, a continuación, la página a consultar.

B

H

I

M

N

O

P

Q

R

S

T

U